Urban Science

中国城市群发展报告 2014

刘士林 刘新静 主编

中国出版集团 東方出版中心

发布单位

上海交通大学城市科学研究院

教育部《中国都市化进程年度报告》课题组

基金支持

教育部哲学社会科学系列发展报告首批建设项目

上海交通大学“985 工程”三期文科专项特色研究基地建设项目

《中国城市群发展年度报告》
编　委　会

内容简介

在全球城市化、经济一体化背景下，作为经济和人口集聚的主要空间载体，城市群已成为全球城市发展的主流和趋势。在中国，城市群作为国家新型城镇化规划建设的“主体形态”，其发展水平和质量也直接决定了“中国梦”的内涵和境界。本报告以上海交通大学城市科学研究院 2014 版《中国城市群数据库》及《中国城市群发展指数框架》为基础，根据五年(2007 年—2011 年)综合指数值，对我国城市群的人口、经济、社会、文化和均衡性进行客观考量和公正评价，为中国城市群的健康发展和有序推进提供了借鉴和参考。

目前，中国六个城市群综合指数水平的排名依次为：长三角城市群、珠三角城市群、京津冀城市群、山东半岛城市群、中原经济区、成渝经济区。京津冀、长三角和珠三角在优质人口集聚、居民生活质量和文化发展水平上走在前列，位居第一阵营。山东半岛城市群凭借优越的地理位置和良好的经济基础，位居第二阵营。中原经济区和成渝经济区经济基础薄弱，城市一体化程度较低，与东部城市群仍存在较大差距，位居第三阵营。

从基本格局上看，三大城市群的前三甲地位短期内很难被取而代之。京津冀、长三角、珠三角的综合发展水平依然处于绝对优势地位，代表了中国城市群发展的最高形态和前进方向。但各大城市群都在快速发展，差距正逐步减少。同时，六个城市群各有优势和不足。京津冀城市群的文化发展指数一枝独秀，是中国名副其实的文化中心。长三角城市群经济总量最大，牢牢占据着中国经济中心的霸主地位，同时生活质量指数领先，是较为理想的宜居城市群。珠三角以绿色发展见长，经济的可持续增长潜力大。山东半岛城市群位居中位，有着巨大的赶超优势。中原经济区和成渝经济区虽然在整体上落后，但在一些指标上也有优势。

从纵向发展上看，六个城市群的综合指数水平均呈现出上升趋势。其中，京津冀城市群的综合指数持续上升，长三角城市群 2011 年的综合指数值增幅十分显著，珠三角城市群的综合指数值则持续出现波动，表现出不稳定的特点，而新加入排名的成渝经济区、中原经济区及山东半岛城市群的综合指数增长幅度相对比较小，在 2011 年甚至出现回落的现象。这既反映出五年中六个城市群在城市人口、经济及生活文化水平方面均不断进步，也显示出京津冀和长三角在纵向发展上快于珠三角及其他三个城市群的事实。

从横向比较上看，我国城市群发展的层级分化问题比较突出。从综合指数排名看，我国区域发展不均衡问题并未好转，分层日趋固化。山东半岛城市群尽管在东部仅居于二线，但总体发展水平仍高于中西部的成渝和中原。中原经济区和成渝经济区不仅经济基础薄弱，一体化程度较低，发展速度和发展质量均滞后，在发展思路与模式上也比较被动，依附并受制于东部而缺乏应有的文化自信和道路自觉。从具体指标上看，中西部城市群环境污染情况不容乐观，主要是东部城市群落后产业、环境污染产业转移导致的，急需规避。中西部城市群有丰富的文化资源可以开发，关键在于如何回应国家“新型城镇化”和“人文城市建设”战略，依托自身优势，走出一条不同于东部地区“经济型城市群”的建设新路。

Briefing

The mega-city region, as the major spatial unit for the population and its economy, has become the mainstream and trend of urban development against the backdrop of global urbanization and economic integration. In China, the mega-city region is the "major pattern" of newly national urban planning, which will greatly influence the connotation and level of "China dream". Based on 2014 China Mega-City Region Database and China Mega-City Index, the report issued by Institute of Urban Science in Shanghai Jiao Tong University examines and evaluates five years (2007 - 2011) of data involving population, economy, society, culture and equilibrium. It will provide experience and reference for the sustainable development in mega-city regions of China.

The ranking of six mega-city regions in China based on comprehensive index is Yangtze River Delta mega-city region, Pearl River Delta mega-city region, Beijing-Tianjin-Hebei mega-city region, Shandong peninsula mega-city region, Middle Plains mega-city region and Chongqing-Chengdu mega-city region. Yangtze River Delta mega-city region, Pearl River Delta mega-city region and Beijing-Tianjin-Hebei mega-city region stay in the first-tier team thanks to its high level of population gathering, living quality and cultural development. Shandong peninsula mega-city region is in the second-tier team based on its good geographical location and economic development. Middle Plains and Chongqing-Chengdu mega-city regions are in the third-tier team due to weak economic base and low urban integration.

In overall situation, the highest rankings of Yangtze River Delta mega-city region, Pearl River Delta mega-city region and Beijing-Tianjin-Hebei mega-city region will remain the same in short term. Their overall development are in absolute advantage, which stands for the highest level and latest trend of mega-city region development in China. The six mega-city regions are in fast growth with smaller gap among each other. Meanwhile the six mega-city regions have their own merits and demerits. Beijing-Tianjin-Hebei mega-city region is in reality China's cultural center according to the leading cultural development index. Yangtze River Delta mega-city region is the economic center with its overall economic inventory and is an ideal region for living with its excellent living quality index. Pearl River Delta mega-city region is characteristic of its green growth and sustainability. Shandong peninsula mega-city region occupies the middle place in the rankings and have great potential of surpassing others in front of it. Middle Plains mega-city region and Chongqing-Chengdu mega-city region lag behind, but still have advantages in some aspects.

In perspective of development with time, the overall index of six mega-city regions is increasing. Beijing-Tianjin-Hebei mega-city region has a constantly increasing index. Yangtze River Delta mega-city region has an obvious growth in its overall index in 2011. The index of Pearl River Delta mega-city region is unstable with waves. The overall index of Shandong peninsula mega-city region, Middle Plains mega-city region and Chongqing-Chengdu mega-city region has relatively small growth and even falls in 2011. The six mega-city regions all keep improving in aspects of urban population, economy, living condition and culture. Beijing-Tianjin-Hebei and Yangtze River Delta mega-city region have faster growth than Pearl River Delta mega-city region and other three mega-city regions.

In perspective of development in space and hierarchy, the mega-city regions in China are increasingly locating in several tiers. In overall index, the regional equilibrium is still in not so well situation and six mega-city regions are in several tiers. Shandong peninsula mega-city region has higher level of development than Middle Plains mega-city region and Chongqing-Chengdu mega-city region though they are all second-level metropolises in China. The problems of Middle Plains mega-city region and Chongqing-

Chengdu mega-city region lie in their weak economic base, low developing integration and quality, slow growing speed, passive growth patterns and lacking of due cultural confidence and conscious. In detailed index, the environment deterioration is a serious problem in mega-city regions in middle and west China because the industries and enterprises with big pollution are transferred inside the regions. The mega-city regions in middle and west China have abundant cultural resources. So it is critical to have a new path of development different from the economic pattern in east China in the process of "newly urbanization" and "cultural urban planning" in China.

目 录

前沿观察

主题报告

战略研究

理论参考

决策咨询

专题报告

案例研究

Contents

Foreword

Major report

Strategic research

Theoretical research

Decision-making and consultation

Special report

Case study

前沿观察

中国城市群的发展现状与文化转型

城市群是当今世界城市发展的主流和大趋势，也是我国新型城镇化道路的核心支撑体系，从《国家“十一五”规划纲要》首次提出“把城市群作为推进城镇化的主体形态”，到《国家新型城镇化规划》最终明确“把城市群作为主体形态”，主题一再深化，目标一以贯之。原因在于，城市群的发展目标是建构良好的分工体系和层级关系，解决大城市与中小城市、城市与农村在工业化和城市化进程中不断激化的对立和冲突，是落实《中共中央关于全面深化改革若干重大问题的决定》提出的“完善城镇化健康发展体制机制”、“推动大中小城市和小城镇协调发展”及“优化城市空间结构和管理格局”等战略任务的必然要求。

一、我国城市群的发展现状与主要问题

在现代城市化进程中，主要形成了“单体式”和“城市群”两种城市发展方式。从全球范围看，20世纪60年代以来，“以邻为壑”、“单打独斗”的“单体式”城市发展理念和模式，对外加剧了城市之间的“同质竞争”，造成区域内资源、资金和人才的巨大浪费和低效配置，对内激化了城市内部的“恶性博弈”，直接损害了城市社会应有的公平、正义及人的精神生态，在西方发达国家和地区不断受到质疑、修正和摈弃。与此同时，在形态上具有“组团发展”特征，在机制上形成“共生互动”的“城市群”，逐渐成为当今世界城市化和区域发展的主流趋势，其特点和作用是通过高稠密城镇基础设施和高效率流通网络体系，建立合理的城市分工和层级体系，促进区域内大都市、中小城市、乡镇、农村协调发展，并为从根本上解决“产业同质竞争、项目重复建设、空间批量生产”的“粗放型城市发展模式”指明了方向。这是城市群规划和建设在我国受到高度重视的主要原因。

自2005年国家“十一五”规划首次提出“城市群”战略以来，目前我国初具规模或得到普遍认可的城市群(包括以“经济区”命名的“准城市群”)已有30

个左右，其中，排名居前的十大城市群（京津冀城市群、长三角城市群、珠三角城市群、山东半岛城市群、辽中南城市群、中原城市群、长江中游城市群、海峡西岸城市群、川渝城市群和关中城市群），以不到 1/10 的土地面积，承载了全国 1/3 以上的人口，并创造了全国 1/2 以上的 GDP。未来 5—10 年内，预计我国城市群将涵盖 815 个城市中的 606 个，人口和经济规模分别会占到城市总人口和 GDP 的 82%和 92%。城市群在我国国民经济和社会发展中的龙头地位和核心作用将日益凸显。①

但就总体发展状况而言，我国城市群仍存在着三大问题。从全球层面看，主要问题是"发育不足"。与 20 世纪中后期形成的世界五大城市群②、美国 21 世纪初期涌现的十大城市群③、2008 年西方学者理查德·佛罗里达提出的全球经济产出排名中超 1 000 亿美元的前 40 个城市群④相比，由于起步晚、资源条件不足和发展环境复杂等原因，我国城市群尚未形成良好的城市层级和分工体系，区域协调和一体化水平比较滞后，在城市生态环境和文化软实力方面的差距更大，并出现了"城市群未立"而"城市病多发"等危险迹象。从全国范围看，主要问题是"发展不平衡"，和长三角、珠三角、京津冀三大城市群相比，目前扎堆出现的中西部城市群尽管数量已远超东部，经济总量、交通基建和人口规模也有较快增长，但整体发展水平却与前者差距很大，在城市规划、产业

---

① 上海交通大学城市科学研究院：《城市群：未来城镇化的主平台》，《光明日报》2014 年 06 月 03 日 11 版。

② 1976 年，戈特曼在《城市和区域规划学》杂志发表《全球大都市带体系》提出，主要包括：(1) 从波士顿经纽约、费城、巴尔的摩到华盛顿的美国东北部大都市带；(2) 从芝加哥向东经底特律、克利夫兰到匹兹堡的大湖都市带；(3) 从东京、横滨经名古屋、大阪到神户的日本太平洋沿岸大都市带；(4) 从伦敦经伯明翰到曼彻斯特、利物浦的英格兰大都市带；(5) 从阿姆斯特丹到鲁尔和法国西北部工业聚集体的西北欧大都市带。(Gottmann, Jean. Megalopolis system around the world, Ekistics, 243, 109 - 113, 1976.)

③ 2005 年，弗吉尼亚工学院大都市学会主任罗伯特 E. 郎格(Robert E. Lang)与同事唐·达维尔(Dawn Dhavale)发布《超越大都市带：美国新"大都市带"地理扫描》调查报告，提出了 10 个大都市带区域(Megapolitan area)，主要包括(1) 以纽约为中心的东北部大都市带；(2) 以芝加哥为中心的中西部大都市带；(3) 以亚特兰大为中心的皮德蒙特高原大都市带；(4) 以迈阿密为中心的佛罗里达半岛大都市带；(5) 以休斯敦为中心的墨西哥湾沿岸大都市带；(6) 以达拉斯为中心的 1—35 走廊；(7) 以洛杉矶为中心的"大峡谷"大都市带；(8) 以菲尼克斯为中心的埃科透匹亚(Ecotopia)大都市带；(9) 以旧金山为中心的北加州大都市带；(10) 以西雅图为中心的卡斯卡特大都市带。(Lang, Robert E. Beyond Megalopolis: Exploring American's New "Megapolitan" Geography, 2005, http://www.mi.vt.edu/uploads/MegaCensusReport.pdf, 2006 - 04 - 01)

④ Richard Florida et al.. The Rise of the Megaregions [J]. Cambridge journal of regions, economy and society, 2008, 1(3): 459 - 476.

发展等方面的“雷同化”与“同质竞争”问题，不仅不利于培育城市群内部良好的城市层级和分工体系，还有可能重蹈东部发达地区“先污染，再治理”的覆辙。在城市群自身方面，主要存在着四大瓶颈：一是在发展模式上呈简单化和粗放型，不利于城市群的均衡和精明增长；二是未形成有效的文化协调和联动机制，层级体系和一体化缺乏内生动力；三是区域合作尚处于“浅表阶段”，战略与规划的“同质化”问题十分突出；四是环境污染严重和资源约束加大，发展风险和不可持续性日益凸显①。这些问题在严重制约我国城市群自身发展的同时，也直接影响到国家新型城镇化建设的质量和内涵，是亟待破解和应对的重大现实挑战。

二、“转变城市群发展方式”的紧迫性与必要性

早在1995年编制“九五”规划时，我国首次提出“转变经济发展方式”。由于当代经济主体主要集聚在城市，所以这实质上提出的是“转变城市发展方式”。而在“把城市群作为主体形态”的新型城镇化背景下，这一问题又顺理成章地演进为“转变城市群发展方式”。明确“转变经济发展方式”的主要空间和真实对象，对我国国民经济和社会发展具有重大战略意义。

在经济和文化发展日益交融的全球背景下，城市群正呈现出两种不同的发展方式，一是以经济、交通和人口集聚为基本特征的“经济型城市群”，这个模式肇始于20世纪60年代人类历史上第一个城市群——主要依赖长约500英里的美国高速公路U. S. I轴(axis)形成，并因此实现了经济快速增长的波士沃施(BosWash)城市群。这也是今天中国众多城市群最直接和最重要的模仿对象。二是以文化、生态和生活质量为建设目标的“文化型城市群”。在全球人口爆炸、能源危机、生态环境急剧恶化的大背景下，这是一些城市群和区域经济发展追求的新理念和正在探索的新方向。在城市方面，以伦敦、巴塞罗那、新加坡、中国香港提出建设世界文化城市为代表，在城市群方面，以技术产业和风险投资取胜的北加州城市群(Nor-Cal)、以潮流和产业设计中心为目标的意大利城市群(Rome-Milan-Turin)、以金融、设计和高科技为竞争优势的大东京城市群(Greater Tokyo)等②，

① 刘士林：《我国城市群发展面临的挑战》，《人民日报》2013年07月14日05版。

② Richard Florida et al.. The Rise of the Megaregions. Cambridge journal of regions, economy and society, 2008,1(3): 459-476

则走在了文化型城市群规划建设的前列。受其影响，中国城市也开始从以GDP为衡量指标的“国际大都市”迷梦中觉醒，并逐渐走上以“宜居城市”（北京，2005）和“文化大都市”（上海，2007）为代表的文化转型之路。理想的城市群是一个在人口、经济、社会、文化和整体结构上具有合理层级体系，在空间边界、资源配置、产业分工、人文交流等方面具有功能互补和良好协调机制的城市共同体。由此可知，文化转向符合城市群全面发展的本质需要，“文化型城市群”代表着城市群发展的更高形态，这也就注定了“文化型城市群”必将取代“经济型城市群”，成为我国新型城镇化的主体形态和更高发展目标。

改革开放以来，城市群率先在东部地区崛起，是我国区域发展的典范和标杆。但反过来看，其自身存在的问题同样具有代表性。受“经济型城市群”发展模式影响，东部城市群的问题主要表现在两方面：一是以“工业化”为支柱的城市化进程恶性损耗和污染自然资源与环境，使城市群赖以生存的空气、土壤、河流湖泊、生物生态等“资源环境条件”不断恶化；二是以“西方化”为核心的现代城市生活方式深度解构了传统社会和文化价值，以社会问题、道德问题、信仰问题和心理问题为代表的“城市文化病”日益突出。

在资源环境方面，城市群意味着更大规模的人口集聚和经济活动，而这必然是以对环境资源的更大需求和消耗为前提。据上海交通大学城市科学研究院发布的《2013 中国城市群发展指数报告》显示，生态环境恶化已成我国三大城市群在当下面临的普遍问题和最大挑战，其中又以经济最发达的长三角最为严重。“十一五”期间，长三角累计 GDP 规模经济总量达到 330 621 亿元，占国家同期 1 537 879 亿元的 21.5%，累计超过中国经济总量的 1/5①。但其所付出的生态和环境成本，在三大城市群中同样遥遥领先。以 2007 至 2010 年的工业废水排放量为例，长三角的排放量分别为 438 489 万吨、416 680 万吨、418 957 万吨和 418 404 万吨；京津冀持平在 120 000 万吨左右，珠三角持平在 130 000 万吨左右。在 2007 和 2010 年，长三角的工业二氧化硫排放量均超过 1 600 000 吨，而珠三角年均为 500 000 吨左右，仅为长三角的 1/3。② 目前，我国规划和在建的城市群已有 30 个左右，尽管它们之间有规模和水平的差异，但在不断增大甚至透支资源环境方面则是殊途同归的。

① 胡建一：《长三角 GDP 能耗综合分析》，《电力与能源》，2011 年第 12 期。

② 刘士林、刘新静主编：《中国城市群发展指数报告 2013》，社会科学文献出版社 2013 年版，第 54—55 页。

在社会和文化方面，以长三角为例，其首位城市上海一直被视为中国“最西方化的城市”，或是“中国国际化水平最高”的城市。由于这些原因，上海当仁不让地成为中国现代文化中心，拥有丰富的现代文化资源和重要的文化影响力。如20世纪以来深入中国社会的电影、音乐、舞蹈、戏剧，以及西方礼仪文化、餐饮文化、节日文化等生活方式资产。但同样它也是一个在西化之路上“走得太急”、“走得太快”、“传统丢失太多”的中国城市，这就必然导致这样一个令人忧心的疑问：“上海这个现代化大都市已经矗立在世界东方，但它究竟是不是我们民族所希望的那个城市家园，或者说，在这个过于西化、过于物化、过于商业化的现代大都市中，我们这个传统的农业民族究竟能不能安身立命，都是值得继续探讨和严肃追问的。”①从历史上看，古代上海地区的城市化，既“远取”了“中原文化圈的实用理性”，又“近取”了“吴越地区的江南诗性文化”，前者“有利于社会秩序的建构”，后者“有助于培育现代审美生命”，这是现代时期的上海“较为顺利地实现了中国传统文化的现代性转换”的根源。② 但问题在于，由于这个近现代的转换过程一直是在西方文明主导下完成的，一方面，由于传统文化“根底太浅”、“缺乏定性”，另一方面又是在过于商业化的“十里洋场”背景下进行的，由此造成了“海派文化”性喜追新求异、对任何事物都是“浅尝辄止”的根深蒂固的积习，不仅很容易退化为欲望狂欢和感性放纵，同时也很难把“文化启蒙和变革事业”进行到底。这是海派文化建构后续乏力、影响力不断衰退的主要原因。就当下而言，不仅电影、音乐、美术、文学、新闻出版等传统优势日渐衰退，在文化产业、文化服务业、文化贸易、公共文化等新兴领域也缺乏和城市地位相匹配的新品牌的根源。从我国三大城市群的文化发展看，目前在区域协调和联动上以珠三角为最好，表明传统的岭南文化为其提供了内在的默契和支持。而在长三角，其固有的传统江南文化对区域发展的贡献不大，甚至还远不及明清时期。这是以一个只有百年传统的海派文化取代了经过上千年积淀的江南文化的必然结果。

在我国城市化进程中，经济生产方式的“工业化”和生活方式的“西方化”不期而遇，前者直接导致了资源与环境方面的枯竭和污染，使城市深陷于各种城市病而不可持续，后者则亵渎了一切传统社会的美好价值和信条，使城市人

---

① 刘士林：《现代作家解读江南城市》，《光明日报》，2012年06月04日05版。

② 刘士林：《上海城市的生命历程与文化创造——刘士林教授在上海交通大学的讲演》，《文汇报》，2010年08月07日。

精神空虚、无家可归。这两者叠加在一起，就是芒福德所说的“罗马化”，即“在物质建设上的最高成就以及社会人文中的最坏状况”。① 其最深的根源在于，发展在前的东部城市群走的都是“经济型城市群”发展道路，尽管在短期内经济总量、交通基建和人口规模增长很快，但也导致了“物质文化”与“人文精神”、“硬实力”和“软实力”的严重失衡和不协调。而东部城市群只不过是一个缩影。对于全国各地跃跃欲试的城市群而言，只有“量的差别”而没有“质的不同”。我国城市群建设面临的最大悖论是，一方面是土地、矿产、江河湖泊等环境与资源的瓶颈问题日益突出，但众多的城市及城市群仍不肯真正改变自身的发展方式，另一方面，对历史悠久、形态多样、“取之不尽用之不竭”的区域传统文化资源，却视而不见或很难高水平地规划和良性地开发利用。就此而言，以文化产业和文化事业为中心，培育具有鲜明层级体系和积极协调作用的城市群文化机制，推进以工业化、现代交通建设为主导的“经济型城市群发展方式转变”，同时在社会主义文化强国总体框架下重建和复兴不同区域的“小传统文化”，使之在城市群层级体系建设和区域一体化与协调发展中发挥更大作用，不仅势在必行，而且迫在眉睫。

三、关于规划建设文化型城市群的对策建议

从总体趋势上看，我国城市建设已由“铺摊子、扩圈子”的粗放发展进入到“调结构布局、深度城市化”的战略调整期，与之相应，我国的城市群也处在从“数量—规模增长”向“质量—内涵增长”过渡的关键节点。城市群是我国新型城镇化的主体形态，为促进其健康和良性发展，必须尽快设计和推进其从“经济型城市化”走向“文化型城市化”，对此提出对策建议如下：

1. 出台《国家文化型城市群规划建设指导意见》，明确我国城市群建设的战略方向并提供政策和机制保障

(1) 在国家“十三五”规划中明确提出“文化型城市群”战略，完善我国城市群走文化转型发展道路的顶层设计。在《国家新型城镇化规划》提出“注重人文城市建设”的背景下，紧密结合新型城镇化“把城市群作为主体形态”的战略部署，协调城市群的交通、经济、人口增长和文化、生态、生活质量改善的矛

① [美] 刘易斯·芒福德著，宋俊岭、倪文彦译：《城市发展史——起源、演变和前景》，中国建筑工业出版社 2005 年版，第 229 页。

盾冲突,转变业已形成的“经济型城市群”发展模式,全面满足我国城市发展在制度文明、物质基础和人文精神多方面的需要,带动我国城市建设进入以文化发展为主题、以经济发展为基础、以政治建设为目标的良性循环。

(2) 明确“城市群”作为我国区域规划的战略性概念,突出文化、生态和生活质量的主题和导向作用。在我国编制和发表相关区域发展战略规划时,目前使用最为普遍的是“经济区”。即使在《中央关于制定十一五规划的建议》明确提出“城市群”后,这个习惯性用法仍没有被摈弃。这不只是一个概念或命名问题,城市群涉及城市的环境、政策、交通、基础设施、人口、社会、文化等方面的一体化发展。而“经济区”则是改革开放初期的产物,片面专注于经济规划和建设,它始于 1983 年 1 月国务院发布的《关于建立长江三角洲经济区的初步设想》,不仅是我国城市群普遍走上“经济型城市群”发展道路的内在理论文化根源,也是目前我国大多数的“城市群规划”在实质上仍是“区域经济规划”,并往往背离了城市群的本义是建立区域内城市合理的层级分工体系的直接原因。

(3) 以深耕风格多彩的区域特色文化资源为中心,切实规避城市群规划和建设的“同质化”痼疾。一般说来,由于基建、交通和产业等具有很大的类似性,城市群要想在这些领域实现“特色发展”和“错位竞争”是极其困难的,而只能最大限度地依靠各自的自然环境、历史文脉和区域文化资源。但在“经济型城市群”的规划建设中,由于基本上忽视了区域文化和历史传统,其结果就是在当下依然十分突出的“千城一面”和“同质竞争”现象。在长三角、珠三角及许多城市群的“十二五”规划中,不仅高度一致地提出推进交通和基础设施一体化建设,在文化建设上也同样千篇一律地规划了文化产业重点战略。但由于未能深入研究不同城市群的文化禀赋和资源差异,这些文化产业规划也都成为文化产业园区、文化旅游、影视动漫等项目,并在城市群范围掀起了新一轮的文化产业同质竞争。这与“十五”、“十一五”期间人家一拥而上地搞汽车、纳米、石化等并无质的差别。而提出和研究“文化型城市群”,充分开发江南文化之于长三角、北方文化之于京津冀、岭南文化之于珠三角、巴蜀文化之于成渝经济区等的资源优势,才是规避城市群文化发展走向“同质化”、同时引领城市群转变发展方式的有效途径。

2. 率先编制《长三角文化型城市群发展规划》,开展我国“文化型城市群”规划建设的试点工作

(1) 编制《长三角文化型城市群发展规划》,基于长三角的雄厚物质基础和健康发展需要。文化建设离不开经济基础。作为我国启动最早、城市化和国际化水平最高的城市群，长三角在经济、资本、产业和人才等方面具有明显的先发优势。2012 年，长三角核心区 16 城市 GDP 总量达到 89 951 亿元，逼近 9 万亿元，总量占到全国的 17.3%。其中，除上海、苏州较早迈入 GDP"万亿俱乐部"外，还有 6 个城市 GDP 总量超过 5 000 亿元。① 从世界范围看，长三角和世界五大城市群相比，两者差距已不再是经济总量、城市基建等"硬件"方面，而主要是在城市软实力和文化服务上。在长三角率先提出并规划建设文化型城市群，可为我国城市群摆脱"物质发达，文化简单"的初级形态提供示范和经验。

(2) 编制《长三角文化型城市群发展规划》，基于区域丰富的江南城市遗产及其升级复兴需要。经济发达与文化繁荣的古代江南城市，是率先在长三角建设文化型城市群的先赋优势。"到唐代中后期，长江下游地区逐渐形成了以扬州为区域中心城市，以苏州、杭州、越州为次级区域中心城市，以一般州府所在地(例如宣州、常州等)为三级区域中心城市，以县城为四级区域中心城市，以新兴的镇市和草市为第五级区域中心城镇的五级城市体系。"②以明代为例，位于江南地区的南京、苏州、常州、镇江、松江(上海)、嘉兴、湖州、宁波、扬州等，均进入全国 50 个重要工商城市之列。到鸦片战争前夕，江南地区大中小城镇遍布、经济发展水平居全国之冠，从芜湖沿江到宁镇扬，经大运河到无锡、苏州、松江、杭州，再沿杭甬运河到绍兴、宁波，共有 10 万人口以上的城市 10 个，同比占当时全国的一半。③ 同时，由于江南城市的层级与分工明确、一体化与协作水平很高，所以早在明清时期，这里已形成了一个相当成熟、甚至比今天长三角还要更像"城市群"的"江南城市群"。"在古代江南城市群中，天然地实现了中心城市"支配"功能与"服务"职责的和谐，因而有利于城市群本身的功能互补和共存共荣。与之相比，当代长三角城市之间不时出现的"恶性竞争"，则多半是因为中心城市或大城市只想"支配"而拒绝"服务"的后遗症。"④以文化型城市群为发展理念和模式，可充分发掘和激活传统江南城市资源和文化，是实现长三角区域经济和文化共同繁荣发展的必由之路。

---

① 潘洁：《长三角 16 城 GDP 逼近 9 万亿总量占全国 17.3%》，《国际金融报》，2013 年 02 月 27 日。

② 肖建乐：《唐代城市发展及其推动力量浅析》，《光明日报》，2014 年 08 月 06 日 14 版。

③ 长江三角洲城市经济协调会办公室编：《走过十年——长江三角洲城市经济协调会十周年纪事》，文汇出版社 2007 年版，序言第 1 页。

④ 刘士林：《明清江南城市群研究及其现实价值》，《复旦学报》(社会科学版)，2014 年第 1 期。

(3) 研究、规划和建设“长三角文化城市群示范区”,为我国转变经济型城市群发展方式提供借鉴。自浦东开发开放以来,经济上的绝对优势造就了长三角的“领头羊”和“排头兵”地位。这是其他城市群尤其是中西部地区纷纷提出打造“小江南”“小上海”“小浦东”等发展目标的主要原因。但由于长三角走的主要是“经济型城市群”发展路子,尽管经济总量、交通基建和人口规模增长很快,但“城市病”也越来越多,不可持续问题日益严重。而这些问题与痼疾也不断传播到中西部,使后者有可能重蹈“先污染,再治理”的覆辙。研究、规划和建设“长三角文化城市群示范区”,对长三角有助于改变其作为“经济型城市群”的惯性和痼疾,纠正由于过分强调人口、经济和交通等要素而导致的各种后遗症,可有效带动其他城市群区域文化的重建和复兴,并对推进其经济与文化的协调发展发挥多方面的示范和导向作用。

3. 以“文化型城市群”的规划编制为中心,推进城市规划理论方法和体制机制创新

(1) 确立“人文城市”的规划主题与评价标准,推进传统城市规划理论与方法的变革创新。2014 年《国家新型城镇化规划》明确提出“注重人文城市建设”,目标是“把城市建设成为历史底蕴深厚、时代特色鲜明的人文魅力空间”,这既是对“跑马圈地”和“GDP 竞赛”的旧城市化的彻底矫正,也提出了一个关于城市规划建设的新标准,即城市发展的目的,不是人口增加,也不是财富聚集,而在于是否提供了一种“有价值、有意义、有梦想”的生活方式。但我国的城市规划学一直以自然科学理论与方法为基础,主要关注的是物质空间和资源的安排与配置,明显滞后于“人文城市”规划的主题与要求。以“文化型城市群”的研究和实践为契机,推进城市规划学从以自然科学为基础向以人文学科为基础、从“硬的物质建筑”向“软的文化创意”的理论转型与方法变革,为我国新型城镇化建设提供良性的资源配置和制度安排,是传统城市规划学在当下亟待明确的“学科自觉”和“战略方向”。

(2) 探索建立和实施“文化总规划师负责制”,以体制机制源头创新解决城市规划“硬件”和“软件”的失衡问题。在快速的城市化进程中,我国城乡物质与非物质文化遗产破坏情况十分严重,有“一半文物毁于建设”之说。其根源即在于城市总规划师在编制规划时“只有硬件,没有软件”,普遍以交通、产业、人口为重,而忽视人文交流、非物质文化、价值认同等。这种体制机制即使在做文化建设规划时,同样也是“只见文化产业,不见文化传承”,其中最具代表性的是,很多旅游景区、文化产业园区甚至博物馆和图书馆都是徒有华丽的外观,但在内涵和内容上却“千人一面”,乏善可陈。目前,由于相关文物法律与规章制度不断颁布实施,这种情况在一定范围和程度上有所好转,但由于专业背景和学术训练的局限,一般的总规划师很难真正理解传统城市文化的精髓并深度融入到规划设计中。这就需要探索建立和实施“文化总规划师负责制”,其最主要的职能是编制“城市文化总体战略规划”,在总体和中长期意义上为城市文化保护、传承和发展提供战略框架和发展目标,为把城市建设成内涵丰富、特色鲜明和充满活力与人文精神的宜居场所提供指导思想和技术路线。实施文化总规划师负责制,是以制度性的机制确保城市规划和建设的人文性及其内涵的真实性和丰富性,有助于真正落实城市群建设的质量和实现其发展方式转型。

(3) 建立并不断完善城市群规划的文化评估机制,以干预和协调主要由“政府”、“市场”和“规划专家”主导的评审程序。“城市规划,千年大计”,城市规划的评审程序对于城市群良性发展至关重要。目前,城市规划大都是在“市场”推动下、由当地政府牵头委托相关单位实施编制工作。地方政府牵头决定了其规划重点往往向经济、人口倾斜,而相关编制单位则由于多为各省市的规划院,其半官方的身份不仅影响了规划的中立客观与公众参与,同时也由于规划编制专家的专业和学科局限,使城市文化等不是被忽略就是成为轻描淡写的陪衬,这是我国城市建设“千城一面”“特色消失”的主要原因。对此,建议由国家发展改革委、住房城乡建设部、文化部、教育部牵头,从中国文学、历史学、语言学、哲学、艺术学、社会学等传统学科及城市科学、文化研究、文化产业等新兴学科中遴选专家,组建真正符合我国文化建设需要的“城市文化评估专家委员会”,深入开展基础理论研究,在基本概念、范畴系列、分类原则与框架体系等方面达成共识,研制与国际社会相对应的我国文化规划标准体系,为我国城市群的规划和建设提供科学理论和战略指导。

(刘士林,博士,上海交通大学城市科学研究院院长、首席专家,教授,博士生导师,国家“十三五”规划专家委员会委员,教育部哲学社会科学发展报告首批建设项目《中国都市化进程年度报告》负责人,《中国城市科学》主编,《中国城市群发展年度报告》主编)

主题报告

2014中国城市群发展指数报告

一、理论基础与现实意义

与国内外城市发展报告主要以戈特曼等人的西方理论研究为依据，且在评估指标体系上主要侧重于经济指数排名不同，上海交通大学城市科学研究院以具有自主知识产权的“都市化进程理论”为基础，结合中国城市化进程的实际重新界定了城市群的概念与标准，为我国城市群规划发展提出了符合国家战略需要的理念与模式。同时，以自主研发的《中国城市群发展指数框架》及《中国城市群数据库》为基础，摈弃西方学者最关注的城市交通问题和国内相关评价体系的唯“GDP”倾向，建构了人口、经济、社会、文化、均衡性五位一体的城市群评价指标体系，为我国城市群向其理想形态演化和发展提供了新框架与参照系。

1. “都市化进程”和“文化型城市群”的理论创新

城市发展战略，基础理论先行，这是我们在城市科学研究中一直强调和秉持的理念和立场，目的是在开展具体的研究之前，先把相关的基本概念、范畴、理论、方法、标准框架与价值立场搞清楚。同时，基础理论研究，“去西方化”为上。鉴于在理论研究中西方话语霸权已经形成，在很多方面并不符合我国的需要和利益，所以从一开始我们就比较注意如何从西方遮蔽中走出来，发现真实的中国问题和经验，提出新的学术理念和发展模式。

首先，是洞悉并坚定把握当今世界城市的发展规律与趋势。与一直坚持中国应该走小城市发展道路的众多战略分析不同，我们提出，都市化(Metropolitanization)是城市化(Urbanization)的升级版本与当代形态。与两个世纪前英美等国的城市化道路不同，以“国际化大都市”与“世界级城市群”为标志的“都市化”模式在当今世界占据了举足轻重的地位。它们集聚着数千万城市人口和数以万计的高级人才，有着优越的地理位置、良好的自然环境、合理的城市布局、高效的基础设施和先进的产业结构，并以雄厚的经济实力、发达的生产能力、完善的服务能力和连通全球的交通、信息、经济网络为基础，成为控制与影响全球政治、经济、社会、科技与文化的中心。作为城市化最新特点与最高表现的都市化进程，已构成推动当代城市化进程的核心机制与主要力量。① 与当下各种“逆城市化”及“中小城市回潮”等理论思潮不同，我们坚定认为，在观念领域，中国城市发展模式从“城市化”到“都市化”的飞跃，终结了长期以来优先发展中小城市还是大都市与城市群的论争，使一般的城镇化或城市化模式逐渐淡出或退居二线，为各种区域中心城市、国际化大都市及世界级城市群的发展提供了历史条件与战略契机，这是中国城市化进程进一步解放思想、实事求是、与时俱进、科学发展的结果。在实践领域，目前，“大都市”与“城市群”已成为增强中国综合实力与提升国家竞争力最重要的板块与最核心的结构。没有中国城市在都市化进程中迅速与跨越式发展，就不可能有今天在世界格局中越来越重要的中国概念。② 因此，中国必须选择走以大都市和城市群为中心的城市化道路。

其次，是对接并引领我国新型城镇化战略的真实需要与前进方向。与依据西方模式并把城市群发展简单化为经济集聚进程的主流理论研究不同，我们提出，城市群主要有两种发展方式，一是传统的主要以经济、交通和人口作为测评指标的“经济型城市群”，二是新出现的主要以生态、文化和生活质量作为评判标准的“文化型城市群”。从我国城市群的发展历程看，改革开放以来，城市群率先在东部地区崛起，以长三角、珠三角、京津冀三大城市群为代表，我国主要走的是一条经济型城市群发展道路，尽管各城市群的经济总量、交通基建和人口规模增长很快，但它们的“城市病”日趋严重，不可持续问题日益凸显。城市群发展不只是经济的一体化进程，必然包括政治、文化、社会等方面的内容。把区域发展简化为经济发展一体化，是我国城市群建设亟待解决的顶层设计问题。基于这一基本判断，我们对城市群的概念做出新的界定与阐释，即城市群是在人口、经济、社会、文化和整体结构上具有合理层级体系，在空间边界、资源配置、产业分工、人文交流等方面具有功能互补和良好协调机制的城市共同体。鉴于我国城市群与西方的最大差距不在 GDP、城市空间与

① 刘士林：《都市化进程论》，《学术月刊》，2006 年第 12 期。

② 刘士林：《以“大都市”与“城市群”的拔节声作证——纪念中国改革开放 30 周年》，《社会科学》，2008 年第 6 期。

人口规模，而主要是在文化软实力上，同时依托我国的新型城镇化和文化强国两大国家战略，我们提出并论证了“文化型城市群”的发展战略目标，认为其有助于从根本上解决城镇化中的深层次问题和综合性矛盾，最大限度地减少成本，走出一条经济、社会、文化与环境协调发展的新路。①

以“都市化进程”的基本框架和“文化型城市群”的理论模式为基础，聚焦于我国城市化进程的重大问题导向和国家战略需求，充分关注当今城市群发展在层面、关系、区域上的复杂性，我们在 2013 年自主研发了包括人口、经济、生活、文化和首位比 5 个一级指标及 16 个二级指标和 43 个三级指标的《中国城市群发展指数框架》。其中，生活和文化两个一级指数，直接针对西方城市群理论及我国一般城市群研究规划的“经济”和“交通”要素，希望以此来引导我国城市群培育经济、社会、文化、环境的协调关系和协同发展机制，实现自身的转型和可持续发展。而首次提出的首位比指数，主要针对我国城市群当下较为普遍的首位城市与其他城市的两极分化现状，强调城市群发展不是区域内某个城市“单子化的膨胀和扩张”，而在于能否构建一种良性的城市层级体系与合理的分工合作机制。

2. 回应国家新型城镇化战略要求与引导我国城市群健康规划发展

基于上述战略判断和理论创新，《2013 年中国城市群发展指数报告》(以下简称 2013 年报告)发布后，即受到国内外各界人士的广泛关注和高度重视，该报告对我国三大城市群的排名研究、相关评价及问题诊断，目前已成为各大城市群制定政策、各大主流媒体报道及学界深入研究的主要依据和重要参考。在深层意义上，这既是对《中国城市群发展指数框架》的高度认同，也是对我们关于城市群基础理论研究的充分肯定。

2014 年 3 月，《国家新型城镇化规划(2014—2020)》发布并提出：“发展集聚效率高、辐射作用大、城镇体系优、功能互补强的城市群，使之成为支撑全国经济增长、促进区域协调发展、参与国际竞争合作的重要平台。”其中特别提到，“京津冀、长江三角洲和珠江三角洲城市群，是我国经济最具活力、开放程度最高、创新能力最强、吸纳外来人口最多的地区，要以建设世界级城市群为目标，继续在制度创新、科技进步、产业升级、绿色发展等方面走在全国前列，加快形成国际竞争新优势，在更高层次参与国际合作和竞争，发挥其对全国经济社会发展的重要支撑和引领作用。科学定位各城市功能，增强城市群内中

① 刘士林：《把城市群作为主体形态》，《文汇报》，2013 年 12 月 19 日。

小城市和小城镇的人口经济集聚能力，引导人口和产业由特大城市主城区向周边和其他城镇疏散转移。依托河流、湖泊、山峦等自然地理格局建设区域生态网络。”①这与 2013 年报告的研究目的、指标设置、评价结果、对策建议等不谋而合。以我们设置的“可持续增长指数”(由工业废水排放量、工业二氧化硫排放量、工业烟尘排放量、工业固体废物利用率、建成区绿化覆盖率等五项环境指标构成)为例，2013 年报告得出的“长三角地区的经济快速发展是以牺牲环境质量为代价，从绿色发展的角度看，其城市群经济落后于珠三角地区”等结论，对一直自以为生态文明建设水平良好的长三角就起到了很好的警醒作用。而 2013 年报告指出的“从总体上看，城市群在空间上涵盖的区域文化资源及价值谱系，对城市群的层级体系建设和一体化进程的贡献不大，局部还存在着抵制和解构的问题与现象”，以及认为“在物质上空间日趋局促的三大城市群，在文化开发和提升上的空间很大，是今后应重点研究、规划和布局的战略方向”②等，与《国家新型城镇化规划》提出的“注重人文城市建设”也是声气相求、密切呼应的。

此外，人口指数对城市群人口质量及人性化发展的关注，生活指数对城市群管理和服务能力的测评，首位比指数对城市群内部层级与秩序的衡量，都体现出对我国城市群发展理念、发展问题、发展方式和发展水平的客观考量和公正评价，既是对国家新型城镇化战略的积极回应，也对各城市群的规划发展发挥了良好的引导作用。

二、2014 报告：研究对象、框架调整与总体评价

2013 年报告是我们首次发布的城市群专项指数报告，“主要目的是对具有自主知识产权的‘都市化进程理论’及在此基础上自主研发的《中国城市群数据库》和《中国城市群指数框架体系》进行测试和检验，为今后大规模研究和科学化评估做准备。”③在指数框架体系与报告主要结论获得广泛认同之后，我们在基础理论研究、数据库建设及评价指标体系方面继续深化推进，在基础理论研究上，主要是结合《国家新型城镇化规划》提出的“人文城市”，以我们一直从

① 《授权发布：国家新型城镇化规划(2014—2020)》，新华网，2014 年 3 月 17 日。
② 刘士林、刘新静：《中国城市群发展指数报告(2013)》，社会科学文献出版社 2013 年版，第 79 页。
③ 同上，第 6—7 页。

事的“文化城市”理论为基础，不断丰富“文化型城市群”的理论内涵和中国路径研究，为我国城市群的转型发展提供基础理论支持；在数据库建设上，主要是对长三角、珠三角、京津冀三大城市群实施了数据更新，同时从东部、中部和西部各选择一个城市群进行数据采集和标准化处理，为扩大评估范围做好准备；在指数框架体系上，主要是根据 2013 年报告发布后的反馈信息和意见，同时结合我们城市群理论研究的最新进展及《中国城市群数据库》的建设情况，对个别重在反映城市群微观方面的三级指数做了适度修正，使其更加客观和更加公正。这些调整和拓展的目标只有一个，就是对我国六个城市群的最新进展、主要问题和总体趋势进行客观分析和深入阐释，为国家以城市群为主体形态的新型城镇化战略提供参考和借鉴。

1. 研究对象：京津冀、长三角、珠三角、成渝、中原、山东半岛

在研究对象的遴选上，本年度报告涉及京津冀、长三角、珠三角、成渝经济区、中原经济区、山东半岛六个城市群，在数量上比去年增加了一倍。同时，新增了成渝经济区、中原经济区、山东半岛城市群分别属于中西部及东部二线城市群，使研究对象在空间布局上更加合理，丰富了对中国都市化进程的认识和判断。

2013 年报告以我国三大城市群(京津冀、长三角、珠三角)为研究对象，主要集中在东部发达地区，也是我国发展水平最高的城市群。但对数量庞大、发展迅速的中西部城市群没有涉及，不利于揭示和观察中国城市群的整体空间布局、发展现状与趋势。当时的主要考虑是以三大城市群为对象，测试和完善《中国城市群发展指数框架》。在 2013 年报告发布并引起广泛关注之后，我们一方面将研究范围拓展到中西部，新增了位于中部的中原经济区和位于西部的成渝经济区，另一方面，也开始关注东部地区的二线城市群，为此增加了位于东部的山东半岛城市群。这样遴选的主要原因在于，成渝经济区是我国第四个直辖市重庆所在的城市群，与京津冀和长三角具有很大的可比性，可以了解以直辖市为首位城市的我国三个城市群的发展现状与问题。而中原经济区是国家促进中部崛起战略的主战场，其五大战略定位之一是建设“华夏历史文明传承创新区”，深入了解其发展状况，客观评价其得失利弊，不仅对中原经济区建设，同时对“经济发展不足而文化资源丰富”的广大中西部城市群具有普遍意义。山东半岛城市群虽然和三大城市群都属于东部，但在行政地位、经济水平、社会发展与文化建设上，属于发达地区的“二线城市群”，具有“逊色于长三角和珠三角却大大优于中西部”的典范意义，是研究我国城市群发展的重要标本。以上的拓展,体现了本报告注重文化发展和区域均衡发展的主旨。需要说明的是,在今后,我们的研究对象还会不断拓展,直到囊括我国全部的城市群。

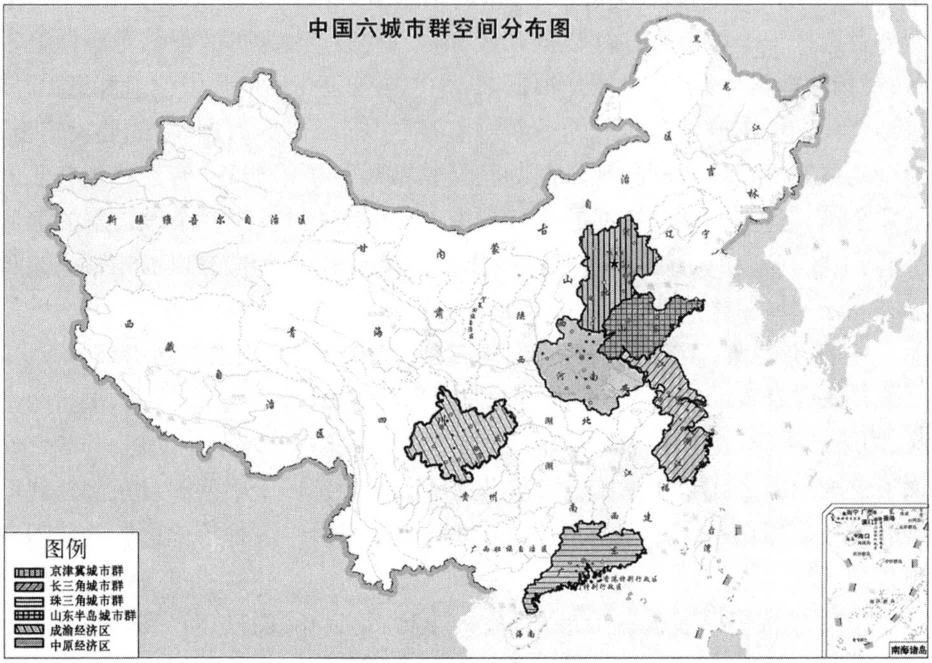

图 1　中国六城市群空间分布图(上海交通大学媒体与设计学院苏晓静博士制图)

在研究对象涉及的城市总体情况上,在 2013 年报告三大城市群总计 34 个城市的基础上,本年度报告新增了成渝经济区、中原经济区和山东半岛城市群的 53 个城市,六个城市群的城市总数达到 87 个。具体如下:

已有的三大城市群的城市主要包括:京津冀城市群的北京市、天津市和河北省的石家庄、唐山、保定、秦皇岛、廊坊、沧州、承德、张家口等 10 个城市;长三角城市群的上海、南京、杭州、苏州、无锡、南通、泰州、扬州、镇江、常州、湖州、嘉兴、宁波、舟山、绍兴等 15 个城市;珠三角的广州、深圳、珠海、惠州、东莞、肇庆、佛山、中山、江门等 9 个城市。

新增的城市主要包括:成渝经济区的重庆市和四川省的 15 个城市(成都、德阳、绵阳、眉山、资阳、遂宁、乐山、雅安、自贡、泸州、内江、南充、宜宾、达州、广安),共计 16 个城市;中原经济区包括河南省的 17 个城市(郑州、开封、洛阳、平顶山、安阳、鹤壁、新乡、焦作、濮阳、许昌、漯河、三门峡、商丘、南阳、信阳、周口、驻马店)、河北省的 2 个城市(邢台市、邯郸市)、山西省的 3 个城市

(长治市、晋城市、运城市)、安徽省的 5 个城市(宿州市、淮北市、阜阳市、亳州市、蚌埠市)以及山东省的 2 个城市(聊城市、菏泽市),共计 29 个城市;山东半岛城市群包括济南、青岛、烟台、淄博、威海、潍坊、东营、日照,共计 8 个城市。

表 1　2014 中国城市群发展指数报告的研究对象

城 市 群	城　　　市
京津冀城市群	北京市,天津市和河北省的石家庄、唐山、保定、秦皇岛、廊坊、沧州、承德、张家口
长三角城市群	上海市,江苏省的南京、苏州、无锡、南通、泰州、扬州、镇江、常州,浙江省的杭州、湖州、嘉兴、宁波、舟山、绍兴
珠三角城市群	广州、深圳、珠海、惠州、东莞、肇庆、佛山、中山、江门
成渝经济区	重庆市,四川省的成都、德阳、绵阳、眉山、资阳、遂宁、乐山、雅安、自贡、泸州、内江、南充、宜宾、达州、广安
中原经济区	河南省的郑州、开封、洛阳、平顶山、安阳、鹤壁、新乡、焦作、濮阳、许昌、漯河、三门峡、商丘、南阳、信阳、周口、驻马店,河北省的邢台、邯郸,山西省的长治、晋城、运城,安徽省的宿州、淮北、阜阳、亳州、蚌埠,山东省的聊城、菏泽
山东半岛城市群	济南、青岛、烟台、淄博、威海、潍坊、东营、日照

根据《中国城市统计年鉴 2012》,2011 年这六大城市群城市数量占全国全部地市级城市的 30.63%,地区生产总值占所有地级城市的 52.30%,年末人口占 40.74%。这些城市群的发展是中国城市化进程的一个缩影,基本反映了中国城市群整体发展趋势。

2. 框架调整与数据说明

本年度报告沿用了上海交通大学城市科学研究院自主研发的《中国城市群发展指数框架》,根据 2013 年报告的反馈意见和研究对象数据收集情况做了微调,共设置人口、经济、生活、文化和首位比 5 个一级指标,优质人口指数、职业人口指数、人口生态综合指数、城市经济增长指数、第三产业发展指数、可持续发展指数、生活成本指数、生活便捷指数、教育卫生服务指数、城市文化资本指数、城市文化魅力指数、城市文化创新指数、经济首位比、生活首位比、文化首位比、人口首位比 16 个二级指标和 41 个三级指标。

本年度报告中的各项数据,来源于上海交通大学城市科学研究院自主研发的《中国城市群数据库》。该数据库以具有自主知识产权的中国城市群理论为指导，以六个城市群 2007—2011 年 5 年的相关专项数据为素材建构而成。与一般以月度、季度为统计标准的经济类指数不同，基于以下两方面的原因：一是在研究时段上，由于城市群指数研究涉及的对象多、范围大、层次繁复，加上各城市的数据统计口径和发布时间不统一；二是在研究对象上，由于本报告涉及的数据来源广、种类多，特别是涉及生活、文化等软性指数，相关部门这些数据的统计与发布不仅零散，存在空白，而且也明显滞后于相关经济社会数据。就此而言，尽管本年度报告的数据截至到 2011 年，但已是目前中国城市群发展最新和较为全面的数据，其相关指数分析与观点，也客观呈现了中国城市群发展的最新进展、主要问题和总体趋势。

3. 指数框架调整说明

由于研究对象扩大导致的数据可得性因素的变化，为保证评价更加科学合理，数据真实可靠，综合各方面的考虑，本年度指标体系以 2013 版为基础，在保持一级、二级指数不变的基础上，将原有的 43 个三级指标调整为 2014 版的 41 个，去掉了“进出口总额”和“第三产业劳动生产率”两项经济指标。

主要原因在于：一是各地区统计水平存在差距，一些城市的“进出口总额”和“第三产业劳动生产率”两项统计数据不完善，特别是中西部很多城市的相关数据缺失严重，考虑到今后的报告将会包括越来越多的中西部城市群，所以删除了这两项指标。二是由于统计口径问题。以“进出口总额”为例，各城市的统计口径不一，直接影响了数据的采集、标准化及可比较性，本着“疑者不用”的原则，从指标体系中去除。三是依据我们对城市群的理论研究，城市群是一个在人口、经济、社会、文化和整体结构上具有合理层级体系，在空间边界、资源配置、产业分工、人文交流等方面具有功能互补和良好协调机制的城市共同体，城市经济指数只是测评城市群发展水平的一个方面，所以我们研究重点是城市群的均衡与全面发展，并不以经济增长为重点，所以删除“进出口总额”和“第三产业劳动生产率”两项三级经济指标，不会影响到以评估促发展的主旨和大局。

三、2014 城市群发展指数框架与评估机制

1. 指数框架的构建

在总体架构上，2014 年度报告的指数体系框架包括 5 个一级指标、16 个二级指标和 41 个三级指标在内的评估指数系统。

表 2　中国城市群发展指数表

中国城市群发展指数		
城市人口指数	优质人口指数	在校大学生数与总人口比(%)
		文盲率(%)
	职业人口指数	从业人口数比(%)
		失业人口数量(万人)
	人口生态指数	人均预期寿命(岁)
		自然增长率(%)
城市经济指数	经济增长指数	人均 GDP(元)
		人均社会消费品零售总额(元)
		固定资产投资额(亿元)
	第三产业发展指数	第三产业占 GDP 的比重(%)
		第三产业从业人员比重(%)
		第三产业生产总值(亿)
	可持续增长指数	工业废水(万吨)
		工业二氧化硫排放量(吨)
		工业烟尘排放量(吨)
		工业固体废物利用率(%)
		建成区绿化覆盖率(%)
城市生活指数	生活成本指数	CPI
		恩格尔系数(%)
	生活便捷指数	人均道路面积(平方米)
		人均绿地面积(平方米)
		生活垃圾处理率(%)
	教育卫生服务指数	小学专任教师数(人)
		执业(助理)医师人员数 (市辖区)(人)
		城市医疗救助支出(万元)

续 表

中国城市群发展指数		
城市文化指数	城市文化资本指数	文化、体育、娱乐业从业人数(万人)
		公共图书馆总藏量(万册、件)
	城市文化魅力指数	年接待游客数量(万人次)
		世界付费日报发行量前百名数量(家)
		全国电视收视市场市场份额前 20 的频道数(个)
	城市文化创新指数	文化产业 30 强数(个)
		国家级奖励数(个)
城市首位比指数	经济首位比	人均 GDP 首位比(%)
		能源消耗量首位比(用电量)(%)
		第三产业份额首位比(%)
	生活首位比	每万人公共汽车拥有量首位比(%)
		国际互联网用户首位比(%)
	文化首位比	文化、体育、娱乐业从业人数首位比(%)
		国家级奖励数量首位比(%)
	人口首位比	人口密度首位比(%)
		在校大学生人口数量首位比(%)

2. 指数框架的阐释

综合国内外城市群的研究成果,以扎实严谨的基础理论研究建构城市群发展的科学理论,结合中国都市化进程的现实问题与战略需要,秉持“不看口号看实际、不看形式看内容、不看数量看质量、不看经济看整体”的价值立场,上海交通大学城市科学研究院自主研发了《中国城市群发展指数框架》,共设置五个一级指数,各一级指数下设置二级、三级指数若干。

(1) 城市人口指数(集聚—分散度)

城市人口规模是城市化的基本指标。人口大规模和高密度的集聚,也是城市群的基本特征。如《牛津地理学词典》的定义:“任何超过 1 000 万居民的众多中心、多城市、城市区域,通常由低密度的定居和复杂的经济专门化网络所支配。”而根据戈特曼的观点,一个城市群的人口则一般要在 2 500 万以上。但在半个世纪之后的今天,这种“唯人口论”明显遭遇到巨大的尴尬和困境。特别是由于人口过度集中导致了越来越普遍的城市病，已严重威胁到大都市和城市群的可持续发展。因此，本指数框架放弃了传统的人口规模评价标准，而以"集聚—分散度"作为城市人口评价的核心范畴，用来测评城市人口在空间、年龄等方面的分布和构成是否合理，是否有利于一个城市群朝着理想形态发展和演化。

在一级指数下，与城市社会学主要关注人口数量增长不同，本指数框架更注重从质量角度评价城市群在人口方面的发展水平。首先，21 世纪的竞争是人才的竞争，与人口数量相比，城市人口的素质与质量变得更加重要；其次，中国城市群具有鲜明的社会主义属性，能否公平公正分享中国城市发展的机遇和成果，必然要成为衡量中国城市化成败的关键指标；再次，一些直接影响城市发展的其他人口问题，如自然增长率与城市可持续发展、人均预期寿命与城市总体发展水平等，也是我们在指数设置时特别予以关注的。鉴于以上思考和判断，我们设置了作为城市发展生力军的优质人口指数、用来衡量城市公平正义的职业人口指数及用来预测城市负担和发展潜力的人口综合生态指数等二级指数。

在城市人口指数下，设二级指数三个、三级指数若干：

① 优质人口指数

- 在校大学生数与总人口比
- 文盲率

② 职业人口指数

- 从业人口数比
- 失业人口数量

③ 人口生态综合指数

- 人均预期寿命
- 自然增长率

以上所设的各级城市人口指数，主旨在于显示城市人口在一些主要领域的分布状况及其合理化程度。容器是城市的一个基本功能，人口"缺乏"或人口"爆棚"，或者是在某些方面"不足"而在另一些方面"过剩"，会直接或间接影响到一个城市群的"人气"、活力和创造性。同时，以上指数具有精准化和易识别的特点，其数值消长可以直接呈现城市人口的发展质量，而其所揭示的各种问题与矛盾，也是中国城市在当下急需关注和解决的。

(2) 城市经济指数(规模—内涵度)

城市是天生的经济体，一个良性发展的城市群必然要以强大的经济基础和可持续的经济发展方式为骨骼。在这个意义上，城市经济显然是衡量城市群发展的重要指标之一。但在全球人口爆炸、能源危机、生态环境急剧恶化的当下，城市经济发展方式也发生了重大变革，其核心是以高新技术产业、金融资本运营、信息产业、文化产业等为代表的后现代生产方式，日渐取代了以矿山开采、冶炼、纺织等传统制造业为主体的现代城市经济体系。特别是针对发展中国家，不再是经济规模的简单扩张，而是经济的发展内涵和质量，才真正决定了一个城市群的未来。而问题的复杂性在于，中国经济发展既需要较大较快的经济增长，以满足我们这个 13 亿人口大国在城市化进程中需要的物质基础，但与此同时，出于环境资源的局限和可持续发展的战略性考虑，中国还必须以牺牲部分经济发展以换取可持续的未来。有鉴于此，本指数框架在设置城市经济指数时，以城市经济发展的规模—内涵度为核心范畴，用以兼顾“经济规模”和“增长质量”的矛盾，而不是采取简单的二元对立思维，以充分照顾中国城市化的多层次性和阶段复杂性，使本指数评价能够以比较适度的方式规范、引领我国城市群的发展和转型。

首先，受中国城市经济既需要快速发展又必须转变经济发展方式的双重制约和限定，我国城市群在未来相当长的时间内，将始终处于“规模”和“内涵”的激烈矛盾冲突中，两者各有合理性，不可偏废。由是之故，我们在城市经济指数中保留了 GDP 指数，继续关注城市经济的规模和总量增长，但与此同时，也将经济增长方式转型及经济增长质量或绿色发展作为重点指标，把工业垃圾、工业废水等处理率纳入考察范围，使该指数和当下一些城市经济与竞争力指数判然有别。同时，从科学性出发，我们还将 GDP 细化为人均 GDP。

其次，由于城市化与现代化的内在关联性，在城市经济指数中，我们借鉴了英格尔斯的现代化标准，确立了以第三产业的发展质量，作为衡量城市现代化的重要标准，并为此设置了第三产业发展指数，用以测评城市经济发展的创新能力及城市群未来的竞争力。

城市经济指数下设二级指数三个、三级指数若干：

① 城市经济增长指数

- 人均 GDP
- 人均固定消费品总额
- 固定资产投资额

② 第三产业发展指数

- 第三产业占 GDP 的比重
- 第三产业从业人员占从业人员总数的比重

- 第三产业生产总值

③ 可持续发展指数

- 工业废水排放量
- 工业二氧化硫排放量
- 工业烟尘排放量
- 工业固体废物利用率
- 建成区绿化覆盖率

以上所设的城市经济指数，主旨在于显示城市经济发展在规模扩张与内涵建设、数量增长与质量提升的关联度和均衡性。与自然经济相比，城市经济的显著特点是较大的规模，与现代经济发展方式相比，当代城市群的显著特点则在于城市的可持续发展。对于正处于工业化和后工业化夹缝中的中国城市群，只有处理好这两者之间的矛盾冲突，兼顾两方面的需要和现实，才能走出一条适度牺牲自然和环境友好兼顾、规模增长和内涵建设互补、转变经济发展方式和城市发展方式转型互动的新型城市化道路。

(3) 城市生活指数(健康—病态度)

关于城市的本质，亚里士多德早就指出："人们为了活着，聚集于城市；为了活得更好，居留于城市。"这一关于城市本质的经典表述，经过 2010 上海世博会主题——"城市，让生活更美好"的再现与传播，已被当今世界各国和城市奉为圭臬。但对正处于改革开放黄金期和城市病高发期的中国，"美好城市，美好生活"既是一场前所未有的艰巨挑战，同时也是中国城市化道路的历史必然要求。建设以人为本、宜居宜业、市民满意和幸福的城市生活，是中国城市群在社会建设上的首要任务，因而我们将城市生活指数设置为一级指数。

从当下的具体情况看，影响中国城市生活的主要矛盾有三方面：一是以"物价"问题为核心，城市生活成本不断上扬。来到城市的人们不是找到了自由发展的空间，而是处处受到钳制和约束，异化为所谓的"房奴""车奴""卡奴"等，他们在城市中不是找到了幸福，而是日益感到不幸和痛苦。二是以"交通""环境"等问题为中心，城市生活环境和条件上不断恶化。这与我国城市"硬件"与"软件"建设失衡、不协调密切相关。其后果是，中国城市在外表上越来越华丽、繁华的同时，普通市民在日常的衣食住行等方面却日益感到不便，由此导致的对城市本身的怀疑、失望、厌恶等极端心态与言行也与日俱增。三是以"医疗"和"教育"问题为核心，中国城市公共服务的资源配置和服务质量等矛盾日益凸显。按照一般的理解，城市比乡村、大都市比一般城市总会有更好的医疗和教育条件，但由于人口过度集中和公共服务资源相对短缺，“上学难”“就医难”等传统问题在我国城市普遍存在，在基础设施更好更先进的大都市最为激烈。以上这些问题，是我国“城市病”的主要形式和代表，在城市群这个更大的空间中也更加突出。为此我们在城市生活指数下设置生活成本指数、生活便捷指数、教育卫生服务指数等二级指数，用来显示中国城市群在“让生活更美好”方面的差距，同时也侧重从城市管理和服务角度提供努力和改善的方向。

城市生活指数下设二级指数三个、三级指数若干：

① 生活成本指数

● CPI

● 恩格尔系数

② 生活便捷指数

● 人均道路面积

● 人均绿地面积

● 生活垃圾处理率

③ 教育卫生服务指数

● 小学专任教师数

● 执业(助理)医师人员数

● 城市医疗救助支出

以上所设的各级城市生活指数，主旨在于显示城市生活的健康—病态度。一方面，适度和可承受的生活成本，较为畅通的交通和符合标准的空气质量等，以及较高水平和均等化的医疗和教育，是一个健康城市的基本要求。与之相反，则表明城市出现了各种病症，城市问题和矛盾不断增加和激化，使城市深陷于不可持续的泥潭中无法自拔。需要说明的是，由于城市生活的复杂性和多样性，在设置城市生活指数时，我们充分考虑了当下中国城市面临的突出和紧迫问题，而不是面面俱到，我们希望以这些方面的测评，引导中国城市先“医得眼前疮”。

(4) 城市文化指数(希腊化—罗马化度)

芒福德曾指出：“城市不只是建筑物的群体……不单是权力的集中，更是文化的归极。”①文化始终是影响城市生存与发展的一个重要而永恒的关键要

① [美] 刘易斯·芒福德著，宋俊岭、倪文彦译：《城市发展史——起源、演变和前景》，中国建筑工业出版社 2005 年版，第 91 页。

素。一方面,很多人来到或喜欢某个城市,并不是因为从中得到了更高的物质待遇或实惠,而仅仅是出于一种心理和情感上的满足。另一方面,在景观社会中,随着文化资本对城市发展的重要性不断提升,以城市文化功能为核心的文化城市正成为全球城市的主流发展趋势与重点战略目标。文化城市是一种不同于"政治城市""经济城市"的新型城市发展模式,核心是一种以文化资源和文化资本为主要生产资料、以服务经济和文化产业为主要生产方式、以人的知识、智慧、想象力、创造力等为主体条件、以提升人的生活质量和推动个体全面发展为社会发展目标的城市理念、形态与模式。它最突出的本质特征是城市的文化形态与精神功能成为推动城市发展的主要力量与核心机制。① 文化城市的核心机制在于吸附、汇聚、积累和生发"人气",正如,在社会主义文化大发展大繁荣的整体背景下,将传统不宜测评的文化发展设为一级指数,对于软实力水平普遍较低的中国城市群,具有重要的引领与示范作用,也符合中国城市化的当下需要与根本利益。

首先,在后工业社会中,随着文化资源直接构成城市经济系统中重要的新生产要素,文化生产力成为城市社会良性与可持续发展的重要支撑,以及文化发展成为城市和谐与全面发展的更高理想,文化对城市群发展的影响正变得越来越重要。设置城市文化指数,有助于引导中国城市发展观念和方式转变。

其次,文化是城市的灵魂。古代罗马城解体的原因,即"在物质建设上的最高成就以及社会人文中的最坏状况"。② 在快速的城市化进程中,中国城市不同程度地实现了"物质建设上的最高成就",但在"社会人文"等方面则陷入越来越严重的滑坡和危机中。设置城市文化指数,有助于推动中国城市文化和精神生态环境的建设。当今城市,不是没有文化,而是文化没有质量。

再次,未来的竞争是人才和人力资源的竞争,随着中国人口红利的逐渐消失,如何吸引到更多的移民成为城市发展的重大问题。以近年来"逃离北、上、广"和"大城市伪幸福"为代表,中国城市开始面临"城市人气下滑"的考验,一些城市也出现了"人心涣散"、人去城空的问题。设置城市文化质量指数,建设先进的城市文化,有助于提升城市软实力并吸引更多的优质人口资源。

---

① 刘士林:《建设文化城市急需解决三大问题》,《中国文化报》,2007年7月17日。

② [美]刘易斯·芒福德著,宋俊岭、倪文彦译:《城市发展史——起源、演变和前景》,中国建筑工业出版社2005年版,第229页。

城市文化指数下设二级指数三个、三级指数若干：

① 城市文化资本指数

- 文化、体育、娱乐业从业人数
- 公共图书馆总藏量

② 城市文化魅力指数

- 年接待游客数量
- 世界付费日报发行量前百名数量
- 全国电视收视市场份额前 20 的频道个数

③ 城市文化创新指数

- 文化产业 30 强个数
- 国家级奖励个数

城市文化指数的主旨在于显示中国城市发展的罗马—希腊度。古代雅典是“美好生活”的代表，古罗马城则是“死亡之城”的象征。在希腊，“既不放浪形骸狂饮取乐，也不着意追求舒适与奢华，装饰与摆设；过着一种运动员式的、确实是很节制的生活，在苍天之下进行着他们的每一种活动。美好的生活并不昂贵，而且这种生活中最美善的种种内容，尤其是这座城市都可尽情受用了。”[①]而“罗马人从未认真处理这些现实的文化问题和城市问题，他们贪得无厌地追求权力和权力的种种物质表现，并将此作为生活的理想”[②]，最终沦为“一个反面生活的容器”，并“把历次文明似乎都不可避免的那些丑恶扩大化和持久化了”。[③] 城市在发展中是“希腊化”还是“罗马化”，最终决定了一个城市的兴衰和命运。需要指出的是，芒福德对当今大都市曾发出警告：“哪里的人口过分密集，哪里房租陡涨居住条件恶劣，哪里对偏远地区实行单方面的剥削以至不顾自身现实环境的平衡与和谐——这些地方，罗马建筑和传统的各种前例便几乎都会自行复活，如今的情况正是这样：竞技场、高耸的公寓楼房、大型比赛和展览、足球赛、国际选美女比赛、被广告弄得无所不在的裸体像、经常的性感刺激、酗酒、暴力等等，都是地道的罗马传统。同样，滥建浴室，花费巨资筑成的公路，而尤其是广大民众普遍着迷于各种各样的耗资巨大而又转瞬即逝的时髦活动，也都是地道的罗马作风……这类现象大量出现时，死亡之

---

① [美] 刘易斯·芒福德著，宋俊岭、倪文彦译：《城市发展史——起源、演变和前景》，中国建筑工业出版社 2005 年版，第 176 页。

② 同上，第 259 页。

③ 同上，第 245—246 页。

城即将临近了”。[①] 在这个意义上，以现代大都市为核心的城市群，最容易出现“罗马化”的问题，因而，以“希腊化—罗马化度”作为城市文化指数的核心内容，对于当今世界的都市化进程具有重要的警示意义。此外，在本年度指数报告中，我们仍充分考虑了中国城市文化发展在现阶段的特殊性，侧重于文化基础设施和基本服务能力，以后会逐渐强化文化内涵方面的指数研究和测评，使文化指数更全面和科学。

(5) 城市首位比指数(支配—服务度)

城市首位比是本指数报告提出的重要创新指标。该概念源自城市社会学的“人口首位度”，城市社会学使用这个概念，本是指一个国家或地区最大城市与第二大城市的人口数值比。一般认为城市首位度小于 2%比较正常。但实际上，由于人口集聚与资源集聚的密不可分，所以城市首位度也间接显示出一个国家或地区的资源、特别是优质资源的分布状况，并同样遵循着首位比数值越小，则国家或区域发展越平衡的基本原理。就城市群是放大的城市而言，这一原理也适用于评价城市群的发展水平。具体而言，首位城市与周边城市在各种资源上分布越均衡，即首位比越低，城市群就越接近理想状态，容易形成合理的层级分工体系。反之，首位比指数越高，则表明城市群内的资源配置越不均衡，并容易在交通、能源、住房、公共服务等方面出现城市病。这不仅直接影响到首位城市的发展，也降低了其对整个城市群发展的辐射与带动作用。城市群的首位比是影响城市群发展的一个综合性指标，因此，本指数体系设立城市首位比一级指数，以评估一个城市群与其理想形态的关联和距离。

城市首位比一级指数下设经济首位比、生活首位比、文化首位比、人口首位比四个二级指标，并根据关联度和显示度相结合的原则，设置三级指标若干。

① 经济首位比

- 人均 GDP 首位比
- 能源消耗量首位比(用电量)
- 第三产业份额首位比

② 生活首位比

- 每万人公共汽车拥有量首位比

---

① [美]刘易斯·芒福德著，宋俊岭、倪文彦译：《城市发展史——起源、演变和前景》，中国建筑工业出版社 2005 年版，第 259 页。

- 国际互联网用户首位比

③ 文化首位比

- 文化、体育、娱乐业从业人数
- 国家级奖励数量首位比

④ 人口首位比

- 人口密度首位比
- 在校大学生数量首位比

以上各级城市首位比指数，主旨在于测试和评估城市群内部首位城市的支配—服务度。城市群的原理告诉我们，首位城市的职能主要有两个：一是支配，二是服务。这个数值越理想，就表明一个城市群的内在关系越和谐、区域一体化水平越高、协调能力更强，以及综合竞争力与可持续发展优势明显。反之，则需要认真检点首位城市与次级城市的关系结构，并提供政策和制度的调整与建设，以改变首位城市与区域内其他城市的"内耗"。特别需要指出的是，只想"支配"而不想"服务"，在当下已成为中国城市群首位城市的痼疾，直接破坏了城市群内部的功能互补和共存共荣机制，"同质竞争"和"重复建设"日趋严重。就此而言，城市首位比指数，在中国城市群发展评价中具有核心地位。

3. 城市群综合指数的建立与阐释

关于综合指数的建立，人们常用的是德尔菲法和层次分析法(AHP)，但这些方法最主要的问题就是指标权重的设置主观性较强。而全排列多边形综合图示法，则是一种简单、直观、有效的评价方法，在很大程度上能够避免这种主观性。目前在可持续发展评价、生态和环境评价等领域，全排列多边形综合图示法被广泛应用。[①] 本报告在建立综合指数时，也选择这种研究方法，从城市人口指数、城市经济指数、城市生活指数、城市文化指数、城市首位比指数个方面入手，利用全排列多边形综合图示进行综合评价，完成中国城市群评价指标体系的建构。

该方法的主要思想是：假充有 N 个指标，以这些指标的上限值为半径，以 $360°/N$ 以夹角，通过各指标值连线构建一个不规则中心 N 边形。其顶点是

① 参阅：王书玉、卞新民：《江苏省阜宁县生态经济系统综合评价》，《生态学杂志》，2007 年第 2 期；蔡邦成、陆根法等：《江苏省经济的可持续发展评价》，《中国环境科学》，2006 年第 4 期；周伟、曹银贵、乔陆印：《基于全排列多边形图示指标法的西宁市土地集约利用评价》，《中国土地科学》，2012 年第 4 期。

N 个指标首尾相连的全排列，N 个指标共可构建成$(N-1)!/2$ 个不同的不规则 N 边形。综合指数就是这些不规则 N 边形的面积均值与中心多边形面积的比值。

指标的标准化可选择下列标准化函数：

$$F(x)=\frac{a(x+b)}{x+c},\ a\neq 0,\ x\geqslant 0$$

其中，$F(x)$满足：

$$F(x)\big|_{x=L}=-1,$$
$$F(x)\big|_{x=T}=0,$$
$$F(x)\big|_{x=U}=1$$

等式中，L 为指标的下限，U 为指标的上限，T 为阈值。

根据以上条件，可以得到：

$$F(x)=\frac{(U-L)(x-T)}{(U+L-2T)x+UT+LT-2LU}$$

通过标准化以后，所有的指标都位于$[-1,\ 1]$之间。由此可得指标标准化函数为：

$$S_i=\frac{(U_i-L_i)(x_i-T_i)}{(U_i+L_i-2T_i)x+U_iT_i+L_iT_i-2L_iU_i} \qquad (公式 1)$$

其中，L_i、U_i、T_i分别为指标 x_i的最小值、最大值和均值。

利用 N 个指标可以构建一个中心正 N 边形，中心点是 $S_i=-1$，顶点是指标 $S_i=1$，中心点至顶点的线段表示区间$[-1,\ 1]$，各指标的标准化值位于这些线段上。以指标 $S_i=0$ 可以构建 N 边形代表指标的临界区域。临界区域内部表示指标为负，外部表示指标为正。如图 2 所示。

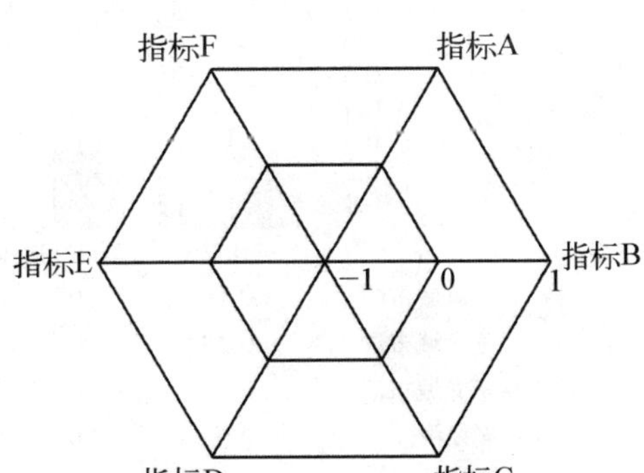

图 2　全排列多边形结合图示法示意图

全排列多边形综合指数为：

$$S=\frac{\sum_{i\neq j}^{i,j}(S_i+1)(S_j+1)}{2N(N-1)} \qquad (公式 2)$$

其中，S 为综合指数，S_i 和 S_j 分别代表第 i 项和第 j 项指标，N 代表指标数量。

出于研究的实际需要，本综合指数利用公式 1 对所有原始数据进行标准化处理，在逆向指标前加上负号使其正向化。主要包括：文盲率、失业人口数量、自然增长率、CPI、恩格尔系数、各首位比、工业废水、工业三氧化硫、工业烟尘排放量。

四、2014 中国城市群发展指数情况及主要评价

依据上海交通大学城市科学研究院具有自主知识产权的“都市化进程理论”、自主研发的《中国城市群发展指数框架(2014 版)》及《中国城市群数据库(2014 版)》，课题组对中国六个城市群发展指数展开研究，主要指数排名及评价报告如下。

1. 城市群综合指数及排名

利用全排列多边形综合图示法，根据京津冀、长三角、珠三角、成渝、中原和山东半岛城市群 2007 至 2011 年的各项数据，可以得出这六个城市群的五年综合指数(见表 3)。

表 3　六个城市群五年综合指数示意图

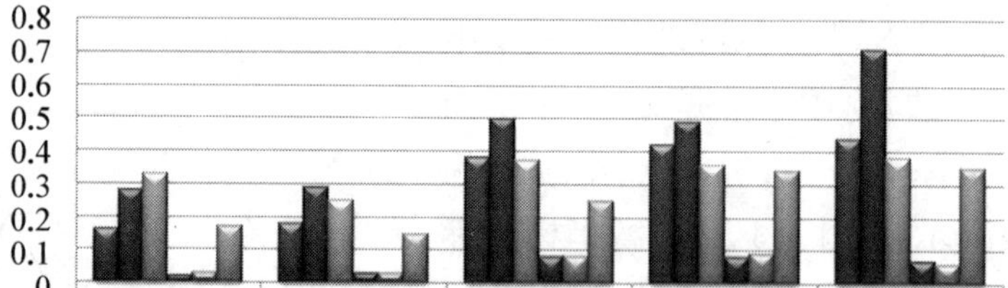

	2007	2008	2009	2010	2011
京津冀城市群	0.16	0.18	0.38	0.42	0.44
长三角城市群	0.28	0.29	0.5	0.49	0.71
珠三角城市群	0.33	0.25	0.37	0.36	0.38
成渝经济区	0.02	0.03	0.08	0.08	0.07
中原经济区	0.03	0.0.	0.08	0.09	0.06
山东半岛城市群	0.17	0.15	0.25	0.34	0.35

由此可知，京津冀、长三角、珠三角三大城市群的综合发展水平依然处在绝对的优势地位，山东半岛城市群的发展水平虽落后于三大城市群，但远高于中原经济区和成渝经济区。中原经济区和成渝经济区的综合指数数值均比较小，无论是发展速度还是发展质量都相对落后。六个城市群的五年综合指数结果反映出我国城市群发展正呈现出明显的分层化趋势。

在纵向比较上，从 2007 到 2011 年，六个城市群的综合指数总体上均呈现出上升趋势，其中京津冀城市群和长三角城市群的综合指数持续上升，尤其是长三角城市群在 2011 年的上升十分显著，是带动其重返我国第一大城市群的主要原因。珠三角城市群的综合指数值持续出现波动并表现出不稳定的特点，是其在 2014 排名中退居次席的主要原因。而新加入排名的成渝经济区和中原经济区的综合指数增长幅度相对比较小，在 2011 年甚至出现回落的现象，这与中西部城市群发展基础薄弱、抗干扰性差是一致的。山东半岛城市群的综合指数除了 2008 年有所下降外，一直保持持续增长的态势，是城市群体量不大但在总体发展水平上可以超过成渝经济区和中原经济区的主要原因。

从总体趋势上看，在 2007 至 2011 年的五年中，六个城市群在城市人口、经济及生活文化水平方面不断进步，但京津冀和长三角城市群的发展速度更快、发展质量更高。山东半岛作为后起之秀，无论是发展的基础水平还是增长的势头都有很大潜力。而珠三角城市群由于外源经济萎缩、中小民营企业抗风险能力低等原因步伐开始放缓。中原经济区和成渝经济区由于城市群构成较为复杂且一体化程度相对偏低等原因，城市群还处于较低水平和缓慢增长的发展阶段，与长三角、京津冀、珠三角等城市群尚存在较大的差距。（见图 3）

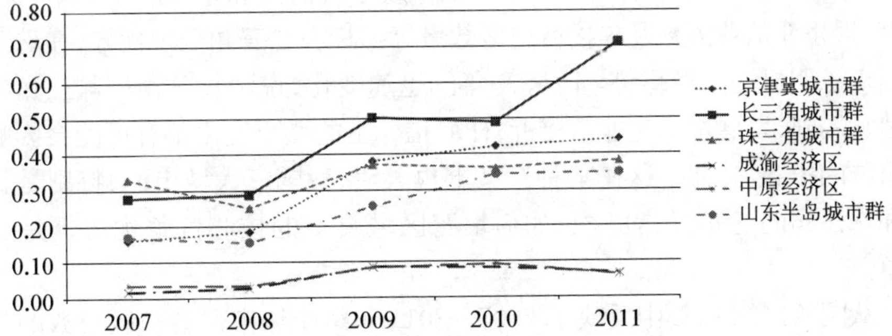

图 3　六个城市群综合指数发展趋势图

在横向比较上，综合 2007 到 2011 年的最新数据结果，根据五年综合指数平均值比较，六个城市群综合指数水平的排名结果依次为：长三角城市群、珠三角城市群、京津冀城市群、山东半岛城市群、中原经济区、成渝经济区（见表 4）。

表 4　六个城市群综合评价排名

城市群	综合排名	人口排名	经济排名	生活排名	文化排名	首位比排名
长三角	1	3	3	1	2	3
珠三角	2	1	1	5	3	5
京津冀	3	4	2	3	1	6
山东半岛	4	2	4	4	6	2
中原经济区	5	6	5	2	5	4
成渝经济区	6	5	6	6	4	1

值得注意的是，与 2013 年报告相比，在 2014 年，长三角城市群的综合指数超过珠三角，重新回到我国第一大城市群的宝座上。主要原因在于：一是由于新增了山东半岛城市群、中原经济区和成渝经济区三大城市群，城市群数量的增多增加了数据收集和标准化处理的难度，由于中西部一些城市的统计数据不完善，因此在指数框架中删减了“第三产业劳动生产率”和“进出口总额”两项三级指标。尽管珠三角在经济指数上仍保持在第一的位置，但这两个指标的删除在一定程度上降低了珠三角的优势。二是长三角城市群在文化发展和城市均衡发展上比珠三角城市群有了明显进步，五个一级指数全部位于六个城市群的前三位。珠三角尽管人口、经济两个一级指数排在第一，但生活和首位比指数均排在倒数第二，分别强于成渝经济区和京津冀。其中，文化、体育、娱乐业从业人数及年接待游客数量等指标在长三角表现优异，在珠三角则出现了明显的下滑趋势。时隔一年的迅速变化，说明长三角和珠三角各有优势和局限，发展水平也非常接近，任何指标上的微小变化都有可能会影响到城市群的排名。同时，这在某种意义上也表明，我国三大城市群、特别是长三角和珠三角的竞争异常激烈，如何培育区域真正的核心竞争优势仍是当务之急。

从图 4 到图 8，集中反映了 2007—2011 年六个城市群各一级指数的具体情况。

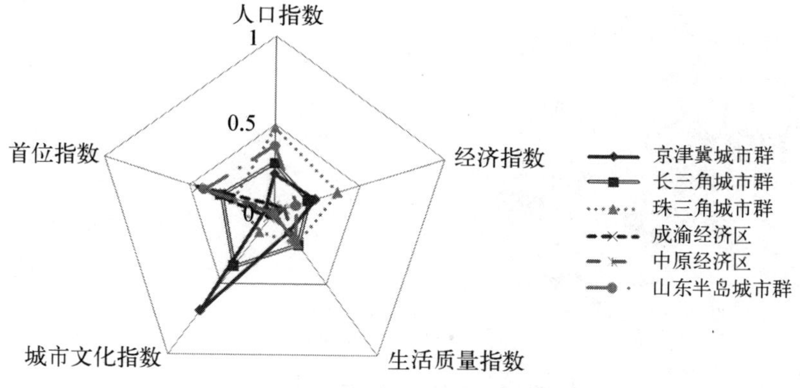

图 4　2007 年六个城市群综合指数

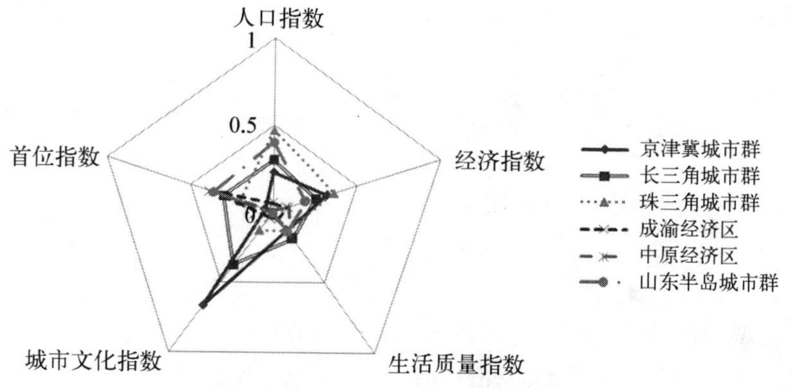

图 5　2008 年六个城市群综合指数

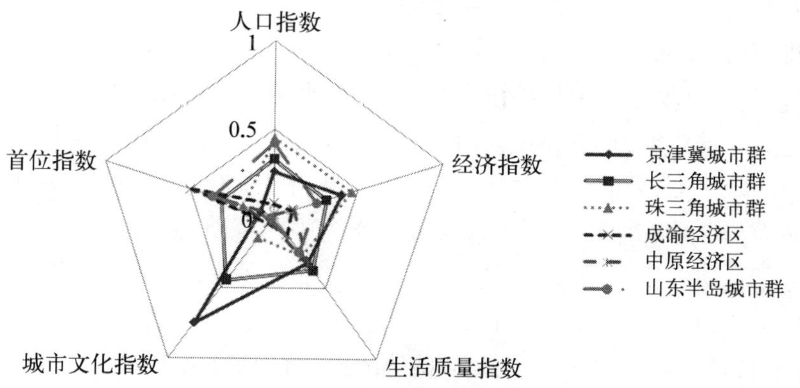

图 6　2009 年六个城市群综合指数

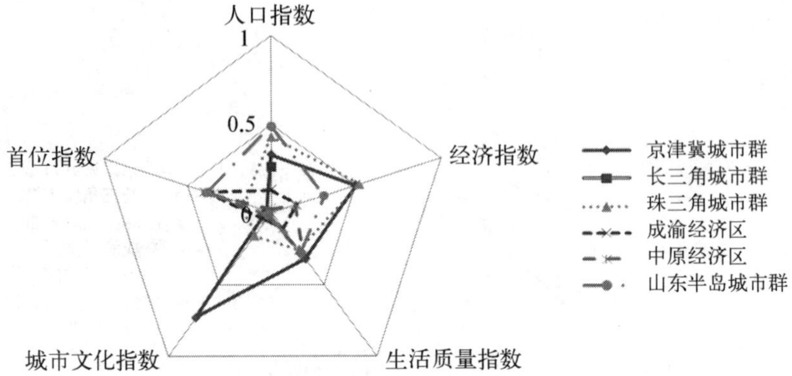

图 7　2010 年六个城市群综合指数

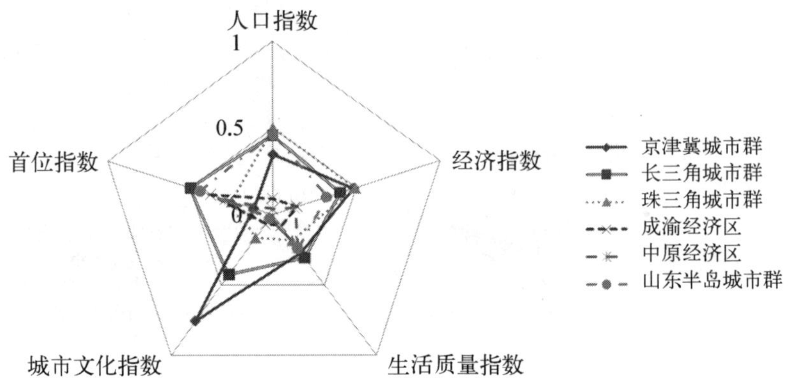

图 8　2011 年六个城市群综合指数

对从图 4 到图 8 的系列进行解读,可以得知六个城市群在五年间(2007 至 2011)的综合发展情况与存在的主要问题。

排在第一位的是长三角城市群。在五个一级指数中,长三角的城市生活指数排在首位,城市文化指数排在第二位,其他三个指数均处于前三位。相比于其他五个城市群,长三角在人口、经济、社会生活、文化和城市层级体系的发展相对比较平衡,表明在经过 30 多年的磨合与一体化进程之后,一种良好的层级体系与合理的协作机制正在生成。作为中国经济最为发达的地区,长三角的主要优势在于经济发达,无论是经济总量还是人均 GDP 均位于全国前列,作为国家经济中心的地位日趋稳固。但其最大的软肋仍是环境和可持续发展问题,其工业废水、工业二氧化硫等的排放量明显高于其他城市群。从绿色发展的角度看,明显落后于珠三角、京津冀、山东半岛城市群及成渝经济区。

但相比于 2010 年，2011 年长三角可持续发展指数已有所改善，工业废水和工业二氧化硫的排放量显著下降，反映出长三角城市群转型升级的步伐正在加大和加快。

排在第二位的是珠三角城市群。在五个一级指数中，珠三角在城市人口指数和城市经济指数上均位列第一，在可持续发展二级指数上排在全国城市群的首位。但珠三角的生活指数和首位比指数均位列第五，基本处于中等靠后的位置，前者仅超出了经济总体上不发达的成渝经济区，后者仅强于城市群内部差异最大的京津冀。在城市文化指数上与长三角、京津冀也有较大差距。以年接待游客数量指数为例，2011 年珠三角接待游客量出现明显下降，从上一年的 3.6 亿人次跌至 2.8 亿人次。基于本报告的指标设置及引导作用，珠三角在公共文化服务设施投入、文化资源的社会和经济效益、科技文化创新能力、旅游资源的开发利用等方面均有很大的提升空间，也是未来应该重点改善和发展的领域和方向。

排在第三位的是京津冀城市群。在五个一级指数中，京津冀的城市文化指数遥遥领先于其他五个城市群，经济指数和生活指数有较好表现，分别位居于第二、第三的位置。以北京为首位城市的京津冀有深厚的历史底蕴和丰富的文化资源，同时北京作为国家首都在区位、政策、人才、资金、市场等方面得天独厚的优势，使其成为名副其实的国家文化中心。与 2013 年报告的结论一致，京津冀发展的最大问题依然是城市群的内部差异和两级分化严重，距离一个理想的城市群——在人口、经济、社会、文化和整体结构上具有合理层级体系，在空间边界、资源配置、产业分工、人文交流等方面具有功能互补和良好协调机制的城市共同体——还有很大的差距。同时这还说明，在文化、政治、经济、人才等方面优势明显的首位城市北京，没有充分发挥出其应有辐射和带动作用，区域一体化发展仍长期停滞在研究层面和启动阶段。但自 2014 年开始，由副总理张高丽担任协同发展领导小组组长，京津冀城市群出台了一系列的重要举措，一体化和协同发展的步伐进入快速发展阶段。随着 2012 年以后新数据的不断补充，京津冀在均衡发展上必然会有良好和突出的表现。

排在第四位的是山东半岛城市群。在五个一级指数中，山东半岛城市群的城市人口指数和首位比指数均位居第二，表明其优质人口发展水平较高，城市群内的各城市发展较为均衡。凭借这两个排名第二的强力拉动，山东半岛城市群超过了体量比自身大得多的中原经济区和成渝经济区，成为我国城市群第二方阵的重要代表。优质人口素质高是山东拥有丰厚的齐鲁文化并传承较好的感性证明，而内部发展较为平衡则与该城市群只包括沿海 8 个发达城市，以及将山东省的聊城市、菏泽市等抛给中原经济区密切相关。其中，最需要关注的山东半岛城市群的“文化指数垫底”。这与本报告的指数设置与目标导向有关。文化指数包括城市文化资本指数、城市文化魅力指数和城市文化创新指数三个二级指标，山东半岛城市群在传统文化资源与资本等“硬实力”上不弱，关键是城市群的文化魅力和创新能力未能充分释放出来，也可以说是“有大本钱但没有做出大生意”。这种悖论在我国二线城市群中相当普遍，是今后各城市群在文化建设中亟待关注和突破的困境。

排在第五位的是中原经济区。在五个一级指数中，中原经济区的城市生活指数位列第二，表明从生活成本和便捷度等指标看，中原经济区的宜居水平在六个城市群中相对较高。但正如俗话说“河南是养穷人的地方”，所以对这个排序不宜做过高评价。同时，中原经济区的城市人口指数倒数第一，城市经济指数和文化指数均倒数第二，前者揭示出“人口大城市群”与“人口强城市群”、“人口数量”与“优质人口”的突出矛盾，后者则显示出中原经济区在整体上发展程度不高，与东部发达城市群有着明显差距。城市人口指数倒数第一与城市经济指数倒数第二，还表明人才不足与就业不足已成为制约中原经济区发展的主要障碍。此外，城市经济指数倒数第二还揭示出当前的经济增长仍是以牺牲环境为代价的粗放型增长模式，区域经济发展亟待转型升级。

排在第六位的是成渝经济区。在五个一级指数中，成渝经济区首位比指数位列第一。对此应一分为二地看，这固然说明成渝经济区内部差异较小、发展比较均衡。但在本质上这是一种在整体不发达状态下的“原始和谐”，是区域内各城市发展水平都比较低的集中体现。成渝经济区发展面临的主要问题是：首先，成渝经济区虽然在中西部具有一定的经济优势，但与东部发达城市群相比仍相当落后，这是成渝经济区的人口指数和生活指数垫底，人口指数倒数第二的主要原因，经济的不发达制约着城市群的总体发展进程。其次，成渝经济区虽有重庆、成都等核心城市，但与上海、广州、北京等核心城市相比，辐射能力弱、带动作用不强等问题十分突出。如成都作为中国著名的休闲城市，不仅整个区域的恩格尔系数偏高，人们的生活压力也一直比较大。此外，作为西部城市群，成渝经济区文化发展落后的原因主要是缺乏投入，具体表现在文化产业发展不足、从业人员相对较少、图书馆等文化事业落后等方面，这在整个西部也具有很强的典型性，是国家在文化政策和资金配置时应重点关注的问题。打破低层次的和谐，走向高层次的发展，是成渝经济区同时也是中西部城市群必须确立的战略意识。

2. 专项指数排名之一：人口指数

人口指数由优质人口指数、职业人口指数和人口生态指数构成。图 9 描绘了 2007—2011 年六个城市群人口指数的综合评价情况和排名情况(以五年平均值计算)。

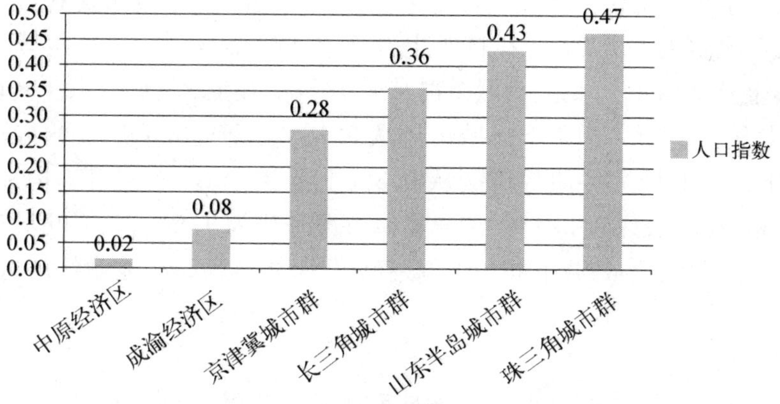

图 9　2007—2011 年城市群人口指数综合评价

据上图可得出一个基本判断：在总体评价上，目前珠三角城市群的人口指数最高，山东半岛城市群位居第二，长三角城市群位居第三，京津冀城市群、成渝经济区和中原经济区分别位于第四、第五和第六位。

从纵向分析上看，除珠三角之外，其他五大城市群的城市人口指数总体处于稳定上升阶段，城市群人口数量不断扩大，人口质量持续提升。珠三角虽然人口指数一度出现下降趋势，但仍保持着领先位置。尤其在 2011 年，珠三角人口指数较上一年大幅上升，重新回到第一的位置。这表明，珠三角城市群一直保持着巨大的人口优势，这是支撑其快速发展的重要资源之一。山东半岛城市群的人口指数略低于珠三角，但高于京津冀和长三角，反映出山东半岛城市群近年来人才吸引力不断增强。此外，从图中还可以清晰看出，成渝经济区尤其是中原经济区，在人口指数方面与其他城市群有较大差距，人口是城市的两大基础要素之一，对城市群的发展起着非常关键的作用，如何培养和吸引优秀人才，以及如何扩大城市就业能力，是成渝经济区和中原经济区今后发展应重点考虑的。

(1) 优质人口指数

优质人口指数由在校大学生数与总人口比以及文盲率两项指标构成。从总体上看,从 2007—2011 年,珠三角城市群的优质人口指数保持着最高水平,京津冀城市群次之。在三级指数上,在校大学生与总人口比,珠三角城市群最高,山东半岛城市群位于第二。在文盲率方面,仍是珠三角城市群最低,京津冀城市群次之。

具体言之,随着我国教育事业的迅速发展,大学生占比迅速提升,普通百姓的识字水平也在不断提高。从 2007—2011 年,六个城市群在校大学生与总人口比例的平均值从 2.17%上升至 2.82%。其中,珠三角城市群从 2.91%上升至 4.3%,长三角城市群从 2.74%上升至 3.71%,京津冀城市群 2.1%上升至 2.7%,山东半岛城市群从 3.1%上升至 3.5%,成渝经济区从 1.3%上升至 1.6%,中原经济区从 0.8%上升至 1%。在文盲率指标上,珠三角城市群最低,只有 3.4%,京津冀城市群平均为 4.5%,长三角城市群平均为 6.9%,山东半岛城市群和中原经济区平均为 7.2%,成渝经济区最高,平均为 8.7%。

(2) 职业人口指数

职业人口指数包括从业人口数比和失业人口数量两大指标。从总体上看,珠三角城市群的职业人口指数高居榜首,山东半岛城市群次之,京津冀城市群排在第三位,长三角城市群排在第四位,成渝经济区和中原经济区依次排在第五和第六位。但在外向型经济发展压力越来越大的背景下,珠三角职业人口指数水平也面临着严峻的挑战。

具体言之,2011 年,珠三角城市群就业人口比例达到 29.46%,远高于长三角城市群的 22.8%、京津冀城市群的 18.61%和山东半岛城市群的 15.57%。同时,珠三角城市群失业人口数只有 44.85 万人,同样远低于长三角城市群的 76.52 万和京津冀城市群的 54.12 万。由此可知,在解决就业工作方面,珠三角城市群做得最为出色,山东半岛城市群次之。而成渝经济区和中原经济区情况较差,2011 年平均就业率分别只有 7.42%和 6.59%。但从发展趋势上看,六个城市群的就业人口比例都在逐步提高,这说明各城市群对和民生息息相关的就业问题都非常重视,并采取了切实可行的举措。但从绝对人数看,由于各城市群的人口基数不断增加,而就业人口的增长空间有限,所以失业人口数量也呈现出逐年上升的趋势。就业率一直领先的珠三角城市群,在国际贸易摩擦不断、外向型经济不断受挫等要素的作用下,其失业人口的增长速度在六个城市群中也是最高的。由此可见,在未来一段时期内,“保就业”仍将是我国城市群发展的一项重要而艰巨的任务。

(3) 人口生态指数

人口生态指数主要是考察人口的预期寿命和人口的自然增长率。从总体上看,从 2007—2011 年,长三角城市群的人口生态指数表现最好,山东半岛城市群位居次席,珠三角城市群位居第三,京津冀城市群、成渝经济区和中原经济区分别位居第四、第五和第六。但长三角城市群和山东半岛城市群都面临着人口自然增长率不高的现实,可持续发展存在较大隐患。

具体言之,在人口预期寿命上,长三角地区最高,平均为 77.61 岁,中原经济区最低,只有 74.87 岁,相差近 3 岁。预期寿命主要取决于当地的医疗条件和人们的生活条件,长三角城市群较高的医疗水平以及人们较好的生活条件发挥了重要作用。在自然增长率方面,中原经济区远高于其他五个城市群,平均为 8.5‰,而珠三角城市群和京津冀城市群平均仅在 6.5‰左右。在过去的五年中,珠三角人口自然增长率处于总体上升的趋势,京津冀则出现不断下降的现象,至 2011 年已降至 4.71‰,需要引起相关方面的关注和重视。与珠三角、京津冀相比,长三角城市群的人口自然增长率问题更严重,平均只有 0.6‰,尽管在 2011 年稍有上升,达到 1.31‰,但与其他城市群相比仍然偏低。人口负增长在长三角城市群已非常明显,对其建设世界级城市群将产生诸多不利的影响。

3. 专项指数排名之二: 城市经济指数

城市经济指数由经济增长指数、第三产业发展指数和可持续增长指数构成。图 10 描绘了 2007—2011 年六个城市群经济指数的综合评价情况及排名情况(以五年平均值计算)。

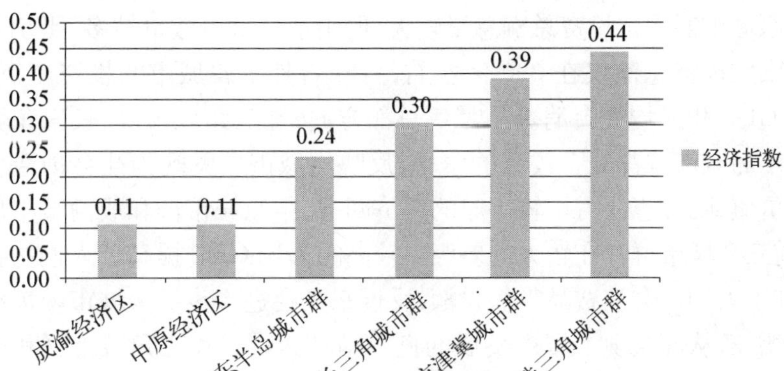

图 10　2007—2011 年城市群经济指数综合评价

由上图可得出一个基本判断：在总体评价上，从 2007 到 2011 年，珠三角城市群的经济指数最高，京津冀城市群居于第二位，长三角城市群位居第三位，山东半岛城市群、成渝经济区和中原经济区依次列在第四、第五和第六位。

从纵向分析上看，六个城市群的经济指数逐年增长，反映出各大城市群在经济增长的数量和质量方面都在不断提升。其中，珠三角城市群、京津冀城市群、长三角城市群和山东半岛城市群经济指数的增长较快，成渝经济区和中原经济区的增长速度相对比较缓慢。由此可知，东部城市群的发展仍普遍快于中西部城市群，未来中西部城市群发展经济的压力依然很大。从综合比较看，珠三角城市群始终保持了领先地位，这主要是得益于其较强的经济实力和较高的经济增长质量。而长三角主要是输在经济发展和增长的质量上。

(1) 经济增长指数

经济增长指数由人均 GDP、人均固定消费品总额、固定资产投资额构成。从总体上看，长三角城市群的经济发展水平最高且处于绝对优势地位，山东半岛城市群排在第二位，珠三角城市群排在第三位，京津冀城市群、中原经济区和成渝经济区依次排在第四、第五和第六位。

具体言之，2011 年，长三角城市群固定资产投资总额达到 34 453.13 亿元，分别是京津冀城市群的 1.36 倍，珠三角城市群的 2.76 倍和中原经济区的 1.33 倍。这反映出长三角城市群具有良好的城市经济基础及较强的投资吸引力。长三角城市群在经济上对外贸的依存度较高，尤其是苏南地区，一直是典型的外贸拉动型经济。从城市群内部每个城市的平均固定投资总额看，京津冀城市群、长三角城市群和山东半岛城市群都处于较高水平，珠三角城市群和成渝经济区大体持平，远低于前三个城市群，再现出其所属城市的投资乏力现状。中原城市群固定投资总额总量较大，但由于其城市数量较多，平均下来每个城市固定投资总额仅在 890 亿左右，意味着其所属城市的投资严重不足。在人均 GDP 和人均社会消费品零售总额方面，珠三角城市群、长三角城市群和山东半岛城市群都处于较高的水平，反映出城市居民既为社会创造了巨大的经济价值，同时也获得了较丰厚的经济回报，中原城市群和成渝城市群则较低，与前三个城市群存在较大的差距。较高的人均 GDP 提高了人们的收入水平，增加了人均社会消费品零售总额，反过来又会进一步扩大城市内需和经济的持续增长，从而实现了城市发展的良性循环。对于长三角城市群和山东半岛城市群，经济增长的各项指标都比较高，但对于珠三角城市群，虽然目前人均 GDP 和人均社会消费品零售总额较高，但近年来固定投资总额不高，需要警惕经济增长可能面临后继乏力的风险。

(2) 第三产业发展指数

第三产业发展指数由第三产业占 GDP 的比重、第三产业从业人员占从业人员总数的比重、第三产业生产总值构成。在总体上看,六个城市群都在大力促进第三产业发展,其中,京津冀的第三产业发展水平最高,且五年来的增幅较大,这是其第三产业指数水平跃居第一的主要原因,珠三角次之且差距不大,长三角城市群排在第三位。而中原经济区、成渝经济区和山东半岛城市群的第三产业发展水平都比较低,分列在第四、第五和第六的位置。

具体言之,京津冀城市群第三产业占 GDP 的比重和第三产业生产总值方面都处于较高的水平,第三产业从业人员比重在 2011 年达到 58.21%,远超其他五个城市群,奠定了其在第三产业发展水平指标上名列第一的基础。成渝经济区的第三产业从业人员比重排在第二位,中原经济区的排在第三位,后面依次是珠三角、山东半岛和长三角城市群,这既从一个层面反映出第三产业发展的潜力大小,也反映出相关政策引导的方向。但在总量上,长三角城市群的第三产业生产总值最高,在 2011 年达到了 3.71 万亿,高出珠三角城市群 69.97%,高出京津冀城市群 51.84%。由此还可以得出另一个重要判断:这既充分反映了长三角城市群第三产业在规模上的突出优势,但同时也表明了其在第三产业发展质量方面存在着比较突出的问题。这与长三角城市群经济体量最大但经济质量不高是完全一致的,应成为长三角建设世界级城市群亟待解决的最大短板。

(3) 可持续增长指数

可持续增长指数由工业废水排放量、工业二氧化硫排放量、工业烟尘排放量、工业固体废物利用率、建成区绿化覆盖率五项环境指标构成。在总体上看,六个城市群的环保意识和促进经济与环境协调发展举措都在不断强化,在过去四年中,珠三角总体环境污染水平最低,山东半岛城市群位于第二位,京津冀城市群位于第三位,成渝经济区、长三角城市群和中原经济区依次位于第四、第五和第六位。

具体言之,可持续增长指数主要反映城市群经济增长的质量情况。在建设生态文明的国家战略框架下,很多城市放弃了以牺牲环境为代价的经济发展方式,在促进经济快速增长的同时,也开始重视做好环境保护工作。从 2013 年的三大城市群排名中可知,珠三角城市群的污染情况较轻,京津冀城市群尤其是长三角城市群的各项污染指标都偏高。在今年的六个城市群中,这一基本格局依然保持不变。在工业废水排放指标上,长三角城市群高居榜首,中原经济区位居第二,成渝经济区位居第三,其他依次是珠三角城市群、京津冀城市群和山东半岛城市群;在工业二氧化硫排放指标上,中原经济区位于第一位,长三角城市群位于第二位,成渝经济区位居第三,其他依次是京津冀城市群、山东半岛城市群和珠三角城市群;在工业烟尘排放指标上,中原经济区排第一位,成渝经济区排在第二位,京津冀城市群位居第三,其他依次是长三角城市群、山东半岛城市群和珠三角城市群。由此可知,除了经济发达的三大城市群,其他城市群也存在比较严重的环境污染问题,其中折射出六个城市群在可持续经济发展理念、技术和政策等方面上仍存在很多问题。从工业废物利用率看,长三角城市群的利用率仍然最高,2011 年达到 93.8%;山东半岛城市群排在第二,为 92.47%;其次是珠三角城市群、成渝经济区和中原经济区,分别为 92.30%、92.08%和 85.45%;京津冀城市群最低,只有 78.71%。从建成区绿化率看,京津冀城市群位列第一位,在 2011 年达到 42.99%,珠三角城市群位居第二,长三角城市群位居第三,其他依次是山东半岛城市群、成渝经济区和中原经济区。综上表明,六个城市群在可持续增长方面各有优势和短板,如何根据各自实际出台更有针对性的政策措施,是决定它们能否实现绿色发展的关键所在。

4. 专项指数排名之三:城市生活指数

城市生活指数主要由生活成本指数、生活便捷指数和教育卫生服务指数构成。图 11 描绘了 2007—2011 年六个城市群生活指数的综合评价情况和排名情况(以五年平均值计算)。

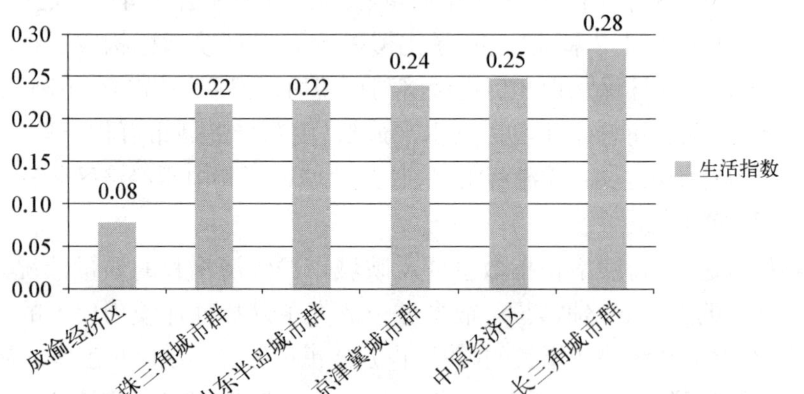

图 11　2007—2011 年城市群生活指数综合评价

据上图可得出一个基本判断：在总体评价上，长三角城市群生活指数排名最高，中原经济区次之，京津冀城市群位居第三，山东半岛城市群、珠三角城市群和成渝经济区分列在第四、第五和第六的位置。

从纵向分析上看，各城市群的生活指数在曲折中不断上升，城市的生活质量正在不断改善，同时，由于生活成本指数和生活便捷指数受市场、政策等影响较大，也容易出现波动。从综合比较看，长三角城市群的生活指数最高，为0.28，尤其是卫生教育等发展水平较高，表明六个城市群中长三角仍然是较为理想的居住之所。其他依次是中原经济区、京津冀城市群、山东半岛城市群、珠三角城市群和成渝经济区，生活指数分别为0.25、0.24、0.22、0.22和0.08。

(1) 生活成本指数

生活成本指数由CPI指数和恩格尔系数两项指标构成。在总体上看，六个城市群的生活成本指数并不稳定，波动比较大，2011年各城市群的生活成本指数都有较大幅度的下降。

具体言之，从CPI指数看，2011年山东半岛城市群为104.68，低于长三角城市群的105.17、珠三角城市群的105.2以及京津冀城市群的105.4，表明山东半岛城市群的物价上涨水平相对较低。在恩格尔系数上，山东半岛城市群和京津冀城市群具有明显优势。恩格尔系数越低，表明人们用于食品消费的比重越低，是物价低廉和生活富裕的体现。2011年山东半岛城市群和京津冀城市群的恩格尔系数分别为31.92和33.79，低于中原经济区的34.09，长三角城市群的36.06和珠三角城市群的36.9，而成渝经济区的恩格尔系数最高，超过了40。按照国际惯例，恩格尔系数30%—40%属于相对富裕，40%—50%属于小康，这表明大部分城市群已处于相对富裕阶段，但成渝经济区还处于小康阶段，经济发展水平与其他城市群存在较大差距。在六个城市群中，京津冀城市群人均GDP虽然只有中等，但恩格尔系数却相对较低，表明居民的生活水平相比长三角和珠三角这些高收入的城市群，甚至还有一定的优势。

(2) 生活便捷指数

生活便捷指数由人均道路面积、人均绿地面积和生活垃圾处理率三项指标构成。总体上看，珠三角城市群的生活便捷指数最高，其次分别是长三角城市群、山东半岛城市群、京津冀城市群、中原经济区和成渝经济区。但值得注意的是，京津冀城市群的生活便捷程度改善幅度和力度较大，与其他城市群之间的差距正在缩小。

具体言之，从人均道路面积看，随着道路的大规模扩建及城市规模的扩张,各城市群的人均道路面积都处于不断增加的状态,其中山东半岛城市群的人均道路面积最大,在 2011 年达到 18.1 平方米,珠三角城市群排在第二位,在三大城市群中最高,排在最后一位的是成渝经济区,仅为 6.72 平方米。从人均绿化面积看,珠三角城市群为最高,在 2011 年达到 144.93 平方米,分别是长三角城市群的 2.02 倍、京津冀城市群的 3.58 倍和山东半岛城市群的 2.79 倍。从生活垃圾的处理率看,山东半岛城市群最高,2011 年为 97.6%,长三角城市群和京津冀城市群紧随其后,分别为 97.55%和 95.87%,成渝经济区最低,仅为 77.79%。这表明,在城市生活便捷方面,除成渝经济区外,基本上各大城市群各有优劣,对此应出台有差异性和针对性的政策措施,切实提升城市的公共服务能力和水平。而成渝经济区因为刚刚兴建,在各方面都有许多工作要不断完善和加强。

(3) 教育卫生服务指数

教育卫生服务指数由小学专任教师数、执业(助理)医师人员数和城市医疗救助支出三项指标构成。在总体上看,京津冀城市群和长三角城市群的教育卫生服务水平优势显著,远高于珠三角城市群,但珠三角在城市医疗救助支出等指标上增势明显,其他三个城市群虽处于弱势,但也增速明显。

具体言之,在小学专任教师数方面,京津冀和长三角城市群一直是我国教育最发达的地区,特别是北京、上海、南京等城市,其丰富的教育资源是其他城市无法相比的。2011 年,京津冀城市群专职教师数达到 30.20 万,与 2010 年相比略有下降,长三角城市群达到 26.32 万,均高于珠三角城市群的 19.14 万。山东半岛城市群、中原经济区和成渝经济区分别为 15.07 万、79.50 万和 35.32 万。在执业(助理)医师人员数方面,京津冀城市群和长三角城市群分别为 13.53 万和 13.71 万,均高于珠三角城市群的 9.99 万。山东半岛城市群、中原经济区和成渝经济区分别为 5.05 万、9.25 万和 9.30 万。在医疗救助支出方面,以长三角城市群的支出为最高,2011 年为 4.85 亿元,高于京津冀城市群的 2.55 亿,也高于珠三角城市群的 1.42 亿。山东半岛城市群、中原经济区和成渝经济区分别为 4.25 亿、18.40 亿和 16 亿。从数值来看,三大城市群的医疗救助支出都有较大幅度的提高,其中长三角城市群的增加幅度最高,在 2011 年增长了 89.5%,远高于京津冀城市群的 26.9%和长三角城市群的 21.4%。京津冀城市群增长放缓显著,其他城市群的水平虽然相对较低,但增速很明显,2011 年成渝经济区的医疗救助支出较 2010 年增长 38.1%,中原经济区增长 58.1%。综上表明,教育卫生服务水平既与不同城市群的历史积淀和当下的资源集聚程度,也与当地政府的重视程度和投入规模密切相关。

5. 专项指数排名之四:城市文化指数

城市文化指数由城市文化资本指数、城市文化魅力指数和城市文化创新指数构成。图 12 描绘了 2007—2011 年六个城市群文化指数的综合评价情况及排名情况(以五年平均值计算)。

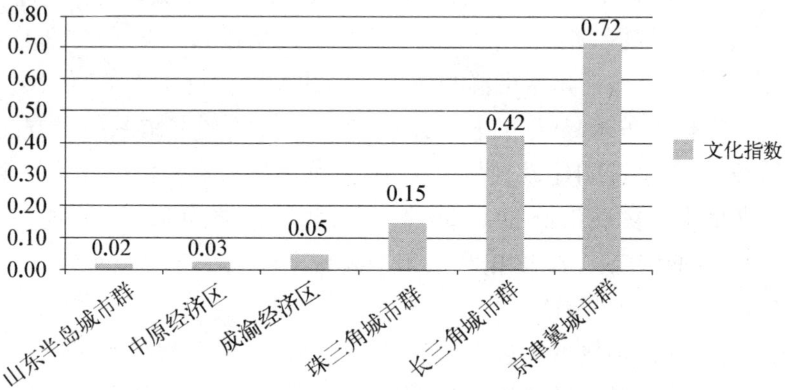

图 12　2007—2011 年城市群文化指数综合评价

由上图可得出一个基本判断:在总体评价上,六个城市群的文化发展指数差异较大,形成了明显的四大梯队。第一梯队:京津冀城市群,其文化发展水平最高,文化指数远高于其他城市群,尤其是文化魅力指数和文化创新指数方面都具有较大优势,且始终保持着其优势;第二梯队:长三角城市群,文化发展水平虽然低于京津冀城市群,但却远高于其四个城市群;第三梯队:珠三角城市群,是排在第四的成渝经济区的 3 倍;第四梯队:山东半岛城市群、中原经济区以及成渝经济区,文化发展水平相对落后,与前三个梯队差距明显。

从纵向分析上看,京津冀城市群文化发展在曲折中不断提升,文化指数从 2007 的 0. 69 提高至 2011 年的 0. 76;长三角城市群稳步推进,文化指数从 2007 的 0. 38 提升至 2010 年 0. 43;珠三角城市群文化发展相对缓慢,从 2007—2011 年,指数只上升了 0. 03 个点。成渝经济区在其他三个城市群中文化指数水平最高,但其从 2007—2011 年的指数平均值仅为珠三角城市群的 1/3。这表明我国中西部城市群、东部二线城市群和三大城市群的差距不仅在经济发展上,在文化建设上同样要落后很多,需要在转型升级和创新发展中做出更大的努力。

(1) 城市文化资本指数

城市文化资本指数由文化、体育、娱乐业从业人数和公共图书馆总藏量两项指标构成。总体上看,京津冀和长三角的城市文化资本指数基本处在同一水平,在单项上各有优势,均远高于排在第三位的珠三角城市群,成渝经济区、中原经济区和山东半岛城市群则分列在第四、第五和第六位。

具体言之,在文化、体育、娱乐业从业人数上,京津冀城市群作为全国文化最为发达繁荣的地区,相关从业人数在 2011 年达到 22.13 万,分别是长三角城市群的 1.63 倍、珠三角城市群的 3.11 倍、成渝经济区的 3.47 倍、中原经济区的 2.66 倍和山东半岛城市群的 5.16 倍。在公共图书馆总藏量方面,长三角城市群公共图书馆的建设领先于全国,总藏书量最高,在 2011 年达到 1.40 亿册,分别是京津冀城市群的 1.78 倍、珠三角城市群的 2.26 倍、成渝经济区的 3.62 倍、中原经济区 7.52 倍和山东半岛城市群的 9.56 倍。

(2) 城市文化魅力指数

城市文化魅力指数由年接待游客数量、世界付费日报发行量前百名数量和全国电视收视市场市场份额前 20 的频道个数三项指标构成。总体上看,京津冀城市群文化魅力指数位于第一位,长三角城市群居第二位,两者在单项上也是各有优势,珠江三角洲城市群排在第三位,但与第二位的长三角差距较大,成渝经济区、山东半岛城市群和中原经济区则分列在第四、第五和第六位。

具体言之,在年接待游客数量上,长三角城市群凭借丰富和各具特色的区域旅游资源,每年都吸引了大量的游客,2011 年游客总量达到 8.95 亿,且年接待游客量一直处于较大幅度的增长,在六个城市群中排名第一;京津冀城市群以深厚的历史文化底蕴和首都北京的品牌位居第二,2011 年游客总量达到 5.32 亿;成渝经济区排在第三,2011 年游客数量超过 5 亿。珠三角城市群、中原经济区和山东半岛城市群分列第四、第五和第六,2011 年游客总量分别为 2.84 亿、4.74 亿和 2.54 亿。受中国传媒业的整体发展水平所限,在 2011 年世界付费日报发行量前百名数量中,京津冀城市群有 5 家,长三角城市群有 4 家,珠三角城市群有 5 家,山东半岛城市群有 2 家,中原经济区和成渝经济区都分别有 1 家。其中需要注意的是,我国三大城市群在占比方面均有所下降,表明在日趋残酷的全球媒介竞争中,中国报纸的国际竞争实力还非常弱小,大部分报纸仍以本地受众为主,国内影响力有限,国际影响力更低,与我国文化走出去战略并不适应。在全国电视收视市场市场份额前 20 个频道数量上,六个城市群的差距明显,2011 年,京津冀城市群在数量上虽略有下降,但仍以 10

个电视频道遥遥领先,其次是长三角城市群只有 3 个,再次是珠三角城市群、山东半岛城市群和成渝经济区只有 1 个,而中原经济区为零。京津冀城市群之所以领先,主要是北京作为国家文化中心集聚了众多的文化传播资源和人才。从总体上看,除了京津冀城市群,我国城市群的文化魅力指数普遍偏低,这是今后需要大力扭转和发展的。

(3) 城市文化创新指数

城市文化创新指数由文化产业 30 强个数和国家级奖励项数两项指标构成。在总体上看,京津冀城市群文化创新指数位于第一位,在六个城市群中仍独占鳌头。长三角城市群居第二位,珠江三角洲城市群排在第三位,山东半岛城市群、成渝经济区和中原经济区则分列在第四、第五和第六位。

具体言之,在文化产业 30 强数量上,京津冀城市群领先优势相当明显,在 2011 年达到 11 个。长三角城市群降幅显著,从 2010 年的 8 个降到 2011 年的 3 个。珠三角城市群略有斩获,从 2010 年的 3 个上升为 2011 年的 4 个。其他三个城市群的文化产业更为弱小,在 2011 年,成渝经济区和山东半岛城市群的文化产业 30 强均为 1 个,而中原经济区还没有取得零的突破。在国家级奖励项数上,京津冀城市群获奖项数一路高奏凯歌,在 2011 年达到了 153 项,长三角城市群和珠三角城市群分别为 32 项和 8 项,山东半岛城市群、成渝经济区和中原经济区分别为 15 项、10 项和 6 项。这在某种意义上表明,我国的文化创新能力在很大程度上取决于区域文化资源及政策体制优势,京津冀在数量上与长三角、珠三角的显著差异充分证明了这一点。但同时也受制于文化发展的理念、思路和战略路径,其中山东半岛城市群力压珠三角城市群就具有代表性和示范性。但总体而言,六个城市群文化创新指数差别太大,是不利于我国区域文化协调和可持续发展的。

6. 专项指数排名之五:城市群首位比指数

城市群首位比指数由人口首位比、经济首位比、生活首位比和文化首位比构成。首位比是指一个国家或地区最大城市与第二大城市的人口数值比。学界一般认为,城市首位度小于 2%比较正常。在此区间内,比值越高,表明人口分布越均衡,意味着一个国家或地区的城市化更加平稳有序。相反则意味一个国家和地区城乡之间、城市与城市之间更加不平衡。城市群首位比指数从城市首位度借鉴而来,用来衡量一个城市群是否在人口、经济、社会、文化上具有合理层级体系,以及在空间边界、资源配置、产业分工、人文交流等方面是否形成了功能互补和良好协调机制。在 2%的区间内,城市群的首位比指数越高，就表明该城市群发展越平衡，同时也越接近一个理想的城市群。

图 13 描绘了 2007—2011 年六个城市群首位比指数的综合评价情况及排名情况(以五年平均值计算)。

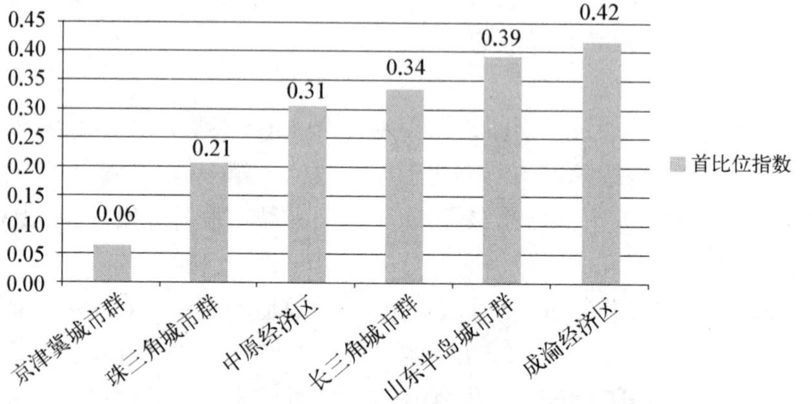

图 13　2007—2011 年城市群首位比指数综合评价

由上图可得出一个基本判断：在总体评价上，成渝经济区的发展最为平衡，山东半岛城市群排在第二，长三角城市群位于第三，中原经济区、珠三角城市群和京津冀城市群则分列在第四、第五和第六位。

在横向分析上看，成渝经济区、山东半岛城市群和中原经济区属于一种“原始的和谐”，即城市群在人口、经济和文化发展方面的缓慢和低水平，也是其自身问题矛盾少、内部差异不明显的主要原因，因而它们在首位比指标水平上都能取得较好的成绩。而从“发展是硬道理”的角度看，我国东部三大城市群处在同一历史水平上，具有更高的可比性。就此而言，三大城市群中均衡发展程度最好的是长三角城市群，而京津冀城市群依然在首位比方面垫底，说明其不均衡和不协调的问题比较严重。在首位比指数方面，数值最高的并不是发展最好的，既是“中国式城市化”①进程中出现的独特景观，也是中国城市科学需要深入研究的真实现实问题。

从综合比较上看，成渝经济区的优势主要来自较好的人口首位比和文化首位比，即中心城市与周边城市人口集聚和文化发展上差别不大。北京的主要问题是自身资源过于集中且发展较快，与周边城市人口、经济、生活和文化上的差距明显增大，城市群内部的不协调和不均衡矛盾比较突出。从发展态

① 刘士林：《什么是中国式城市化》，《光明日报》，2013 年 2 月 18 日。

势上看，我国三大城市群的首位比指数在 2011 年均有所好转，表明其内部的不平衡和不协调问题得到不同程度的遏制和解决，同时，周边城市对中心城市的依赖程度也逐渐降低。但从总体上看，在人口、经济、社会、文化上未能形成合理层级体系，在空间边界、资源配置、产业分工、人文交流上缺乏有效的交流协调机制，既是六个城市群，也是以其为代表的中国城市群在现阶段的通病，如何化解问题和矛盾，推进我国城市群向其理想形态发展演进，仍是我国城市群发展在未来一段时间内需要解决的首要问题。

(1) 人口首位比

人口首位比由人口密集首位比和在校大学生人口数量首位比两项指标构成。总体上看，成渝经济区的人口均衡度最高，中原经济区位列第二。在长三角、京津冀和珠三角三大城市群中，则以长三角城市群的人口均衡度为最高。

具体言之，在人口密度首位比方面，2011 年，成渝经济区为 0.89，山东半岛城市群和中原经济区分别为 1.36 和 2.10。而长三角城市群、珠三角城市群和京津冀城市群分别为 2.84、1.98 和 1.9，尽管三大城市群在 2011 年的均衡度水平较 2010 年均有所提高，但彼此之间仍有较大差距。人口向三大城市群首位城市北京、上海和广州的迁移和集聚，符合当代都市化进程的规律和特点，是人口都市化的必然结果。但由此带来的大城市在居住、交通、就业和公共服务等方面的城市病，也将日趋严重，需做好应对准备。在校大学生人口数量首位比方面，珠三角城市群明显高于其他城市群，2011 年，珠三角城市群的数值为 0.68，京津冀和长三角分别为 0.29 和 0.17，由此可知，相比珠三角城市群的教育资源过于集中，京津冀和长三角的教育资源分布更为合理。成渝经济区、山东半岛城市群和中原经济区分别为 0.36、0.45 和 0.35，基本局限在 0.3 到 0.5 之间，表明其优质人口集聚程度偏低，数量相对不足，还处在低水平的教育均等化阶段。

(2) 经济首位比

经济首位比由人均 GDP 首位比、能源消耗量首位比和第三产业份额首位比三项指标构。在总体上看，山东半岛城市群的经济均衡度排在首位，长三角城市群和珠三角城市群分列第二、第三位，表明这三个城市群内各城市经济发展水平相对均衡。中原经济区、成渝经济区和京津冀城市群依次排在第四、第五和第六位。京津冀之所以垫底，主要北京的“一城独大”拉低了整个城市群经济发展的均衡水平。

具体言之，在人均 GDP 首位比方面，2011 年京津冀城市群为 1.75，长三角城市群为 1.11,珠三角城市群为 1.38,山东半岛城市群、中原经济区、成渝经济区分别为 0.9、2.07 和 1.35。相比之下,山东半岛城市群各城市经济发展较为均衡,人均收入差距最小。从纵向上看,六个城市群人均 GDP 首位比在总体上均呈下降趋势,表明各城市群内部的经济发展差距在逐渐缩小。在能源消耗量首位比方面,在 2011 年,以成渝经济区首位城市的占比最高,其次是长三角城市群和京津冀城市群,中原经济区和山东半岛城市群的占比最低。本报告的能源消耗量指数侧重于各城市群的用电量,2011 年,京津冀城市群能源消耗量首位比为 0.33,长三角城市群为 0.35,珠三角城市群为 0.2,山东半岛城市群和中原经济区均为 0.17,而成渝经济区则高达 0.47。据此可知,三大城市群首位城市的用电量最低也占到整个城市群用电量的 1/5,成渝经济区首位城市的用电量则逼近整个城市群用电量的 50%,这一比例目前还在不断攀升,充分证明了特大城市同时也是能源消耗的巨无霸。在第三产业份额首位比方面,在 2011 年,成渝经济区为 1.30,长三角城市群为 1.35,低于京津冀的 1.84、珠三角的 1.4、山东半岛城市群的 1.39 和中原经济区的 1.38。由此可知,成渝经济区和长三角城市群在第三产业发展上更为均衡,而京津冀城市群则由于第三产业主要集聚在首位城市背景,直接拉大了整个城市群的第三产业份额首位比。

(3) 生活首位比

生活首位比由每万人公共汽车拥有量首位比和国际互联网用户首位比两项指标构成。总体上看,珠三角城市群的生活水平均衡度最高,中原经济区排在第二位,山东半岛城市群、成渝经济区、长三角城市群和京津冀城市群依次排在第三、第四、第五和第六位。从横向上看,长三角城市群与京津冀城市群的生活首位比基本处于同一水平,这与其日常交通流量大、生活节奏快、信息处理量大、交流活动频繁等密切相关。

具体言之,从每万人公共汽车拥有量首位比看,京津冀城市群远高于长三角城市群和珠三角城市群,在其他三个城市群中,只有成渝经济区的均衡程度较好,与珠三角城市群差距不大。2011 年,京津冀城市群每万人公共汽车拥有量首位比为 1.63,与 2010 年相比有较大幅度的下降,长三角城市群为 1.13,珠三角城市群为 0.70,山东半岛城市群为 1.39、中原经济区为 1.68、成渝经济区分别为 0.99。京津冀城市群之所以居高,主要是其内部各城市在发展层次上差距较大,导致了公共交通发展的不平衡。在国际互联网用户首位比方面,以成渝经济区为最高,数值为 0.73,京津冀城市群和珠三角城市群同为 0.38,

长三角城市群为 0.23 山东半岛城市群为 0.19,中原经济区分别为 0.13。这与六个城市群在信息化基础设施建设及信息交流处理总量不同有着密切的联系。从纵向分析看,六个城市群的生活均衡度水平都在提升,表明城市群内部的城市基础设施建设水平差距已越来越小。

(4) 文化首位比

文化首位比由文化、体育、娱乐业从业人数首位比和国家级奖励数首位比两项指标构。总体上看,长三角城市群的文化发展均衡度最高,其次是成渝经济区,山东半岛城市群、中原经济区、珠三角城市群和京津冀城市群依次排在第三、第四、第五和第六位。文化首位比不同于文化指数,主要是检测城市群文化发展的均衡水平。长三角城市群处在东部发达地区,在明清以来一直是我国的文化中心,同时,今天的长三角各城市都重视文化建设,在文化和科技发展方面投入了足够的资源。这是以北京为首位城市的京津冀城市群无法比拟的。

具体言之,从文化、体育、娱乐业从业人数首位比看,2011 年,以京津冀城市群为最高,珠三角次之,山东半岛城市群排在第三位,成渝经济区、中原经济区和长三角城市群分别排在第四、第五和第六位。在国家级奖励数首位比方面,在六个城市群中同样以京津冀城市群为最高,其在 2011 年达到 0.95,长三角城市群为 0.47,珠三角城市群为 0.88,山东半岛城市群、中原经济区和成渝经济区依次为 0.80、1.00 和 0.60。由此可见,京津冀城市群在文化建设上领先,主要是在文化资源和文化发展方面天生具有其他城市无法超越的优势。但相关从业人员和国家级奖励主要集中于北京一城,说明该城市群在文化发展上极端的不平衡,距离一个理想的文化城市群还有很大的距离。

7. 关于中国城市群发展的总体评价与判断

在全球城市化、经济一体化背景下,作为经济和人口集聚的主要空间载体,城市群已成为全球城市发展的主流和趋势。在中国,城市群作为国家新型城镇化规划建设的“主体形态”,其发展水平和质量也直接决定了“中国梦”的内涵和境界。以上海交通大学城市科学研究院 2014 版《中国城市群数据库》及《中国城市群发展指数框架》为基础,根据五年(2007—2011 年)综合指数值,对我国城市群的人口、经济、社会、文化和均衡性进行客观考量和公正评价,为中国城市群的健康发展和有序推进提供借鉴和参考。

目前,中国六个城市群综合指数水平的排名结果依次为:长三角城市群、珠三角城市群、京津冀城市群、山东半岛城市群、中原经济区、成渝经济区。京津冀、长三角和珠三角在优质人口集聚、居民生活质量和文化发展水平上走在前列，位居第一阵营。山东半岛城市群凭借优越的地理位置和良好的经济基础，位居第二阵营。中原经济区和成渝经济区经济基础薄弱，城市一体化程度较低，与东部城市群仍存在较大差距，位居第三阵营。

(1) 从基本格局上看，三大城市群的前三甲地位短期内很难被取而代之。京津冀、长三角、珠三角的综合发展水平依然处于绝对优势地位，代表了中国城市群发展的最高形态和前进方向。但各大城市群都在快速发展，差距正逐步减少。同时，六个城市群各有优势和不足。京津冀城市群的文化发展指数一支独秀，是中国名副其实的文化中心。长三角城市群经济总量最大，牢牢占据着中国经济中心的霸主地位，同时生活质量指数领先，是较为理想的宜居城市群。珠三角以绿色发展见长，经济的可持续增长潜力大。山东半岛城市群位居中位，有着巨大的赶超优势。中原经济区和成渝经济区虽然在整体上落后，但在一些指标上也有优势。

(2) 从纵向发展上看，六个城市群的综合指数水平均呈现出上升趋势。其中，京津冀城市群的综合指数持续上升，长三角城市群 2011 年的综合指数值增幅十分显著，珠三角城市群的综合指数值则持续出现波动，表现出不稳定的特点，而新加入排名的成渝经济区、中原经济区及山东半岛城市群的综合指数增长幅度相对比较小，在 2011 年甚至出现回落的现象。这既反映出五年中六个城市群在城市人口、经济及生活文化水平方面均不断进步，也显示出京津冀和长三角在纵向发展上快于珠三角及其他三个城市群的事实。

(3) 从横向比较上看，我国城市群发展的层级分化问题比较突出。从综合指数排名看，我国区域发展不均衡问题并为好转，分层日趋固化。山东半岛城市群尽管在东部仅居于二线，但总体发展水平仍高于中西部的成渝和中原。中原经济区和成渝经济区不仅经济基础薄弱，一体化程度较低，发展速度和发展质量均滞后，在发展思路与模式上也比较被动，依附并受制于东部而缺乏应有的文化自信和道路自觉。从具体指标上看，中西部城市群环境污染情况不容乐观，主要是东部城市群落后产业、环境污染产业转移导致的，急需规避。中西部城市群有丰富的文化资源可以开发，关键在于如何回应国家“新型城镇化”和“人文城市建设”战略，依托自身优势，走出一条不同于东部地区“经济型城市群”的建设新路。

五、中国城市群发展的主要问题与对策建议

1. 对我国城市群发展现状与趋势的基本判断

(1) 我国城市群发展的不均衡问题未见好转,分层明显并趋于固化。

目前,六个城市群已自然形成了三大阵营。京津冀、长三角和珠三角三大城市群位列第一阵营,山东半岛城市群作为东部二线城市群位列第二阵营,中西部的中原经济区和成渝经济区位列第三阵营。导致三大阵营形成的主要机制是经济发展水平。京津冀、长三角和珠三角是我国经济最发达的地区,而经济发展水平与人口集聚、生活质量和文化发展均有显著的正向关系。因为经济发达,三大城市群既能吸引足够的优质人口,使政府有足够财力改善生活条件及支持文化产业和文化事业发展。同时这反过来也进一步推进了城市群经济的良性循环发展。这是京津冀、长三角和珠三角在人口、经济、生活、文化等指标上都占据明显优势的主要原因,并因此使三大城市群与其他城市群间的发展差距固化下来,很难在短期内打破。山东半岛城市群位居中国东部沿海,是亚洲发达国家日本、韩国的传统投资区,优良的地理位置和较好的经济基础,是该城市群迅速崛起,在综合发展水平上一举超过了比自身体量大得多的中原经济区和成渝经济区的主要原因。而位居中西部的中原经济区和成渝经济区,则因经济基础薄弱,不仅直接影响了区域一体化进程,在城市群发展思路、战略定位上也处于模仿和摇摆阶段,不用说与世界发达城市群,与东部二线城市群也存在较大的差距。

(2) 我国城市群发展各有优势和不足,竞争激烈和优势脆弱将常态化。

从总体上看,六个城市群综合指数都呈现上升走势,彼此差距日趋缩小。但从长三角超越珠三角重登六大城市群之首、中原经济区和成渝经济区各项指数接近的现状看,说明各城市群之间的竞争程度日趋激烈,而各自的优势又十分脆弱,“一不小心就要掉队”在相当长的时期内将常态化。从横向比较上看,六个城市群各自的优势和不足仍非常明显。从人口、经济、生活、文化和首位比各单项指数看,京津冀城市群以文化发展水平胜出,是当仁不让的中国文化中心;长三角城市群以经济总量和生活质量见长,是中国的经济中心和比较宜居的城市群;珠三角以绿色发展见长,可持续发展的潜力大。三大城市群三足鼎立,成为支撑中国发展的重要力量。就位居第四的山东半岛城市群而言,虽各项指标基本位于中间状态,但在地理位置、人才集聚、文化资源、一体化发

展等方面都有优势,属于我国近 30 个城市群中的“潜力股”,再加上人口、资源、城市病问题等压力小于三大城市群,有望成为三大城市群的有力挑战者。中原经济区的突出问题是“人口众多而资源不足”,既影响到经济发展方式的转型创新,也影响到其丰富文化资源的保护开发。成渝经济区的突出问题是重庆、成都等核心城市区域辐射能力较弱,带动作用不强,在整体上处于“原始和谐与均衡正在被打破”的阶段。但这两个中西部城市群也有优势,特别是随着 2011 年《国务院关于支持河南省加快建设中原经济区的指导意见》《国务院关于成渝经济区区域规划的批复》的发布,对其清理发展思路、明确战略方向将发挥重大的导向和引领作用。

(3) 城市群的发展理念和战略模式亟待转变,文化和生态急需关注。

2013 年报告指出,我国城市群发展主要存在着四大瓶颈:一是在发展模式上呈简单化和粗放型,不利于城市群的均衡和精明增长;二是未形成有效的文化协调和联动机制,层级体系和一体化缺乏内生动力;三是区域合作尚处于“浅表阶段”,战略与规划的“同质化”问题十分突出;四是环境污染严重和资源约束加大,发展风险和不可持续性日益凸显。其中急需关注的是城市群的文化和生态问题。受中国都市化进程整体水平和历史条件局限,急功近利和缺乏长远眼光是普遍问题,由此导致六个城市群在整体上仍停留比较粗放的发展阶段,不仅在经济一体化上合力不够,效率很低,与文化、生态的不均衡和不协调问题也十分突出。在 2014 年报告中,这些积弊和困境未见重大的突破和改变。但京津冀、长三角和珠三角等最先遭遇发展困境的城市群,已开始重视文化与生态问题并努力寻求联合共建之路。而更需要关注的是中原经济区、成渝经济区等中西部城市群,由于急切摆脱经济发展落后的现状,它们极有可能重蹈三大城市群“先污染,后治理”的老路。在 2013 年报告中,我们还指出我国三大城市群的形成不同程度得力于各自的区域文化传统,其中特别强调了岭南文化对珠三角发展的纽带和认同作用。这是其他城市群特别应该关注的。就现状而言,山东半岛城市群、中原经济区和成渝经济区都拥有丰富悠久的历史文化传统,但其文化发展指数都偏低,说明文化的社会效应和经济效益均未得到有效发挥。这主要是发展理念和战略模式出了问题。山东半岛城市群、中原经济区、成渝经济区应明确走“文化型城市群”发展道路的战略意识和文化自信,以齐鲁文化、中原文化和巴蜀文化为文化资源依托,真正摆脱对西方城市群及三大城市群的路径依赖,不再与之拼经济、拼金融等“自己的弱项”,而是要努力探索出一条符合自身需要、能够充分发挥自身文化优势的城市群发展新路。在国家新型城镇化和文化强国两大战略框架下，这应该是可以瞩望的。

2. 我国城市群存在的主要问题和突出矛盾分析

(1) 从发展模式上看，主要是合理的城市层级和分工体系尚未形成，影响了区域协调和一体化发展。

理想的城市群是一个在人口、经济、社会、文化和整体结构上具有合理层级体系，在空间边界、资源配置、产业分工、人文交流等方面具有功能互补和良好协调机制的城市共同体。就我国城市群而言，一方面，与世界各大城市群相比，缺乏明确的战略定位和重点方向。如日本大东京城市群侧重金融、设计和高科技，美国北加州城市群侧重技术产业和风险投资，美国卡斯卡地亚城市群侧重软件出版和航空制造，意大利城市群则侧重潮流和产业设计，而我国城市群存在普遍着“同质竞争”“相互克隆”等问题，导致了城市面貌和服务设施建设千篇一律，劳动力和人才的空间集聚也混沌不清，阻碍了城市核心创造力和发展水平的提升；另一方面，在动力机制上主要是行政手段，市场作用亟待释放。目前，我国城市群多是以各直辖市或省会城市为中心连同周边临近城市构建而成，并主要在政策和行政体系框架下进行资源配置。这种行政方式的好处是比较直接，便于协调和强化城市群内部的联动发展意识，如出台交通一体化、旅游一体化等。但也有很大的局限性，就是很多政策和战略不是出于城市群发展的自然和内在需要，甚至干扰和影响了市场在资源和人力要素配置中的职能，使区域协调和一体化呈现出“看上去很美但实际效果有限”的悖论中，并容易导致资源低效配置和发展成本较高等后遗症。

(2) 从均衡发展的角度看，我国城市群存在较为严重的“简单均衡”或“一城独大”现象，影响了自身的发展质量和水平。

一个城市群的发展是否健康，主要是看首位比指数。首位比指数过低，说明城市群的“集聚程度”偏低，不利于形成“系统质”，发挥出“1＋1＞2”的集群优势。首位比过高，说明城市群的人口与资源“过度集中”，“一城独大”的“寡头城市”必然剥夺周边城市发展的资源与机遇，削弱城市群的整体发展水平和综合竞争力。在六个城市群的综合指数分析中，成渝经济区首位比水平位列第一，但其在综合指数排名中却处于垫底位置。这种矛盾现象说明，成渝经济区的“均衡”在本质上只是一种“简单均衡”或“原始和谐”，与那种以“复杂性均衡”为基本特征并实现了自身充分发展的城市群完全不可同日而语。与之相对，京津冀城市群在综合排名中位居前三甲，但其在首位比的指标评比中却倒数第一。这充分揭示了矛盾的另一方面，与“低层次的和谐与均衡”不是城市群的发展目标一样，资源、人才、经济和文化在首位城市的过度集中，由于直接剥夺了其他城市的发展资源与机会，由此形成的“一城独大”的“寡头式城市群”，同样不是城市群发展理想的集聚水平，也不可能形成一个理想的城市共同体。

(3) 从人口发展的角度看，我国六个城市群的失业人口数量逐年上升，同时优质人口资源配置不均问题日益严重。

人口问题是城市群研究的基础要素之一，也是最灵活的要素之一。从目前我国六个城市群的人口发展状况看，其中最突出的问题主要表现在两方面：一是失业人口数量不断上升，同时就业人口比例增长的空间日渐逼仄，这是我国城市群作为“人口大城市群”在发展中面临的最严峻的挑战。从 2011 年的相关数据分析可知，珠三角城市群就业人口数比为 29.46%，长三角城市群为 22.8%，京津冀城市群为 18.61%，山东半岛城市群为 15.57%，中原经济区为 6.59，成渝经济区为 7.42。与此同时，2011 年的失业问题也比较严重，如长三角城市群的失业人口数量达到 76.52 万，京津冀城市群为 54.12 万。在解决就业方面，长三角城市群、成渝经济区和中原经济区的情况都不乐观。在就业率方面表现较好的珠三角城市群，由于国际贸易摩擦不断、外向型经济不断受挫等影响，其失业人口的增长速度在六个城市群中也是最高的。此外，由于各城市群经济社会与文化发展水平差距较大，优质人口资源的“孔雀东南飞”或“都市化”现象仍比较严重，不利于我国城市群的均衡化发展。

(4) 从经济发展的角度看，主要是资源与环境压力逐年加大，城市群可持续发展的前景不容乐观。

环境与资源不足是我国城市发展面临的首要问题。由于集聚了更大规模的人口和经济活动，城市群的资源与环境问题远比一般城市更加突出和尖锐，并呈现出城市经济、人口增长与环境、环境污染破坏同步增长的恶性循环。在六个城市群中，经济最发达的长三角城市群在环境问题方面也最严重，在工业废水、工业二氧化硫排放及工业烟尘指标中都名列前茅。以工业废水为例，在 2007 至 2011 年间，长三角的工业废水排放量分比为 438 489 万吨、416 680 万吨、418 957 万吨、418 404 万吨和 376 406 万吨，而京津冀和珠三角的工业废水排放均在 120 000 万吨左右，成渝经济区和山东半岛城市群的工业废水排放在 90 000 万吨左右。随着我国西部大开发战略的纵深及中西部城市群陆续上马建设，由于它们主要以三大城市群为模仿对象，并乐于承接东部地区转移的落后产业,所以我国环境保护与城市经济人口增长的矛盾,正在出现自东向西传播和蔓延的新趋势,这同时也意味着,中西部城市群正在重蹈东部发达地区“先污染、后治理”的覆辙。由此可知,在经济和人口快速增长的同时,我国城市群的环境魔咒也越念越紧,如何兼顾经济效益和生态效益、人口增长与环境友好,已成为我国城市群发展普遍面临的头等大事。但在当下最令人忧虑的是,还没有哪一个城市群,在短期内可以有一些突出的表现,以及拿出切实可行的战略性对策。

(5) 从生活水平的角度看,主要是城市的生活成本持续上扬和生活环境质量不断下降,城市群的发展质量面临考验。

在城市生活成本上,CPI 是居民消费环节水平的一个重要表征,物价上涨水平也体现出我国城市居民的生活成本状况。具体而言,2011 年长三角城市群、珠三角城市群和京津冀城市群的 CPI 在上一年略有下降后均有较大幅度的增长,表明居民生活成本方面出现较大波动,其中最高的是京津冀城市群,达到 105.4。在三大城市群中,物价上涨水平控制较好的是长三角城市群,仅为 105.17。恩格尔系数是食物支出在个人消费总支出中所占的比重,恩格尔系数越低,表明人们用于食品消费的比重越低,是物价低廉和生活富裕的体现。在恩格尔系数上,2011 年山东半岛城市群和京津冀城市群具有明显优势,分别为 31.92 和 33.79。在六大城市群中,成渝经济区的恩格尔系数高达 40,位居第一。在三大城市群中,则以珠三角城市群为最高。在生活环境质量上,以人均道路和人均绿化面积为例,尽管六个城市群在总体上仍在建设发展,但在一些局部也出现了较小回落及增速放缓象。如京津冀城市群 2011 年人均绿地面积为 40.43 平方米,比上年下降了 0.19 平方米。在人口迅速膨胀和人口流动加速的发展趋势下,这必然给城市群居民的居住和出行带来极大的不便。如何改善和提升城市生活的质量,在未来一段时期内并不乐观。

(6) 从文化发展的角度看,六个城市群的精神文化生态建设成效有限,与“城市让生活更美好”的理想差距明显。

城市群代表了当今城市发展的最高水平,拥有巨大的物质财富和良好的公共服务能力,本应是当代中华民族美好生活的核心空间。但以 2010 年以来的“逃离北、上、广”和“大城市伪幸福”为代表,在城市群经济繁荣、城市建设光鲜靓丽等繁华表象的背后,各种怀疑、失望、厌恶、憎恨,甚至敌视等极端心态与行为也与日俱增。这说明我国城市群患上了“文化病”,在硬件、硬实力与软件、软实力之间出现了严重的不协调和不平衡。主要原因在于,首先,目前我国城市群规划多是以产业、交通为中心的经济规划，评价标准也主要是一系列经济指标，这就在顶层设计上决定了我国城市群必然走上“经济型城市群”的发展道路。近年来，尽管在一些规划和实施方案中“文化”一词频频出现，但由于规划编制的基本立场和评价标准并未改变，文化充其量只是一个“摆设”，而不可能与经济发展和人口集聚平起平坐。这是我国城市群规划缺乏文化特色及支撑，以及在现实中走向“惊人地相似”的主要原因。其次，尽管我国城市群涵盖了巨量的区域文化资源和生活方式资产，但后者对城市群的建设和发展的实际贡献却极其有限。从今年六个城市群的文化指标结果看，中原经济区和山东半岛城市群虽然文化底蕴丰厚，但却排在靠后的位置，说明文化资源的社会效益、经济效应和影响力还没有挖掘出来。在物质空间上日趋局促的我国城市群，在文化开发和提升上的空间很大，是今后应重点研究、规划和布局的战略方向。

3. 关于我国城市群健康发展的对策建议

(1) 从总体上看，探索人口、经济、生活、文化四位一体、均衡发展的城市群机制，解决我国城市群层级体系混乱和一体化缺乏内生动力的问题。

城市化主要有“单体式”和“城市群”两种模式。前者的突出特征是“单打独斗”、“以邻为壑”，造成区域内资源、资金和人才的巨大浪费和低效配置。后者的目标是通过建立合理的城市分工和层级体系，促进都市、城市、乡镇、农村的协调、均衡和可持续发展。我国城市群的主要问题不是数量，而是质量不高，其中最突出的是层级体系混乱和一体化内生动力缺乏，与真正的城市群“貌合神离”。对此建议通过自上而下的机制体制改革，合理划定城市群的层级体系与边界，以理顺城市层级间的资源配置关系、建立合理的利益协调和补偿机制为中心，构建符合我国城市群发展的协调协同发展机制，把“浅表合作”延伸到实质性合作的新阶段。

(2) 从人口角度看，通过城市群内部的人力禀赋特点和产业布局的双向互动，逐步调整产业和就业的结构，积极解决就业问题，实现就业、产业和其他基础设施的合理配置。

人口在城市研究中首先是一个统计学概念，涉及人口的规模、增长、结构和布局等特点。但事实上，人口应该是城市发展中最灵活的要素之一。在全球失业率高居不下的背景下，越来越外向型发展的中国不可能独善其身，我们面临保就业的重大挑战。同时，也应该认识到就业问题并不是孤立的，目前我国的失业问题很大程度上是结构性的，与产业结构布局的不合理有很大关联，与城市基础设施的供给结构也有关,建议根据城市群内部各个城市的人力禀赋特点,建立就业、产业和基础设施三者的联动机制,逐步调整产业和就业的结构,提高就业增长空间。

(3) 从经济角度看,以国家区域规划中期评估为重点,变革“以 GDP 论英雄”的城市发展观,建立健全更全面的城市群评价体系,推动相关政策和体制机制的出台,缩小与西方的差距。

十八届三中全会提出“完善城镇化健康发展体制机制”。城市群由于人口空间体量大、发展过程影响大、示范和辐射作用强,应当对此率先进行探索和实践。2014 年,与城市群相关的国家区域规划大都到了实施的中期阶段,建议以此为契机,建立健全科学的城市群质量评价标准体系,迅速启动中期评估,重点是摒弃“以 GDP 为指挥棒”、“摊大饼”式的“跑马圈地”、大投入拉动财政收入的粗放建设模式,注重城市群发展的效率、内涵和质量,以加强内部管理、调整产业结构、改变增长方式为主要手段,从布局、规划、管理、修编各环节入手,推动出台相关政策和体制机制,克服内涵简单和形态粗放的发展模式,尽快地缩小与西方城市群的差距。

(4) 从生活角度看,建设“宜居城市群”,解决城市经济、人口增长与资源、环境的矛盾冲突。

中央城镇化工作会议提出,城市建设“要依托现有山水脉络等独特风光,让城市融入大自然,让居民望得见山、看得见水、记得住乡愁”。在我国“十一五”期间,环境退化成本从 5 118.2 亿元提高到 8 947.6 亿元,增长了 74.8%;虚拟治理成本从 2 874.4 亿元提高到 5 043.1 亿元,增长了 75.4%。环境退化成本占 GDP 的比例为 3%左右。我国经济发达的城市群对此负有主要责任。建议提出“宜居城市群”的规划和建设目标,把环保与经济、人口与生态放在同等甚至更高更重要的位置,并在国家相关政策的框架下,研究和制定“宜居城市群标准体系”,替代已被废弃的“GDP”考核标准,以完善的制度和严格的监管为“铁手腕”,推动城市群绿色发展,并要求城市群内的各联防联控、通力合作。

(5) 从文化角度看,以文化强国和文化大发展大繁荣为核心,实施文化城市群战略,解决城市生活的价值和意义问题。

城市群主要有两种发展方式,一是传统的主要以经济、交通和人口作为测评指标的“经济型城市群”,二是新出现的主要以生态、文化和生活质量作为评判标准的“文化型城市群”。改革开放以来,我国主要走的是一条经济型城市群发展道路，尽管各城市群的经济总量、交通基建和人口规模增长很快，但它们的“城市病”也日趋严重，不可持续问题日益凸显。城市群发展不只是经济的一体化进程，也包括政治、文化、社会等方面的内容。城市的本质是文化，文化城市群代表了城市群发展的更高形态。建议依托我国的新型城镇化和文化强国两大国家战略，将“文化城市群”作为落实“完善城镇化健康发展体制机制”的顶层设计和核心框架，转变以工业化、现代交通和城市基础设施建设为主导的经济型城市群发展模式，大力培育环境、经济、社会和文化的协调关系和协同发展机制，以便从根本上解决城镇化中的深层次问题和综合性矛盾，最大限度地减少成本，并在不断探索中走出城市群全面协调发展的新路。

（执笔人：刘士林，博士，上海交通大学城市科学研究院院长、首席专家，教授，博士生导师，国家“十三五”规划专家委员会委员，教育部哲学社会科学发展报告首批建设项目《中国都市化进程年度报告》负责人，《中国城市科学》主编，《中国城市群发展年度报告》主编；刘新静，博士，上海交通大学城市科学研究院院长助理、研究员，《中国城市群数据库》负责人，《中国城市群发展年度报告》主编；盛蓉，上海交通大学媒体与设计学院博士研究生，上海交通大学城市科学研究院兼职研究员，世界城市群数据库、文献库和案例库课题组负责人，《中国城市群发展年度报告》主编助理；张懿玮，上海杉达学院管理学院，上海交通大学城市科学研究院兼职研究员；苏晓静，博士，上海交通大学城市科学研究院院长助理、研究员。课题组数据库建设成员：朱宁嘉、孔铎、张书成、周之澄、王晓静、马应福、王真、周继洋、周诗思）

战略研究

“超密城市群”发展战略构想与总体方略探析

——基于对中国城市体系规模结构演变的分析

内容摘要： 当前我国城市体系规模结构演变正处于从小城市快速发展为主导转向中型城市快速增长为主的发展阶段，中小城市人口规模快速增长，大中型规模城市数量不断增加。针对转型期城市体系规模结构演变所处阶段的判断以及存在的主要问题，本文给出了局部地区大中小城市实现协调发展的机制设计，并提出了发展“超密城市群”的建议，将其作为实现人口与城市协调、大中小城市协调，相融发展的和谐城市化模式。

关键词： 超密城市群　城市体系　规模结构

我国城市体系的完善与合理化，是适应全球一体化与城市化发展的明显趋势，是走中国特色城市化道路的重要内容，也是我国当前城市综合发展和规划建设面临的一个突出问题。城市化进程进入快速推进和大中小城市协调发展的关键阶段，《国家新型城镇化规划(2014—2020年)》提出，“以城市群为主体形态，推动大中小城市和小城镇协调发展”，这对城市群的发展思路提出了新的命题。从城市体系规模结构演变出发解答这一命题是一个有价值的尝试。本文结合对1985年以来城市体系规模结构演变的考察，探索大中小城市在城市化快速发展阶段可能的演化路径，提出了“超密城市群”的战略构想。

一、中国城市体系规模结构演变的基本情况

1984年开启的经济体制改革在创造我国经济高速增长“奇迹”的同时，随着经济发展的重心转向城市也创造了我国城市化快速发展的“奇迹”①。

---

① 从国际比较来看，作为世界人口最多的国家，我国改革开放以来的城市化发展的确创造了（转下页）

表 5　中国历代城市化水平及其发展阶段①

时　间	历史阶段	城市化水平(%)	城市体系演变阶段
300BC	战国时期	15.9	小城市为主,以行政中心为主的城市人口规模不断增加
2AD	西汉末年	17.5	
745AD	唐朝	20.8	
1200AD	南宋时期	22.0	
1820AD	清	6.9	地方小城镇大量兴起
1893AD	清	7.7	
1949	近代	10.64	
1957	近代	15.39	大城市主导发展阶段
1985	现代	23.71	
1999	现代	30.89	大中小城市的进行性增长,中等城市规模扩张为主导阶段
2000	现代	36.09	
2006	当代	43.9	
2007	当代	44.9	
2015	未来	56.5	大中小城市实现协调发展的均衡增长阶段
2020	未来	67.9	

数据来源:顾朝林(1996)、②文贯中(2005)、③麦肯锡(2008),2015、2020 年为预测值。

表 5 综合归纳了我国城市体系演变的历史进程。结合总体状况的分析,可知 1985 年前后大城市规模扩张占据城市化发展的主导地位;1985—1995 年期间,小城市数量增长开始占据主导地位,城市分散力量大于集中力量,整体

(接上页)类似经济增长的“奇迹”(李善同、许召元,2008)。20 世纪 80 年代我国城市化水平开始呈现快速上升趋势,1985—2006 年城市化率上升了 27%,比发达国家上升同样幅度少用了大约 2/3 的时间。对比城市化率从 25%上升到 70%所需时间,英国大致用了 90 年,法国 120 年,美国 90 年,日本 40 年(高佩义,2004)。根据预测如果我国在 2025 年达到 70%,按此推算从 1990 年的 26.4%,上升到 70%只需要 35 年的时间。

① 我国城市发展历史悠久,城市规模分布演进的过程也应包括城市初步形成阶段的情况。本文重点关注 1985 年以来的情况以及未来演进的态势,关于城市初步形成阶段的讨论在此不再展开,具体可参考顾朝林(1996)等对城市起源、产生以及早期发展情况的讨论。

② 顾朝林:《城镇体系规划——理论·方法·实例》,中国建筑工业出版社 2005 年版。

③ 文贯中:《中国的疆域变化与走出农本社会的冲动——李约瑟之谜的经济地理学分析》,《经济学季刊》,2005 年第 4 卷第 2 期。

规模分布呈现分散化趋势。但由于小城市人口规模普遍比重较小，大城市仍然占据重要地位。随着建制城市数量开始趋于稳定和城市化快速发展，我国大中小城市都呈现出进行性的增长，并且中等城市的规模扩张开始占据主导地位。各省区的次级中心城市开始迅速发展，小城市规模扩张不断晋升为中等城市，中等城市向上晋级为大城市，①城市规模集中态势明显。随着中等城市数量和人口比重的提升，大城市规模比重相对下降，城市体系相对规模结构更加均匀。

通过对我国1984年以来城市行政层级、规模结构等变化情况及其基本特征进行简要地描述性统计，可以发现我国城市体系规模结构变化的基本情况显示出如下两个特点：

1. 城市行政层级体系变化上，建制市、镇均有增长

我国城市的行政层级同城市规模密切相关。迄今为止，我国建制城市的层级体系基本固定为直辖市——副省级城市——地级市——县级市——镇五个层次。从1983年起，国务院先后批准重庆、武汉、沈阳、大连、哈尔滨、西安、广州、青岛、宁波、厦门、深圳、南京、成都、长春14个市为计划单列市。1994年，中央又决定将广州、武汉、哈尔滨、沈阳、成都、南京、西安、长春、济南、杭州、重庆、大连、青岛、深圳、厦门、宁波16个市的行政级别定为副省级，从而将地级市划分为副省级和地级两个层级。

从各层级数量上看，1985—2006年期间地级及以上城市数目由165增加为287个；县级市数目1995年达到427个，但自1998年以来通过升级为地级市或者撤市设区数目不断减少，2007年为268个。通常情况下，通过城市升格或者新设城市实现层级体系的调整。但近年来，各省市区大范围的行政区划调整趋向于稳定，多开始进行内部辖区结构的合理化调整。② 乡镇一级城镇数

---

① 处于转型期，准确地说我国各地区进程各不相同。综合关于我国各地区城市体系规模结构的研究，主要有如下观点：从东、中、西三地带角度看，东部均早于中西部地区处于中等规模城市发展时期，中部地区处于小城市发展时期，西部城市处于大城市发展时期。从省际角度看，城市等级规模体系发展所处阶段应当更加明显：各省际城市体系规模结构演变所处的阶段各不相同，西藏、宁夏和海南处于城市化前期，江西云南、四川、陕西、甘肃、新疆和青海各省处于大城市发展时期，河北、河南、广西、山西、内蒙古、贵州、浙江和福建各省处于小城市发展时期，湖南、吉林、黑龙江、安徽、湖北和广东各省处于中等城市发展时期，辽宁、江苏和山东则处于均衡发展时期(顾朝林，1996；孙明洁，2000；周一星，2003等)。

② 我们考察了2007年民政部的行政区划调整公告，2007年除云南省思茅市改名为普洱市，昌吉回族自治州米泉市并入乌鲁木齐市。设立乌鲁木齐市米东区外，没有新设市调整。近年来，各省市区大范围的行政区划调整趋向于稳定，多开始进行内部辖区结构的调整。

量 1985 年以来也发生了非常大的变化。改革开放以来,1985 年我国共有乡镇数 91 590 个,2007 年合并撤销为 3.45 万个,中国小城镇数量迅速增长。1978 年全国仅有建制镇 2 173 个,且以县城关镇和工矿镇为主。2007 年末全国共有建制镇 19 249 个,比 1978 年增加 17 076 个。

城市行政层级的级别很大程度上影响了城市的人口规模及其变化情况。我国城市行政层级同城市数量也呈现为反相关关系,即城市行政级别越高,其数量越少,反之亦然。在图形上可以形成一个以庞大数量建制镇为底座,中央直辖市为塔尖的“金字塔”形状。而行政级别同城市人口规模基本呈正相关关系。除个别城市外,副省级及以上城市几乎都是总人口超过 600 万,全市非农人口超过 300 万的特大城市。

2. 城市体系规模结构从“数量增长”到“规模扩张”

伴随着城市化水平的不断提高和城市数量的变化,我国整个城市体系规模结构也发生巨大的调整和变化。从总体数量上看,1985—2006 年期间我国累计新设城市 390 座,合并与撤销城市 58 座。1984 年以来城市数量发展的变化,可分为两个阶段:一是快速增长阶段(1984—1998 年)。1998 年末中国共有城市 668 个,比 1984 年初增加 379 个,增长 131.1%,平均每年增加 27 个。二是平稳发展阶段(1998—2007)。截止到 2007 年末中国城市数量达到 655 个,比 1998 年减少 33 个,平均每年减少 3 个。

1980—1990 年代中期由于城市数量增长迅速,城镇人口占城市总人口比重不断下降,但市辖区非农人口占全市非农人口比重仍然是保持不断上升趋势的,即城市化发展主要在城市的中心地区;2000 年以来城镇人口数量增长迅速,占总人口比重上升,但市辖区非农人口占全市非农人口的比重出现了大幅度下降,表明这一阶段城市化发展集中在城市下辖的县和县级市。而随着城市发展方针的变化,2000 年以来大城市、特大城市数量和比重都开始呈现出上升趋势,大城市发展加速。

统计显示,1980—1996 年我国小城市的数量和人口年均增长速度分别为 8.41%和 8.78%,中等城市为 6.61%和 6.66%,大城市最低,只有 3.50%和 3.75%。① 但从结构上看,人口增长绝对水平上大城市并没有低于中小城市,甚至超过中小城市的总和。大城市人口自然增长率比较低,甚至出现负增长,但是由于大城市经济社会快速发展,收入水平较高并且就业岗位充足,人口流

① 王放:《中国城市化与可持续发展》,科学出版社 2000 年版。

入和迁移促进了较快的人口机械增长速度。在这一过程中，小城市不断发展成中等城市，中等城市可以发展成为大城市，依次递推。

随着城市总数量趋于稳定，我国城市化水平的提高开始体现为不同规模城市由小到大的进行性增长，①实现了从“数量增长”向“规模扩张”的转变。

二、“超密城市群”发展建议的提出

当前我国城市化快速发展和城市社会结构转型的关键时期。一方面，城市化健康快速发展既是我国经济发展方式转变的必然要求，也是实现经济持续增长的动力源泉；另一方面，面对人口基数大、城市产业基础匮乏、生态环境脆弱、二元经济结构矛盾突出以及管理体制不完善等诸多瓶颈，城市体系规模结构的优化调整依然任重而道远。众多问题相互交织在一起，使我国城市体系规模结构的优化调整面临着严峻挑战，既制约了大城市规模效应的进一步提升，也影响了中小城市人口集聚和功能完善。随着城市化快速发展和经济持续增长对城市要求的不断提高，上述问题在推进大中小城市协调发展的过程中必须得到充分重视和有效解决。同时，国家新型城镇化规划指出要以城市群为主体形态，也对大中小城市协调发展提出了新的要求。对此，笔者认为大中小城市在协调发展的路径上应该各有重点突出。

1. 大城市应重点提升其主导性和中心作用，促进实现自身的内生性增长

城市人口规模优化是在给定外部政策环境、体制等因素下寻找最优或者次优的过程，最终目的是能够推动经济的持续增长。经济增长的终极源泉只有三个。它们分别为投入的简单增长、技术进步和制度创新。第一种增长源泉有其局限性，单靠投入的简单经济增长的增长是无法持续的。内生性增长是指通过不断促进技术进步和制度创新达到经济的繁荣，而不是简单地通过依靠已有的技术、制度和单纯增加各种投入，或者通过外来财政的转移达到本地经济总量的增长。技术进步表现为生产力边界的向上外移，因而用同量的投入可得到更多的产出。制度创新表现为产出由生产力边界之内移向边界。因而用同量的投入也可获得更多的产出。其中制度创新的意义更为深远，因为良好的制度环境不但能提高经营、管理的效率，而且会提供技

① 饶会林：《现代城市经济学概论》，上海交通大学出版社 2008 年版。

术进步的强大诱因，间接地将边界外推。所以，制度创新是使技术进步内生化的主要途径。

城市化的根本动力在城市化的初期主要来自工业化，在中后期则主要来自城市服务业的发展与新兴产业的创新。从内生性增长的角度出发，大城市无疑应当占据城市化发展的主导地位。城市初始规模对城市增长负向作用减弱也表明，现阶段我国大城市增长将扮演举足轻重的地位。在这一增长范式下，我国大城市无疑是当前能够提供内生性增长的最佳环境。在大城市的环境中更加容易加速人力资本的积累而达到促进技术和制度的创新，从而获得经济的内生增长。此外，由于在大城市的环境中各种生产要素集中在相对狭小的空间之内，大大提高它们相互碰撞和结合的机会，因而不但加速人力资本的积累，也使已经积累的人力资本充分发挥其外溢效应。

当然，城市规模扩大到一定程度也会产生交通拥挤、环境污染、公共服务不足等方面的规模不经济问题。但与城市规模偏小时因为规模增加带来的集聚效应和人均产出增长等正效应相比，城市规模不经济对人均产出的负面影响要小得多。[①] 改革开放以来，我国不少城市集聚水平得到了迅速的提升，从全国情况来看，我国城市规模仍然普遍没有达到最佳水平。[②] 由于人力资本在城市的集聚效应对城市经济的持续发展具有内生性的促进作用。大城市一经形成，便往往能够自我永存地扩张和发展。随着城市规模的不断扩大，会有更多的技能型劳动力进入到大城市中来，从而使得集聚效应不断上升，整个城市产出效率和总体收益将得到显著提高。

2. 中小城市要重点通过增强其人口吸纳功能，促进中小城市的规模扩张与完善

长远来看，中小城市在我国城市化快速发展阶段将发挥不可替代的作用。从规模效益和世界城市化发展一般规律出发，促进大城市发展理所当然。但是，制度结构和人口存量巨大的国情可能使得我国不能像发达国家和其他发展中国家一样沿袭传统的路径推进城市化的发展。中小城市以及诸多新兴工业化地区在消化新增城市人口中所发挥的作用将是不可替代的。同时，在工业化发展日益成熟的趋势下，我国大量新兴工业化地区在功能定位提升为城

---

① 陆铭、陈钊：《长三角大都市圈应解放思想，加快集聚》，《上海工业》，2007 年第 7 期。

② 周伟林、严冀等：《城市经济学》，复旦大学出版社 2004 年版。

市以及产业结构升级的过程中都需要人口的大量导入和集聚，①但现实是户籍制度限制、高昂房价、低工资收入等使得向这些城市的迁移愈发艰难。显然，如何通过新的制度设计来实现两者的协调互动将是我国城市体系不断成熟的关键。此外，同我国大城市主要集中在东部沿海地区以及长江、黄河流域相比，中小城市在全国范围内的空间分布更加均匀，对于带动中西部地区城市化发展和城市体系的完善，作用更加突出。

对城市体系规模结构演变状况的讨论表明，20世纪80年代以来小城市为主城市数量的迅速增长，并没有真正反映中国城市化的发展情况，1985年以来，中国半数新增的城市都是通过行政区划或行政级别调整形成，人口只是简单地由当地重新规划将农村划为城市而实现的，面临的一个重要问题在于许多城市在人口规模和工业化水平上尚未达到足够水平以发挥城市规模的集聚效应——这使得中国许多中小城市的规模无法有效进入集聚效应的循环机制，从而限制了城市人口和经济增长。

同大城市相比，我国中小城市在城市体系规模结构演变趋向均衡状态过程中面临两难的选择：一方面是中小城市实现持续增长对人口集聚的诉求；一方面则是经济发展相对滞缓、户籍制度限制以及高昂房价、低工资收入等使得向城市迁移成本不断上升，表现为近年来我国城市规模增长趋同性的下降。对此，刘学华(2009)探讨了增量改革机制下我国中小城市在城市化快速发展进程中的人口导入问题。② 研究结论表明，在公共服务外生给定的情况，城市政府允许移民进入以后其平均公共服务水平会有所降低，但可能的结果是城市人在不严重影响自己效用水平的前提下，给予移民一定水平的公共产品分配，对人口集聚和经济发展都将发挥积极作用。对城市移民来说，这些公共服务方面分配的作用效果可能要远远大于单纯的工资收入增加；对城市而言，尽管公共产品分配会带来城市支出的增加，但是由于基本劳动力进入城市后将增加城市消费需求和资本积累水平，长期来看对城市经济的持续发展将非常重要。

---

① 城市规模对城市经济持续增长的作用将越来越突出，无论是适应产业结构的升格还是规模效应的要求，要想获得持续的经济增长，城市必须有着一定规模的人口存量。特别是在我国东部地区，随着许多工业园区在功能定位转向新城区的过程中，普遍认识到了人口集聚对自身发展的重要性，纷纷提出未来城市发展的人口目标和规模。

② 中国经济体制改革始终注重改革中利益的协调，形成独具特色的中国改革模式，主要特征之一便是增量改革和试验推广。对中国特色城市化道路的探索而言，注重优化路径和改革模式同样必要。

虽然人口的导入会带来利益分配上的影响，但在现有存量下，对未来增长流量的分配进行调整，也许是中小城市可以接受的一个折中。城市移民可以为中小城市的持续发展提供新的契机，中小城市为城市移民的大量转移积蓄了足够的势能，也将是消化我国大量新增城市人口的重要载体。从许多局部地区改革尝试的效果来看，虽然人口的导入会带来城市利益分配上的影响，但是在现有存量基础上，对未来增长流量的分配进行调整，也许可以找到一个双方都能够接受的折中。能够充分把握移民所最关注最需要的社会福利，比如能够让其子女享受到教育、社会保障等会激励移民为城市发展做出更多更加持久的贡献，并避免带来复杂严重的社会问题。

图 14 给出一个经济发展与人口导入的作用机制和城市人口沉淀曲线。由于第三产业发展对中小城市规模增长具有显著的正向作用，新兴的中小城市可以在趋向均衡状态的过程中，通过加速人口导入促进自身经济发展速度，通过增量改革的优化机制为城市的持续发展提供动力并最终形成合理的城市规模分布结构。特别是如果中央政府层面能够像当初为促进工业化地区率先发展而制定的先试先行的招商引资、税收扶持措施一样，同样增加对新兴中小城市在人口集聚等方面先试先行的政策安排(包括当前稳步推进的扩权强县"省管县"、购房落户试点等)，积极培育和增加中小城市发展活力，势必可以加速人口向率先发展地区的集聚和迁移，最终实现有效集聚并提高经济效率。①

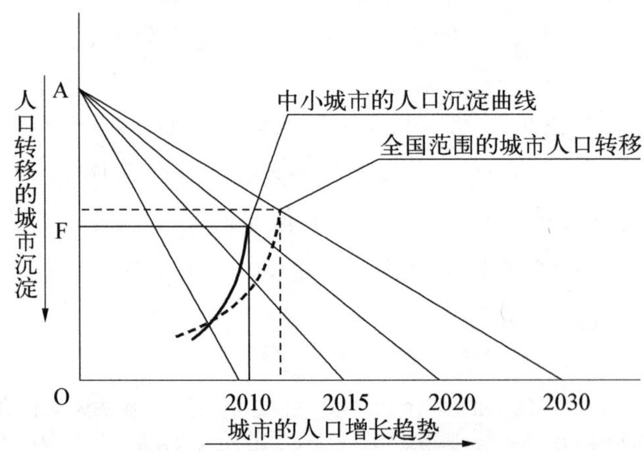

图 14　新兴中小城市增量改革机制下的人口沉淀

① 可喜的是，我们已经看到了我国长株潭综合改革配套试验区、湖北武汉等在户籍制度上的尝试性改革。

3. 合理城市体系规模结构形式的探索与"超密城市群"发展建议的提出

城市体系规模结构演变是人口向城市集聚或者分散的过程。沿着上述大中小城市规模发展思路的探析,再次回答:是否存在或者最终能够形成一个合理的城市体系规模结构形式?

国外研究如 Alonso、① Anas② 多从收益—成本、集聚正负外部性等角度分析最佳规模的水平,但同城市政治经济学批判的一样,大多没有给出具体、真实的数量结果。20 世纪中期以来,发达国家郊区化和逆城市化趋猛,使得城市用地"摊大饼"式无限扩张,城市通勤距离大为增加,造成社会资源分散,导致城市的聚集功能衰退,不利于可持续发展。针对这些现象,欧洲共同体委员会提出了在欧洲发展稠密性城市的建议,认为稠密型城市是可持续发展的最佳模式。类似的"紧凑型"、"集约型"城市等概念,逐步受到人们的重视和关注,并在城市规划中不断实践。综合而言,多数研究和实践都强调要建设"紧凑型"城市实现精细增长,城市和城市群发展应该采取"TOD"模式,即以大运输量的轨道交通系统为导向,以站点为中心建设半径合理的居住区,并提供办公、商业服务业等多项功能。实际的规划和操作主要围绕控制城市的蔓延,保持城市中心的活力、防止或控制城市的衰败,将土地利用和交通密切联系起来,减少能源消耗等可持续发展目标展开。

国内王小鲁等(2002)利用城市规模收益函数和城市外部成本函数分析城市规模的净效益,其分析假设城市收益函数是递减的,而城市成本函数是递增的,二者的差异就是规模净效益。通过测算,得出以市区非农业人口为标准100—400 万人口的城市净规模收益都足够大,并大约在 200 万人口达到净规模收益最大点,而低于 10 万和超过 1 200 万的其净规模收益为负数。虽然仅仅是一个在统计意义上城市的模拟结果,但同其他定性分析相比,其可能是目前唯一对我国城市最佳规模研究给出的一个数量结果。韩士元(2004)③和蒋涛等④总结国内外研究指出适合于某个或某类城市的规模可能并不适合于其他城市,在某一时期的某个最佳规模可能也不是未来的最佳规模,即虽然在理

① Alonso, W., 1970, "The Economics of Urban Size", WorkingPaperNo138, Center for Planning&Development Research, University of California.

② Anas, A., R. J. Arnott and K. A. Small, 1998, "Urban spatial structure", Journal of Economic Literature, 36: 1426 - 1464.

③ 韩士元:《城市最佳规模的技术经济研究》,《城市》,2004 年第 5 期。

④ 蒋涛、沈正平:《聚集经济与最优城市规模探讨》,《人文地理》,2007 年第 6 期。

论上存在着最佳城市规模,但这个最佳规模是因时因地而变化的,即表现出最佳规模的动态性。因此,在我国城市化发展过程中,我们既不能片面强调大城市的发展,也不能过度追求小城镇的遍地开花,而必须注重城市功能、效率的充分发挥。

事实上,从早期的大城市、小城市论到近年来大多数理论研究认同的大中小城市共同协调发展观点,都始终未曾对何地发展大城市、何时何地发展中小城市以及大城市的规模应该多大等具体问题达成过共识。放到城市体系层面,诸多研究开始强调城市群、都市带、城市密集区、都市连绵区的发展,并衍生了大量研究成果。周一星①和吕力②等指出中国城市化所面临的主要障碍是过多的农村剩余劳动力与城市吸纳能力不足的矛盾,单一发展大中城市或小城镇都不可取。要实现农村城市化的目标,分流巨大的农村人口,需要大、中、小城市协调发展,未来几十年,我国应逐步形成一个以大城市、特大城市和小城镇并举,功能完善、结构合理的金字塔城市体系。由于缺乏明确的概念规范和界定标准,不仅在概念的使用上比较混乱,从空间表现形式、演化阶段、内涵外延也难以将其描述的"真实对象"获得清晰认识。大多研究只是强调城市数量多、密度大,城市化水平高等笼统描述,但是仍然未对城市体系具体的规模结构情况以及发展模式给出具体的描述。

因此,基于对城市体系规模结构演变的系统性研究,基于我国城市化发展过程中,人口规模结构演变的基本国情和实践经验,提出发展"超密城市群"的概念,并认为其是我国城市体系规模结构现实可行的发展模式。

从概念上直观看来,城市群是在城镇化过程中,在特定的城镇化水平较高的地域空间里,以区域网络化组织为纽带,由若干个密集分布的不同等级的城市及其腹地通过空间相互作用而形成的城市—区域系统。城市群的出现是生产力发展、生产要素逐步优化组合的产物,每个城市群一般以一个或两个经济比较发达、具有较强辐射带动功能的中心城市为核心,由若干个空间距离较近、经济联系密切、功能互补、等级有序的周边城市共同组成。从这一角度出发,可以认为城市群、城市带、城市密集区等都是对城市发展空间的一个泛指概念,多描述城市群体空间存在情形的广泛性。都市带、(大)都市圈、都市

① 周一星:《城市地理学》,商务印书馆 1995 年版。
② 吕力:《产业集聚、扩散与城市化发展——理论探讨与中国的实践》,武汉大学博士论文,2005 年。

连绵区、都市密集区是城市密集区或城市群的进一步发展演化形成的成熟形态。尽管城市群普遍具有城市数量多、人口密度大、经济实力强等共性特征，但就城市群的规模结构、发展模式、人口集聚水平和要求并没有一个确切的标准。

在此基础上，本文立足于人口规模结构提出的“超密城市群”主要指：在城市化加速发展阶段，通过对特定区域范围内城市体系大中小不同城市做出有相当强制性和可实施性的整体设计，依托完善的城市新城区、新市镇、新农村以及城市间结合部、郊区等边缘地区的规划开发有效吸纳大量新增城市人口，通过制度创新与跨区域进一步协调，适应我国行政区划、土地强约束等客观条件，高土地利用强度、高人口密度和完善城市体系内部分工的中国特色城市群发展模式。

与城市群、城市密集区、都市圈等多针对或强调城市体系空间广泛存在性提出的概念而言，“超密城市群”的提法更包含了我国城市体系规模结构重要表征和发展背景——庞大潜在新增城市人口和土地强约束，而不再仅仅停留于缺乏约束力和现实指导意义的“地域结构景观构想”层面。而与稠密型城市强调单个城市高密度、紧凑型开发相比，“超密城市群”并非是提倡不顾城市大小的盲目集中发展，针对我国城市行政区划的客观约束以及过高强度和密度对单个大城市发展的不利之处提出了“无拥挤集中”思想。“无拥挤集中”强调发展基于公共有轨交通系统紧密联系、易通达的城市中心群，并以这些城市中心为核心进行高密度和高强度开发，在保留紧凑城市所倡导的高密度高强度特点的前提下，跳出单中心的城市结构，为特大城市和人口已经较为稠密的城市群提供了切实可行的规划途径。

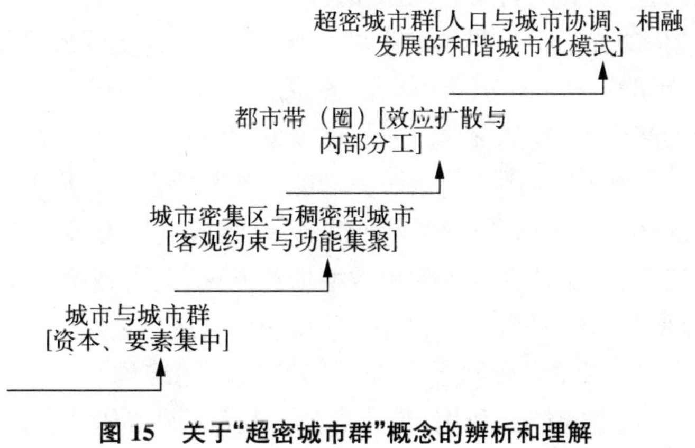

图 15　关于“超密城市群”概念的辨析和理解

三、我国"超密城市群"发展战略构想与总体方略

1. 发展"超密城市群"是基于我国国情的现实选择

中国特色的城镇化道路是立足中国国情的必然选择。针对我国城市体系规模结构可持续发展提出超密城市群的建议主要是基于以下三个原因：第一是庞大人口基数下，消化新增城市人口的必然要求；第二是基于我国土地强约束的特殊背景；第三是为了实现我国经济可持续发展和城市化健康发展，构建社会主义和谐社会的目标。最终形成人口与城市协调、相融发展的和谐城市化。

我国未来15—20年的城市化进程将长期面临土地强约束的局面，要求我国的城市化道路必须走"土地节约型、以(超)大城市及(超)密城市群"为主的特色城市化道路。本质上看，"超密城市群"的核心内容是：面对土地强约束和未来大量新增城市人口的基本国情，无限度地分散和扩张绝不是解决我国城市问题的有效途径，而且分散造成了土地资源的大量浪费、社会资源配置效率下降、通勤范围和扩大并引起交通拥挤等，应当创造条件促使人口向若干适宜城市群进一步集中，以有利于改善环境、保护耕地，实现经济社会和城市化的可持续发展。具体来看，"超密城市群"形成与发展将具有以下积极意义：

第一，"超密城市群"是可持续型城市化道路的具体实践。单一城市的无限扩张受到了种种制约，难以消化数量庞大的新增城市人口。从全国范围来看，建立"超密城市群"，提高局部地区的城市人口集聚水平，不仅可以解决城市面临的土地资源对城市化的硬约束，而且可以避免区域生态和资源环境对城市化的制约，实现资源利用的可持续发展。

第二，"超密城市群"有利于促进城市合理分工，转变区域经济发展方式。建设"超密城市群"，有利于城市群内部各城市间形成合理的分工和职能安排，人口集中带动产业集中、集聚效应的进一步发挥，成为区域范围内的经济核心区，对提升大城市中心作用和综合服务功能具有积极意义。同时，有利于引导城市体系内部产业梯次转移和结构调整，实现经济发展方式的转变。贯彻和落实科学发展观，切实转变城市的粗放型增长方式，追求速度与结构、质量、效益的统一，促使城市经济与人口、资源、环境协调发展。

第三，"超密城市群"有利于合理布局城市空间结构和形态。"超密城市群"的特征之一是空间综合利用，为达到这一目标，城市体系内部交通基础设

施等不断完善，强调土地使用功能的适当混合，缩小生活区与工作区之间的距离，使商业与文教体等服务设施与生活区、工作区紧密配套。较高的空间集聚和邻近特征，使得邻近空间的溢出效应更加明显。

2. 推进“超密城市群”发展的战略构想

在21世纪初我国经济发展的重要战略机遇期，按照把“超密城市群”建设成全国新增城市人口集中区域和经济增长极、带动区域乃至全国经济社会发展的总体要求，以全面提高城市化水平、促进大中小协调发展为目标，创新体制，加强城市之间的分工协作；通过构建互通互连、共建共享、网络化的基础设施体系，建成为人口高度集中，空间布局合理、功能分工有序、资源优化配置、产业相互协调、经济持续发展的现代化、开放性、一体化的城市体系。

“超密城市群”发展的基本思路是从城市体系的整体出发，针对城市化比例介于40%至50%的处于城市化中期阶段的特点，重点通过人口、土地和产业的集中实现规模经济收益，促进要素流通，改善城市新移民的福利水平。特别是强调城市体系内中小城市完善的制度机制和基础设施建设，重点结合先试先行的制度安排，积极推进省管县、落户政策，促进中小城市(镇)的人口集聚和发展，进而能够强化城市体系的中心城市，增加城市的人口吸纳能力，促进城市功能进一步体现。①

3. 不同地区“超密城市群”的发展重点

不同发展水平、发展阶段的城市群，发展条件和制约因素不同，面临的首要问题不同，其发展“超密城市群”过程中也应各有侧重。东部沿海地区进一步完善现有的城市群，着力发展长江三角洲、珠江三角洲、京津唐、辽中南、山东半岛和闽东南等六大超密城市群。强化中心城市的辐射功能，大力发展中小城市，优化区域城镇空间布局，扩大人口和产业的集聚规模，形成区域整体网络式发展格局。重点以长江三角洲和珠江三角洲为龙头，推动“泛长三角”和“泛珠三角”的人口集中、经济整合和共同发展。

中西部地区应当推进城市群进一步形成并逐步成熟，着力培育和发展江汉平原、中原、长株潭、成渝和关中地区五大“超密城市群”。着眼于提高区域经济实力，充分利用现有基础，强化城市之间的经济联系，加强区域功能整合和空间整合，提高非核心地区的非农化、城市化水平，促进中小城市的发展壮大，完善区域城镇体系，使之成为带动中西部发展的先导区域和战略高地，更

---

① 世界银行：《2009年世界发展报告——重塑世界经济地理》，2009年总第31期。

好地发挥对中西部地区人口非农迁移和城乡经济社会发展的带动作用。

最后需要指出的是，“超密城市群”的概念是复杂和庞大的。本文的意义在于在系统分析我国城市体系规模结构演变的基础上，提出这一待研究命题的同时，就当前有关“超密城市群”所形成的理论共识和存在的争论进行系统的梳理及总结，以获得一定的共识。经济社会和城市化发展的最终落脚点是人，不管选择怎样的发展模式和结构，依据我国基本国情和城市化发展的客观背景，形成人地和谐的合理城市体系规模结构是最终目的所在，这也是关于这一命题研究的使命所在。

（刘学华，博士，上海发展战略研究所经济战略研究部部长，主要研究方向为城市经济和区域规划等；张书成，上海交通大学媒体与设计学院博士研究生，城市科学研究院兼职研究员）

提高上海土地利用效率及加快盘活存量土地机制研究

内容摘要：上海在提高土地利用效率上，一是土地存量严重不足，农村耕地保护压力大，城市建设用地规模已偏高，可利用的土地空间非常有限。二是人均用地规模大，开发密度低，投入产出率不高，土地利用效率较低。从宏观层面看，土地利用缺乏有效的顶层设计，规划和制度安排存在一定的障碍。从中观层面看，二产比例偏高，落后低效产业未能及时转移或升级。从微观层面看，土地市场存在投机行为，巨大的土地升值空间降低了产权人再次开发的动力。农村土地利用和产业园区土地利用是盘活存量土地的重点。

关键词：农村土地　产业园区土地　盘活机制

土地资源是城市经济社会发展必不可少的物质前提，也是最珍贵的稀缺性资源。近年来，在我国规模大、速度快、集中性强的城市化背景下，城乡建设用地不足的现状日趋严重，相关的土地控制指标屡屡被突破，国土资源开发已显失控迹象。从全国的情况看，据上海交通大学城市科学研究院的《全国新城新区研究报告》，截止到 2011 年底，我国新城新区统计面积为 107 288.69 平方公里，已超出《全国主体功能区规划》提出到 2020 年我国“城市空间控制在 10.65 万平方公里以内”的目标。就上海市而言，截止到 2011 年，上海全市建设用地规模达到 2 961 平方公里，占全市陆域面积的 46.7%，这一数据不仅远远超过上一轮上海市总体规划(1999—2010)的控制指标，逼近了全市可用建设用地规模的极限，同时，也远远高于东京、伦敦、中国香港等同类城市 20%—30%比例。① 特别需要关注的是，在国家 18 亿亩“耕地红线”、《全国主体功能区规划》“2020 年 10.65 万平方公里以内”及《国家十二五规划纲要》“规范新城

---

① 记者李继成：《上海着手准备新一轮城市规划》，《东方早报》2013 年 10 月 21 日 A5 版。说明，原报道数据为 43.6%，有误，据计算当为 46.7%。

新区建设”等宏观政策的调控下，“发展缺空间”“用地缺指标”正成为各城市普遍面临的发展难题。上海新一轮城市总体规划编制已经启动，严格控制用地规模将成为重点，有关专家甚至提出力争建设用地“零增长”的目标。上海要巩固其在全国城市中的重要地位，满足其推进城镇化建设，促进城市经济、社会、文化、生态持续、健康、全面、快速发展的迫切需求，必须有效解决土地需求与供应的矛盾。土地作为无法再生资源，具有稀缺性，上海全市土地面积 6 340.5 平方公里，占全国总面积的 0.06%，2012 年国民生产总值约占全国的 4%，常住上海人口规模达 2 380 万。[①] 十八届三中全会公报提出：“从严合理供给城市建设用地，提高城市土地利用率”[②]。在总量有限、管控趋紧的大前提下，上海必须提升土地利用效率、加快盘活存量土地，实施城市土地与空间资源二次开发战略。

一、上海土地利用的现状及主要问题

为提高土地集约利用水平，有效缓解土地供需矛盾，近年来上海在提高土地利用效率上进行了积极探索，并取得了一定的成效，还出现了如漕河泾新兴技术开发区等土地集约利用的典型代表。但是从总体看，一是上海土地存量有限，二是开发利用仍然较为粗放。

1. 耕地面积日益减少，耕地保护压力大

2010 年，全市共有耕地面积 20.10 万顷，其中水田 15.32 万顷，旱田 4.78 万顷，平均每个农村人口人均占有耕地 598 平方米，每个农村从业人员占有耕地 969 平方米。[③] 近 10 年来，上海的耕地面积持续减少（如图 16 所示），平均每年下降 3.01%。最近几年，上海的耕地面积下降幅度开始减缓，2012 年耕地面积为 19.90 万公顷，相比上年减少了 0.3%，这既反映了上海在耕地保护上的努力不断取得成效，但也反映了土地占补平衡等措施仍无法有效阻止耕地流失，上海严守耕地红线面临着巨大压力。

2. 建设用地规模大，外延扩张空间有限

从全国第二次土地调查的结果看，2009 年，上海建设用地规模（存量）已达

---

① 2012 上海市国民经济与社会发展统计公报。

② 《中共中央关于全面深化改革若干重大问题的决定》，新华社 2013 年 11 月 15 日。

③ 上海农业网三农数据。

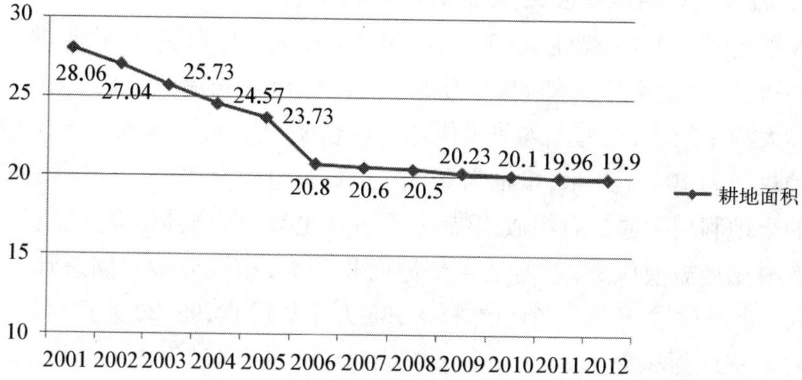

图 16　上海耕地面积变化图(单位：万公顷)

2 829.36 平方公里,[①]占上海土地面积的 44.63%。从各区县的情况看,包括静安、黄浦、长宁、徐汇、虹口等在内的中心城区的平均建设用地率已超过 90%,闵行和宝山的平均建设用地率分别达到 73.01%和 84.08%(图 17 显示的是上海各区县的平均建设用地率)。而伦敦、巴黎、东京、中国香港等世界城市的平均建设用地率则约为 25%左右,由此可知上海的平均建设用地率明显偏高。从国际经验看,城市生态极限值的上限是平均建设用地率为 50%,而当前上海的城市建设用地已占据了大量的可用土地,在保护耕地、生态绿地的前提下,未来继续外延扩张的空间已相当有限。

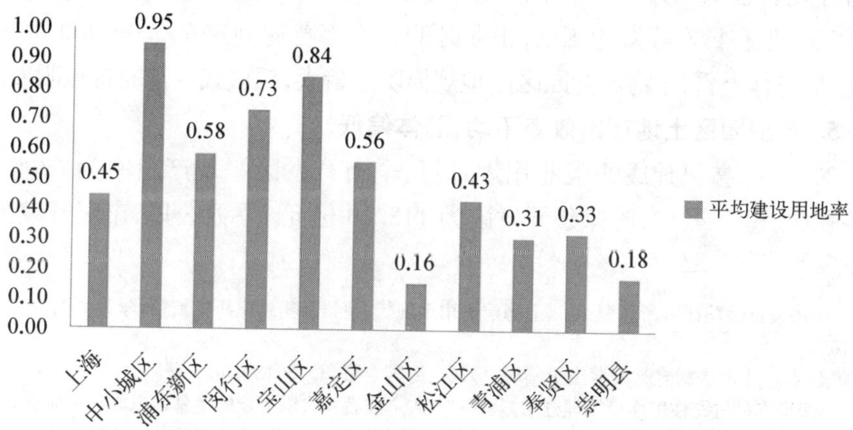

图 17　上海各区县平均建设用地率

① 刘慧:《上海建设用地现状分析与产业用地对策探讨》,《上海国土资源》,2012 年第 1 期。

3. 城乡人均用地规模大,粗放式利用较明显

2012年底,上海常住人口为2 380.43万人,人均建设用地规模达到118.86平方米,远高于国外80平方米左右的城市人均建设用地规模。①即使与国际大都市相比,上海人均建设用地规模也明显偏高。据统计,纽约人均建设用地规模为105平方米,东京为84平方米,香港只有37平方米。②这反映出上海的土地利用明显具有粗放式特点,在非中心城区,这种特点更加明显。

农村用地规模偏高,主要是宅基地面积偏大,布局分散。据统计,上海共有1 703个行政村,近4万个自然村落,35万个居民点,95.20万户村民。2009年农村宅基地面积为4.38万公顷,占到住宅用地的45%;人均占地135平方米,③远高于政府规定的45平方米的上限。④ 此外,农村住宅存在大量的闲置现象,土地资源浪费和低效使用问题严重。

由此可知,以上两方面都应列入二次开发的重点对象和范围。

4. 产业园区占地规模大,开发密度较低

截止2012年底,上海市104个产业区块规划面积为789.3平方公里,其中可建设用地面积约为723.3平方公里。虽然开发区曾一度瘦身,但在"寸土寸金"的上海,其占地面积仍明显偏大。目前,以产业园区为主的工业用地已达到全市建设用地的29%,远高于国外15%—17%的水平。⑤ 尤其需要注意的是,上海产业园区存在容积率不高、开发密度低等问题。2011年,上海全市公告开发区容积率为0.64,其中,国家级开发区的容积率为1.03,市级开发区为0.55。但在日本等发达国家,工业区的容积率普遍规定在2.0—4.0左右。⑥因此,从总体上看,上海产业园区占地规模明显偏大,粗放式经营的特点明显。

5. 产业园区土地产出效率不均,总体偏低

2012年,按已建成的工业用地计算,全市开发区平均产出率为67.91亿元/平方公里。其中,国家级开发区为142.16亿元/平方公里,市级开发区为

---

①② 上海发展战略研究所课题组:《上海建设用地现状、情景及集约化研究》,《科学发展》,2012年第10期。

③ 戴燕燕:《上海农村宅基地退出机制研究》,《上海国土资源》,2012年第1期。

④ 《上海市农村村民住房建设管理办法》规定:"4人户或者4人以下户的宅基地总面积控制在150平方米至180平方米以内,6人户的宅基地总面积控制在160平方米至200平方米以内。"最4人户为例,最高为45平方米。而《上海市浦东新区农村村民住房建设管理实施细则》则明确表示"农村村民申请建房以户为单位,每户中按每人不超过45平方米建筑总面积控制。"

⑤ 陈基伟:《工业用地如何"二次开发"》,《东方早报》,2013年3月12日。

⑥ 胡欣欣:《上海先发地区强化土地二次开发》,《21世纪经济报道》,2013年6月5日。

59.65亿元/平方公里,而城镇工业地块仅为32.92亿元/平方公里,不同层次开发区的土地产出效率差距明显。从各区县的情况看,浦东新区产业园区的土地产出效率达到108.91亿元/平方公里,而普陀区仅为28亿元/平方公里,各区县之间存在较大差距(见图18)。①

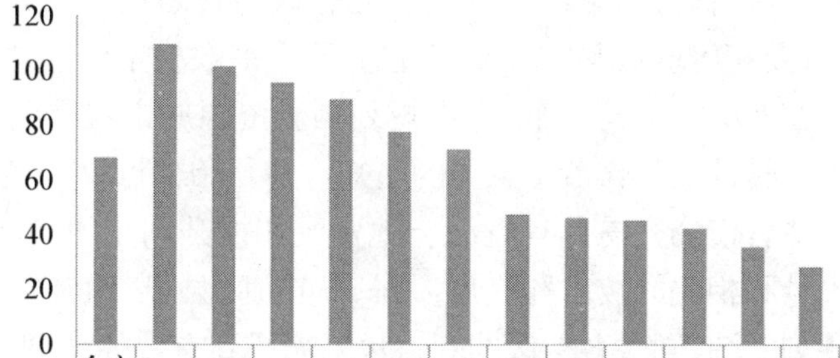

	全市开发区	浦东	徐汇	嘉定	松江	闵行	闸北	奉贤	青浦	崇明	金山	宝山	普陀
■单位土地产出率	68	109	101	95	89	77	71	47	46	45	42	35	28

图18 各区县产业园业单位土地产出率(单位:亿元/平方公里)

从全市产业园区的土地利用情况看,尽管近年来大部分开发区的地耗下降,土地集约水平上升,但总体产出效率仍偏低。全市104个产业区块,只有20个园区的用地产出强度超过平均水平,多数产业园区,尤其是市级园区及其他产业区块的产出并不理想。2013年的最新统计表明,南翔城镇工业地块单位工业用地产出只有1.3亿元/平方公里,金泽工业区和上海富盛经济开发区分别为3.3和3.4亿元/平方公里。②

二、土地低效率利用的根源分析

上海现有土地利用效率低下是多种因素共同作用下的结果。从宏观层面看,土地利用缺乏有效的顶层设计,规划和制度安排存在一定的障碍。从中观层面看,二产比例偏高,落后低效产业未能及时转移或升级。从微观层面看,土地市场存在投机行为,巨大的土地升值空间降低了产权人再次开发的动力。具体来看:

① 《2012年本市开发区经济运行情况》,上海开发区网。
② 《2013年全市开发区单位工业用地产出情况》,上海开发区网。

1. 农村集体建设用地缺乏有效规划

目前，上海市约有 1 100 平方公里左右的集体建设用地，约占全市建设用地总量的 40%。这部分存量土地如能被高效和充分利用，将会极大地缓解上海建设所需土地不足的问题。然而，上海目前的农村集体建设用土效率并不高，主要原因是农村集体建设用地缺乏有效的规划控制。早在 2001 年，上海市计委、农委和房地资源局就发布过《关于上海农村集体土地使用权流转的试点意见》，在 2010 年，又发布了《市规划国土资源局市农委关于开展农村集体建设用地流转试点工作若干意见的通知》，并开始试点农村集体建设用地的市场交易。尽管市场交易具有盘活土地资源和提升利用效率的作用，但由于缺乏顶层设计和相关的技术和制度安排，从市、区县、至镇都缺乏整个区域集体土地的规划蓝图，同时各层级的利益也未能得到有效的协调，这直接导致了两方面的问题，一是工业用地零散，无法成片成区，产生规模经济；二是交易土地的市场价格相对较低，土地利用仍停留在粗放式建设和运营的阶段。

2. 相关法规条例及规划控制宽松

关于土地利用的法规条例，当前主要有《中华人民共和国土地管理法》、《中华人民共和国城市规划法》、《上海市实施〈中华人民共和国土地管理法〉办法》、《上海市城市规划条例》、《上海市建设项目审批中用地规模控制管理暂行办法》等，尽管初具规模，但由于这些法规条例主要是一些原则性框架，未对如何提升土地利用效率提出具体的意见措施，所以在实际操作中往往面临很多问题和变数。2012 年，上海市政府出台《上海市土地利用和土地资源保护“十二五”规划》，尽管该规划提出了土地利用的目标及任务，但仍属于框架性质，未形成全面系统的控制指标体系。在具体指标方面，早在 2004 年，上海市经信委、市发改委、市规土局、市统计局等相关部门曾联合编制《上海产业用地指南》，从建筑容积率、投资强度、单位土地面积产出率、建筑系数和行政办公及生活服务设施用地所占比例等指标对土地利用提出具体的指标控制，此后一直不断根据实际实施情况进行修改，但仍不够完善。其主要问题在于，一方面是指标相对宽松，如在最新 2012 版中，容积率基本控制在 1 左右，但国外基本上都在 2—4 左右。另一方面，这个《指南》本身属于参考性质，控制力度较弱，在执行上也较为宽松，所以并没有真正解决问题。

3. 制度性障碍和资金困难

盘活存量土地，促进二次开发并非简单顺利，究其根源多在于制度性障碍与资金困难。例如，盘活国企手中的存量用地比较难，因为他们担心招拍挂之后会失去土地，所以并不配合土地的二次开发，除非有制度监督。工业园区方面，当前园区土地收储成本过高，一些地价补贴政策存在体制障碍，不管是自己转让还是政府回收都有困难。农业土地方面，土地流转问题目前尚未有具体操作可行的制度支撑，所以农业用地的开发利用以及农民的收益是很大的问题。

资金方面，工业用地动迁成本太高，以桃浦为例，如果对工业用地进行转让升级还要额外配套很多设施，开发成本太大。另外土地转让升级会有额外税收，压力也很大。农村土地归并遇到的最大问题就是资金缺口，以上海奉贤区新叶村为例，因为新建成的小区水、电、燃气、有线电视都按照商品房收费，所以建设成本很高，资金难以平衡。政府虽然给予 2.4 亿补贴，但建成要花 3 个多亿，缺口仍然很大。

4. 产业结构中“二产”占比偏高

近年来，上海围绕“四个中心”的战略目标大力发展现代服务业，产业结构正日趋合理。据《上海市国民经济和社会发展统计公报》显示，2012 年，上海市第三产业比重首次达到 60%。但从各区县的情况看，上海主要郊区县在产业结构上仍明显呈“二、三、一”结构。如 2012 年青浦、松江、奉贤、金山、嘉定、闵行和崇明七大郊区县“三产”的平均比重为 2.57∶60.31∶37.11，其中，奉贤和崇明服务业所占比重最低。从各级开发区的情况看，由于受土地性质的影响，尤其是市级开发区、产业基地和城镇工业地块，“二产”的占比明显偏高。2012 年，市级开发区“二产”占比为 76.74%，是“三产”占比的 3.3 倍；城镇工业地块的“二产”占比为 82.77%，是“三产”的 4.8 倍（见表 6）。服务业能有效地节约土地资源，也是未来经济增长的引擎。美国、日本、英国等发达国家的经济主要靠服务业拉动，其第三产业的比重已超过 70%。尤其是美国，近十年来，第二产业的比重已接近 80%。与之相比，上海仍有较大的差距。

表 6　各级开发区二三产占比情况①（单位：%）

序　号	类　　别	二产占比	三产占比
1	开发区	56.14	43.86
2	市级以上开发区	49.77	50.23
	国家级开发区	33.22	66.78
	市级开发区	76.74	23.26

① 《2012 年本市开发区经济运行情况》，上海开发区网。

续　表

序　号	类　　别	二产占比	三产占比
3	产业基地	78.16	21.84
4	城镇工业地块	82.77	17.23

从具体的行业情况看，据《上海工业产业导向及布局指南(2007 版)》，上海仍有为数不少的企业属于限制类和禁止类产业。如在闵行，据《2013 年闵行区统计年鉴》，其规模工业企业按数量排列，有 137 家企业属于塑料制品业，94 家属于非金属矿物制品业，还有 34 家橡胶制品业，18 家有色金属冶炼及压延加工业，这些企业用地量大、产出低、环境污染严重，均属需要被逐渐淘汰的落后产业。同时，类似的情况在其他各区也都程度不同地存在。

5. 工业用地利用投机

从 2010 年开始，随着取消工业用地"项目建议书"收件的呼声不断高涨，工业用地竞买门槛相对降低，全市工业用地竞价渐趋活跃。工业用地市场出现量价齐升的局面。据 2011 年高力国际发布的上半年《全球工业物业市场调查报告》显示，上海优质工业地价在短短半年内骤升 30.43%，达到 2 999.8 元/平方米，其升幅位列全球首位。① 目前，上海优质工业地价排名世界第六。工业用地巨大的升值趋势和潜力，也导致了工业用地竞拍中出现投机性的恶性竞争现象。这种恶意竞价的投机行为主要包括两方面，一是竞买主体实际上并不具备项目建设的相关资质条件；二是竞买主体没有通过项目实体开发获得长期收益的投资意愿，而只是希望通过转让市场或其他渠道(出让人或其他意向竞买人)以获得短期的不当收益。② 尽管《中华人民共和国土地管理法》、《中华人民共和国房地产管理法》和《闲置土地处置办法》等明确规定土地闲置期为两年，逾期经批准可无偿收回土地使用权，但问题在于，一方面，这个为期两年的"时间差"足以为竞价者提供巨大的土地升值利益，另一方面，由于土地回收涉及政府、地产商等多个利益方，所以实施起来并不容易，常常搁置。

6. 开发区土地招商后继乏力

随着上海市开发区数量的增多，尤其是江浙地区开发区的崛起和挑战，上海各大开发区的招商引资面临巨大压力。据上海开发区网统计资料显示，在

---

① 《沪优质工业地价全球仍排第六》，《上海商报》，2011 年 11 月 15 日。

② 庄幼排，费思敏等：《上海土地出让市场现状分析与对策研究》，《上海国土资源》，2012 年第 4 期。

2013 年 1—7 月的 7 个月里，全市开发区合同利用外资情况并不乐观，同比下降了 8.8%。当前，上海利用外资主要集中于陆家嘴金融贸易区、张江高科技园区和上海综合保税区等少数几个大型产业园区。在统计的 104 个园区中，合同利用外资超过 1 亿美元的园区为 12 个，有近一半的园区利用外资在 100 万美元以下(见图 19)。从具体外资项目情况看，1—7 月全市开发区新增项目 859 个，新增 50 个项目以上的园区为 5 个，10—50 个项目的园区为 15 个，1—9 个项目的园区为 37 个，零项目的园区达到 47 个，其比例占到了 45%(见图 20)。从开发区总投资的情况看，约三分之一的园区投资额在 1—10 亿之间，三分之一园区投资在 1 000 万以下(见图 21)。即使是国家级开发区，与周边省市相比，上海也并未显示出明显优势。在 2010 年 47 个东部国家级开发区利用外资排名中，天津经济技术开发区以 36.6 亿美元位居第一，上海外资最多的金桥出口加工区仅为 3.18 亿美元，位居第 18 位，漕河泾新兴经济技术

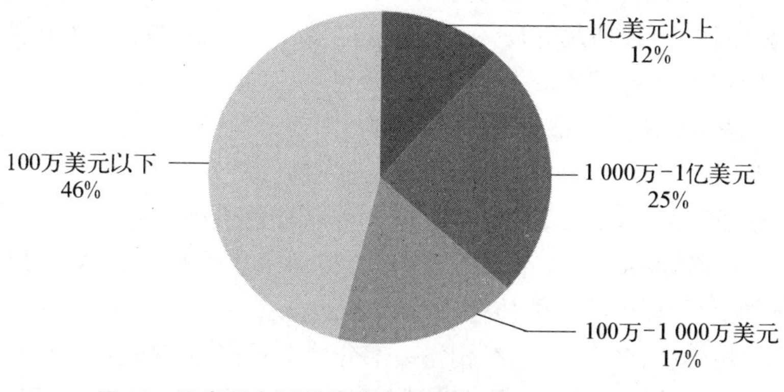

图 19　开发区合同利用外资金额情况(2013 年 1—7 月)

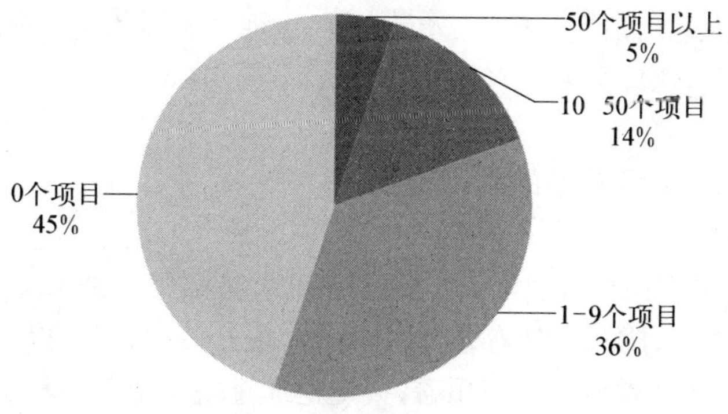

图 20　开发区合同利用外资项目情况(2013 年 1—7 月)

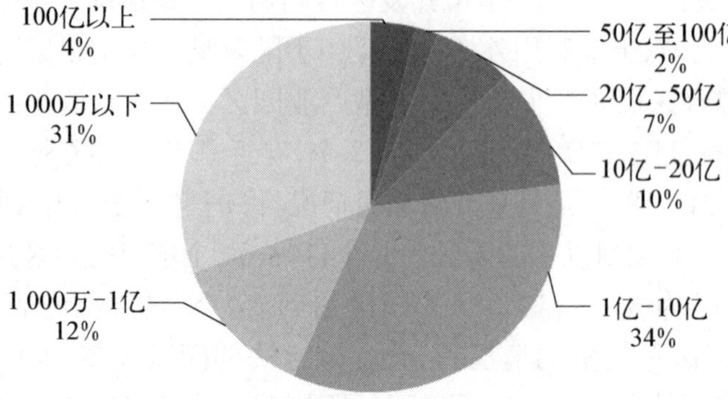

图 21　开发区投资金额情况(2013 年 1—7 月)

开发区仅位居第 29 位。导致上海招商引资出现下降和后继乏力,最直接的原因是上海可提供的建设土地不断减少,这同时也导致了土地使用成本的不断上升和开发商之间的竞争加剧,并表现为招商质量下降,单位土地投资强度不高,土地不能被有效使用等后果。尤其是在郊区乡镇开发区,这类现象和情况可以说更加普遍和严重。

7. 一些历史原因和遗留问题的影响

在相当长的时期内,一方面,为了促进区县经济发展,相关部门对土地和企业的审批管理比较宽松,区县有大量土地以较低价格卖给私人,投资办厂,另一方面,随着经济体制改革的不断深入,特别是在国有企业转制过程中,原来无偿划拨的国有土地低价转移到个人名下。从当下的情况看,这些私营企业数量多、规模小、产出少,还有相当一部分处于亏损、停产状态。但这些企业本身却占用了大量的土地,这是上海市城乡、工业建设用地日趋匮乏的原因之一。尽管这些土地具有很大的二次开发价值,但对这些土地的回收利用,重新规划,由于涉及政府前期的拆迁、人员安置、土地补偿等各类历史遗留问题,所以真正实施起来难度很大。

三、提升土地利用效率的对策建议

2013 年 12 月中央城镇化工作会议提出"要按照严守底线、调整结构、深化改革的思路,严控增量,盘活存量,优化结构,提升效率,切实提高城镇建设用地集约化程度。"从农村土地利用看,关键是通过宅基地归并和工业企业园区集中实现土地布局调整,通过规范市场流转实现土地充分有效利用。从产业园区看,关键是通过产业升级转型提升单位土地产出,通过灵活转变土地性质、改革市场交易形式、畅通市场交易渠道等方式调动土地高效利用的积极性,此外还可以通过提高招商引资水平、实现园区立体式发展和积极发展"飞地经济"等措施全面提升工业用地的开发效率。

1. 农村土地利用

(1) 积极推进农村宅基地归并

当前,农村宅基地占地面积过多,且堂前屋后等土地浪费严重,通过积极推进农村宅基地归并,可有效地节约土地资源。以庄行镇新叶村为例,通过宅基地归并后建设一个集镇式农民新家园,省下宅基地 202 亩。加上土地综合整治垦复非耕地 605 亩,节约工业及公共设施用地 59 亩,一举新增耕地 866 亩。因此,应积极借鉴新叶村的成功经验,由政府负责统一建造农村新社区,由当地农民选房并负责监督房屋的质量。在宅基地归并中,要让农民有知情权、选择权和参与权,充分发挥农民的积极性和主动性。新建住宅虽是小区性质,但本质上仍是集体用地,因此在水、电、燃气、有线电视等基础设施建设上要有政策倾向性,按照农民自建房的标准进行收费。在城市化进程中,由于实际务农的农民数量大幅度和逐年减少,很多农民尤其是年轻农民"徒有其名",因此需逐步减少自然村的数量,以高层楼房替代农村别墅,使农民住宅由分散向镇中心集聚。同时,允许新小区建造门面房用于经营,以及一部分空置房用于出租,以增加农民集体收入。对于集约出来的土地,由村委会成立股份制的农业资源经营合作社,将农民的承包地经营权统一入股,实现土地统一流转、经营按股分红。

(2) 引导乡镇企业向工业园区集中

调研显示,每个乡镇都有工业园区或零零散散的工业集聚地,其中存在着乡镇企业数量多,规模小,建筑容积率不高,产能较为落后等问题。同时,各乡镇集体建设用地的利用,基本上都是单打独斗,各自为政,区与区之间、镇与镇之间、甚至村与村之间,也往往因土地利益的冲突而缺乏必要的合作。这是乡镇工业园区规模小、布局乱、土地利用效率不高的直接原因。因此,必须通过顶层设计和制度建设突破已有的行政界线,具体有两方面:一是由市政府和区政府统一做出区域工业园区规划,促进乡镇企业向工业园区集中,逐步消灭规模小、分散化的工业园区或工业集聚点,对于涉及不同区或不同镇、村的集体建设土地,建议通过股权合作的方式开发工业园区;二是由市政府和区政府在研制新型城镇化战略时做好整体战略规划和部署,因地制宜地确定各乡镇的发展定位，特别是要改变每个乡镇都必须发展工业的固有观念。

(3) 规范集体建设用地的市场流转

中央十八届三中全会提出，“允许农村集体经营性建设用地出让、租赁、入股，实行与国有土地同等入市、同权同价。”对此，早在 2010 年 8 月，上海市规土局就颁布《农村集体建设用地流转试点操作规范（试行）》，进一步明确了农村集体建设用地流转的若干重要问题，对促进农村土地开发具有重要意义。但其中一些具体规范，如允许农村集体建设用地用于开发高污染、高能耗、高危化、低产出的项目；[①]如允许“农村集体建设用地在出让前，只要通过修详方案明确规划参数即可，出让活动结束后，再由受让人根据建设实际需要，征询相关部门意见”等，表现出当前对农村集体建设用地的使用规范过于宽松，这为各种以牺牲环境、牺牲土地利用效率的短期行为和做法保留了“缺口”，不仅会陷入“先污染，再治理”的发展陷阱，也为以后有条件时的土地集约利用设置了过高的门槛和后遗症。因此，农村集体建设用地要提升使用效率，提高土地投资强度，增加单位土地产出，必须规范当前的农村集体土地的市场流转行为，不能为乡镇的眼前利益而放松约束甚至纵容，要在上海市整体产业发展的框架内，做好项目的审批工作，并避免各级乡镇集体私自进行土地流转。

(4) 试点推进农村土地置换

上海作为全国的经济中心，存在着大量的建设用地缺口，而我国东北部、中西部的广大农村却存在着大量的农业用地，但由于当地农民工进城务工，大量的农业用地被闲置。针对这种情况，可以考虑在全国范围内实施农村土地置换。一是上海主动与一些农业大省开展合作，开展农村土地置换工作，其应遵循的基本原则是，每利用一平方米农业用地，同时在其他合作省市开发一平方的农业用地，且要保证每年有一定的农业投入。二是通过股权合作的形式在其他省市与上海合作开发工业用地，即如果在上海需要使用农业用地用于工业开发，其他省市可以出让一定数量的农业用地，并折算成一定股权分享工业用地开发的收益。从“全国一盘棋”的视野推进农村土地置换，对上海来讲，既实现了工业开发，又保住了农业用地；对合作省市来讲，既开发了农业用地，又能获得股权收益，实现了双赢。

---

① 《农村集体建设用地流转试点操作规范（试行）》中明确指出：“对于不符合‘两规’以及高污染、高能耗、高危化、低产出的项目，有偿使用标准应适当上浮，上浮比例由各区县人民政府具体确定。”事实上对这些项目采取了默认态度。

(5) 稳步推进宅基地等土地流转

十八届三中全会明确提出“要加快构建新型农业经营体系,赋予农民更多财产权利,推进城乡要素平等交换和公共资源均衡配置,完善城镇化健康发展体制机制。”让农民拥有更多的财产权,就要尝试让宅基地、农民的自留地、农民的承包地能够在市场上流转,为农民创造收益。安徽、广东等地已经先行先试,如安徽在坚持自愿、有偿原则下,正探索建立符合农民合理需求的宅基地退出补偿激励机制,建立农民通过流转方式使用其他农村集体经济组织宅基地的制度。上海也应该在政策框架下赋予农民更多财产权,积极尝试、稳步推进宅基地等土地的流转,提升这些土地的利用效率。但是要注意赋予农民更多财产权不是农民土地私有化,如果直接允许宅基地等土地直接在市场上流转,既违背《土地管理法》,而且由于政府和集体土地权利的丧失也会给今后农村土地的集约利用带来巨大障碍。因此,建议宅基地等土地只能进行整体流转,农民根据土地面积获取收益。鼓励以农民打报告、以农民发动农民的方式推进宅基地等土地的集体流转,通过出让、租赁、作价出资等形式,用于工业、商业、公司总部以及住宅小区的建设。但土地具体的使用方式,需要经过政府审批,以保证土地利用符合规划以及土地的集约使用。

案例 1　安徽积极探索土地流转制度

2013 年 11 月安徽省政府出台了《关于深化农村综合改革示范试点工作的指导意见》,要求在涡阳县等全省 20 个县(区)开展农村综合改革示范试点。试点将重点围绕市场主体培育、土地市场建设等六个方面开展。《意见》指出要:探索土地流转新机制,探索推进征地制度改革,制定集体建设用地使用权收益分配使用管理办法,依法征收农民集体所有土地,提高农民在土地增值收益中的分配比例,确保被征地农民生活水平有提高、长远生计有保障。允许集体建设用地通过出让、租赁、作价出资、转让、出租等方式依法进行流转,用于工业、商业、旅游和农民住宅小区建设等。建立健全土地承包经营权流转激励机制,引导土地向新型农业经营主体流转,对土地流转面积大、期限较长的项目各地可结合实际给予奖励,优先安排农业综合开发、农田基本建设、土地整治等项目。建立土地流转准入、风险评估和监督保障制度。鼓励农民以林权为资本与龙头企业合作经营。

此外,《意见》还提出要建立宅基地退出补偿激励机制。坚持自愿、有偿原则，探索建立符合农民合理需求的宅基地退出补偿激励机制。建立农民通过流转方式使用其他农村集体经济组织宅基地的制度。实施土地整治、城乡建设用地增减挂钩腾出的建设用地指标，可按有关规定有偿调剂使用；探索建立农村集体建设用地指标储备制度，盘活农村集体建设用地。

(6) 鼓励多种资本进入农村土地市场

农村土地再次开发的重要障碍之一是资金不足。由于招商引资和土地的招拍挂等都存在一定的时滞，以宅基地归并和乡镇企业集中为主的农村集体建设用地集约利用在前期的土地归并理整、社区园区建设等项目上存在巨大的资金障碍。要积极鼓励包括民间资本在内的多种资本参与农村土地的再开发，以土地收益偿还相关债务，或根据投资份额获取投资利润分红。《国务院关于鼓励和引导民间投资健康发展的若干意见》也指出，"积极引导民间资本通过招标投标形式参与土地整理、复垦等工程建设。"民间资本的进入将极大提高农村土地利用的效率和效果。

2. 产业园区土地利用

(1) 充分发挥《指南》的效用

《上海工业产业导向和布局指南(2007 版)》、《上海产业能效指南(2011 版)》和《上海产业用地指南(2012 版)》(以下通称为《指南》)对于提升土地利用效率、促进产业转型升级具有重要意义。要加大《指南》的宣传和执行力度，充分发挥《指南》的引领和指导作用，将其作为各级政府吸引投资、引进项目、淘汰劣势产业、制订产业政策和土地政策的重要依据和标准。要严格按照《指南》的要求操作，及时淘汰不符合指导目录的产业，为优势产业发展提供土地空间。尤其要充分发挥《上海产业用地指南(2012 版)》的具体指导作用，该指南从产业项目的容积率、固定资产投资强度、土地产出率、土地税收产出率、建筑系数、行政办公及生活设施用地所占比重、绿地率等七个指标，对产业用地进行了详细的数值控制，应将其作为对土地利用审批的重要参考依据。如按照该《指南》要求，有效提升工业园区的容积率水平等。此外，根据社会经济的发展要求，应及时对《指南》进行修订，对一些落后指标及时调整，如目前应将容积率的平均水平提升到 2 等。

(2) 加大产业升级转型的力度

上海必须依托"四个中心"的目标，大力发展现代服务业和新型制造业，加

大产业升级转型的力度,扩大单位土地产出,降低土地消耗,提高土地利用效率。主要可从以下几方面着手:

第一,对上海石油、化工、冶金、电力、建材、电气、电子、汽车、金属加工、轻纺、造纸等高能耗、高占地行业进行详细调研摸底,了解行业的投入产出情况、土地利用情况和当前技术水平,并与国外的行业进行比较,确定产业转型升级的目录和时间表。

第二,对于低效行业,特别是参照上海建设国际化大都市的战略目标,对于世界发达城市不再发展的,通过政企协商、行政处罚、土地回收等方式加快产业转移,及时淘汰落后产业,腾出土地空间。对于需要发展且具有良好前景的,要帮助行业寻找差距,加强技术革新,加快人才培养,将高投入、高消耗、高污染、低产出、低质量、低效益转为低投入、低消耗、低污染、高产出、高质量、高效益,将粗放型经营转为集约型经营。

第三,"退二进三",积极促进现代服务业的发展。要借助上海自贸区的开发和迪斯尼公园的建设,大力发展金融、物流、商贸、旅游等现代服务业,提升产业效率,发挥产业辐射效应,促进第三产业在上海各郊区的整体发展。

案例 2　嘉兴实施"两退两进"促进经济转型升级

2012 年嘉兴市正式出台了《关于实施"两退两进"促进经济转型升级若干意见》(以下简称意见),明确提出"两退两进"五年目标。"两退两进"即"退低进高、退二进三",是指将制造业中资源占用多、能源消耗高、环境污染重、已不适合在当地继续发展的相对低端低效的产业、企业或某些生产环节,从原所占有的空间中腾退出来,继而引进相对高端高效的先进制造业和现代服务业、优质企业或某些先进生产环节的行为与过程。

意见提出五条路径解决"地荒"问题,即一是关停淘汰,嘉兴市将冶炼、造纸、印染、水泥、制革、化工、化纤、电镀等行业列为重点监管行业,对非法开办的无证无照企业,将依法分批关停取缔。对有证的高能耗、高污染和产能落后企业,根据每年制定的落后产能淘汰指导目录,确定对象,分期分批予以整治和淘汰。二是转移资产,发挥行业协会和龙头企业的牵头作用,通过开展区域经济合作、建设"异地园区"等途径,有序引导相对低端低效但市场发展空间较大的产业实施梯度转移,腾出空间发展高端高效的先进制造业和现代服务业。

三是倒逼提升，将加大清理处置闲置工业用地力度，提高土地集约节约利用水平。被列为倒逼提升的企业，凡在规定期限内经整改未达标者，可转为淘汰或转移对象。四是兼并重组，充分发挥优势企业在技术、管理、资本、市场及品牌等方面的优势，通过资源要素的整合、置换、嫁接和重组改造等，盘活低效存量资产，带动区域产业升级。五是鼓励“进三”，大力发展具有特色的高端服务业，重点是总部经济、高端商务、会展经济、现代物流、电子商务等生产性服务业及城市综合体、新型市场、特色街区等服务业新型业态。

意见明确了两大实现机制，即倒逼机制和鼓励机制。倒逼机制涉及闲置土地处置、推行差别电价水价、污染物排放总量控制、新增投资项目评审准入制度等七个方面。而鼓励机制涉及税收支持、财政奖励、金融支持、用地指标支持等措施。

嘉兴市“两退两进”模式的特点在于：

一是盘活了前些年城镇化大跃进中被圈占、但开发和使用效率很低的农业用地，这个有利于保护基本农田，守住18亿亩基本农田的红线，减少失地农民等问题。

二是针对过去粗放型经济发展中的工业用地，通过“退低进高”、“退二进三”，落实转变经济增长方式。

三是为彻底解决未批先建、少批多占、越权审批、以租代征、借壳招商等问题提供了新思路。因为可以通过正当渠道获得土地，就不需要“站在政策的刀口上”找资源。

(3) 灵活转变土地的性质

根据2012年开始实施的《城市用地分类与规划建设用地标准》，城市建设用地分为工业用地、商业服务业设施用地、物流仓储用地、居住用地、公共管理与公共服务用地、交通设施用地、公用设施用地和绿地八大类型。由于工业用地多属于划拨性质，且价格相对便宜，因此，政府应严格控制工业用地转变为商服用地。同时，由于服务业用地一方面具有高容积率特点，另一方面，土地紧缺是上海服务业发展面临的困境，因此应逐渐放松对土地性质改变的控制，允许工业园区发展商贸服务。国内一些城市曾将工业用地转变为“综合性用地”，但这并不符合国家的相关规定。自1998年开始，“综合性用地”的概念已被取消，国土资源部《土地利用现状分类》和住建部《城市用地分类与规划建设用地标准》也都不再提“综合性用地”，对此建议将工业用地变更成“%工业用地+%商服用地”。在具体操作上，对国有划拨土地，政府可直接收回，然后通过“招拍挂”的方式变更土地使用性质。已通过公开市场交易获得的土地，对其需要变更为“商服用地”的土地，经过城市规划部门审批同意后，重新进行市场评估，补足出让金，重新签订土地合同。促进土地由单一用地向混合用地转变，可增强土地利用的灵活性和可利用性，对此还需要研究细则和管理办法。

我国土地利用不够灵活的根本原因是土地利用性质的事先确定。随着社会经济的发展，原来规划的土地用途可能会成为新的发展障碍。因此建议每五年，重新制订土地利用规划，及时调整土地的利用性质。对于急需改变土地性质的，应开辟专门通道，完善审批程序。

案例3　张江的集约土地政策

为加大张江园区原有产业转型力度，发挥浦东“先行先试”的优势，上海市规土局出台了《关于在张江国家自主创新示范区试点进一步开展产业用地节约集约利用的若干意见》，简称“张江政策”。其政策要点为：

工业用地到工业用地。满足本企业需要后节余工业用地，可以分割转让给园区开发主体(特指全资国有开发主体)或经认定的高新技术产业化和重大产业项目。

工业用地到科研用地。用地性质可调整为科研用地(产业园区类)，研发总部、文化创意、生产性服务业、银行后台等从事经营和流通业，以营销为主，占地不多，与传统的生产加工、制造业业态明显不同，不属于传统的办公用地，不能采取划拨方式供地，可以界定为研发用地。参照工业用地提高容积率不再增收土地价款。调整后的土地、建筑物，企业只能自用，不得转让。对于增加部分的建筑使用，由园区开发主体与原土地使用权人签订合作协议，用以促进园区产业转型发展。

工业用地到商业、办公、居住等经营性用地。如将工业用地性质调整为科研用地(办公类)或商业办公的，需经市场评估，补缴土地价款后按现规划用途开发建设。对于增加部分的建筑使用，由园区开发主体与原土地使用权人签订合作协议，明确收益分成比例。

此外，对园区管委会予以规划支持，滚动开展规划评估和编制修订工作，可通过简易程序调整容积率，提高土地开发强度。

“张江政策”实质是在国有工业用地上鼓励企业积极改造升级，运用灵活的差异化土地出让政策显化国家或地方产业政策导向，是国土资源管理主动谋划支撑服务经济社会转型的重要举措，也是资源紧缺倒逼出的创新政策，体现了政府“让利、放权”的理念。

(4) 尝试改革简单化的“招拍挂”市场交易形式

上海自2007年开始实施《国务院关于加强土地调控有关问题的通知》，对工业用地出让采用招标、拍卖、挂牌的方式，改变了长期以来协议出让的政策，对防止腐败、促进公平竞争、提升土地效率产出发挥了积极作用。但是，简单化的土地出让及“价高者得”的方式，一方面推高了地价，为报价者创造了投机的空间，另一方面占用了开发商的大量资金，可能出现开工资金不足、工期拖延等问题，无法保证开工后项目的运行质量，最终影响到土地利用效率。因此，建议改革“一刀切”的单一报价模式，实行“项目＋报价”的双重模式。首先，由园区管理委员会或相关管理部门对投标企业的资质进行审查，确保企业实力雄厚、信誉良好，避免投机导致土地囤积，或经营不善导致土地闲置。其次，建立由规土局、经信委、发改委、园区管委会等部门及专家学者组成评估专家组，根据《上海工业产业导向和布局指南》和《上海产业用地指南》，对投标人的工业用地的项目进行评审，确保项目符合上海产业发展方向，以及土地利用的投资强度、容积率、建筑系数、绿地等指标符合要求。最后，对符合要求的企业实施“招拍挂”的报价程序，仍以价格决定土地的使用者。但由于综合了“项目＋报价”两方面的情况，因此能够保证最终土地获得更有效的利用。

(5) 通过合作合资实现土地再利用

上海经营不善的中小企业为数不少，但却占据着大量的零散土地。据调研显示，在张江园区三万多家企业中，只有2 000多家效益较好，其余90%以上都在经营不善之列。对这些企业实施新一轮的“腾笼换鸟”改造，将有效缓解上海市的土地紧张的局面。政府对此要做全面的调研和摸排工作，并制定出详细的目录和日程表，对效益差、污染重的企业，可实施强制关闭，收回土地；对即将到期的土地，准备做好回收工作，或通过谈判，给予一定补偿后提早回收；允许工业企业对楼宇或土地进行分割转让；对不愿转让的土地，应通过各种方式畅通市场交易渠道，充分发挥土地所有者的投资积极性，鼓励土地所有者通过土地合作或合资形式重新开发利用，具体包括：与政府或产业园区合作，新建标准厂房，通过租赁的形式，分享租金收益，重新盘活土地；也可与其他企业合作合资，通过土地获得相应比例的股权，分享年度分红。在进行土地再利用时，要积极拓展多种融资渠道，鼓励民间投资，以借贷、合资等方式解决开发资金不足的难题。

案例 4　深圳市工业楼宇允许转让

随着深圳经济的发展及产业的升级转型，已有的许多工业楼宇有整体转让或分割转让的需求。为推进工业楼宇的有效利用，深圳市于 2013 年 1 月发布了《深圳市工业楼宇转让管理办法(试行)》(以下简称《办法》)。《办法》对原有政策做出调整，允许工业用地上兴建的工业楼宇整体转让和一定条件下分割转让，有助于解决中小企业的多层次用地需求。

《办法》提出因企业不符合现行产业管理政策、环保要求等，被有关主管部门依法责令停产的必须分割转让；自用建筑面积比例不低于总建筑面积 50％的，非自用部分可以分割转让。原深圳市 213 号文要求工业楼宇的转让必须在市土地房产交易中心公开进行。鉴于这一规定有侵害房地产权利人物权、妨碍自由交易之嫌，也不利于工业楼宇的快速流转与合理配置。新的《办法》第十一条规定，工业楼宇转让既可在市土地房产交易中心公开交易，也可自行交易。转让时企业需要补缴地价，政府具有优先购买权。

(6) 不断提升招商引资的水平

当前，上海开发区的招商引资，尤其是郊区开发区招商引资没有实现与江苏、浙江等周边省市的错位竞争。在地价上涨、劳动力成本上升的背景下，招商引资压力与日俱增。这导致有些开发区随意降低环保标准、不考虑企业信誉实力，盲目招标，甚至还有个别开发区利用企业登记和税务政策的“信息不对称”，随意承诺各种政策或使用“超低价格”先把客户吸引进来，然后再巧立名目“痛宰”客户，后果和影响很坏。在土地资源有限而竞争加剧的背景下，上海必须提升招商引资的质量，通过引进优质产业、优质企业、高新技术，形成创新驱动能力，促进产业结构调整。这可以从两方面入手，一是严格管理和规范招商引资行为，二是要充分利用上海城市的整体优势，创新招商引资方式，充分利用各种社会资源，强化与行业协会、商会、专业机构、国际组织、领军人才等的密切合作,灵活运用专业招商、以商招商、中介招商、网络招商、委托招商、组团招商等多种招商手段,加大营销宣传,做好服务工作。

(7) 实现产业园区的立体化扩张

当前,绝大部分产业园区仍属于平面化建设,土地利用率低,对此总体战略是大力发掘地上空间和地下空间,向空间要效益,形成立体化的产业园区开发体系。具体包括:大力推进标准化厂房建设,促进企业改建厂房,努力提升建筑的高度,平房建楼房,向“空中要地”,通过大型货运电梯实现货物的上下传送;挖掘地下空间,向“底下要地”,既可以用做厂房、仓库、车库,也可以用做公建用地或商服用地。在上海土地资源极度紧张的情况下,产业园区建筑至少应该达到地上三层、地下一层的标准,以充分集约利用土地。此外,还要充分利用园区厂区边角地块,鼓励为外来人员建设员工宿舍或食堂,减少专门划地建设人才公寓对土地的浪费。

(8) 积极促进“飞地经济”的发展

近年来,发展“飞地”已成为解决土地问题的新模式,上海在这方面也进行了积极探索。为实现由“工业杨浦”和“知识杨浦”的功能转型需求,2009 年杨浦区和江苏大丰市政府合作,规划建设 5 平方公里的上海杨浦区大丰工业园,定向承接来自上海地区的科技创新型企业。目前,已有光明食品集团、巴士集团、上海第十七棉纺厂等企业成功“飞出”。2009 年底,漕河泾开发区和浙江海宁市政府合作建设的漕河泾海宁分区启动,2012 年底,漕河泾开发区在江苏盐城投资建设的漕河泾盐城分区“科技绿洲”开园,目前已有法国佛吉亚公司、中国远洋运输(集团)总公司和普泰(香港)集团有限公司等企业进驻。土地+产业+资金+管理的“飞地经济”,正在成为解决上海土地资源紧张的有效手段。建议充分借鉴杨浦区和漕河泾开发区的经验,充分利用上海周边省市土地资源丰富、人力成本相对低廉等优势,制定以长三角为重点、覆盖全国的“上海飞地战略规划”,鼓励区政府、开发区、企业通过股份合作、管理输出、直接投资等方式与相关地区共建园区,向内地其他城市直接买地“储备”,通过政策优惠、成本优势和优质服务,促进上海市制造业向外拓展和转移,为产业的转型升级腾出空间。

(9) 充分利用地铁车库等低效用地

目前,上海已建成地铁 12 条,基本上每条地铁线路都有车辆段,占用了不少宝贵的城市中心土地。以地铁 1 号线为例,其富锦路停车场位于蕰川路西侧、富锦路南侧,占地面积约 30 公顷,建有 27 道的大型联合车库,规模亚洲最大。但从土地使用效率的角度看，其建筑容积率不高。对此可借鉴香港、北京等地“地铁上盖开发模式”，即在地铁停车库库顶，进行民用建筑开发建设。这种“混搭”建筑，由下到上是由地基、地铁车库、汽车车库夹层、住宅楼层构成的“上盖物业”。上海可充分利用地铁车库，建设工业用房、商业服务用房、居住用房或公建用房，既可实现土地的集约利用，也能缓解地铁建设的资金问题。

(10) 积极促进“虚拟空间”的开发

在上海土地资源极其有限的背景下，要积极促进“虚拟空间”的开发。要重视城市信息化建设，充分利用“智慧城市”建设、“大数据”战略、电子商务等发展，通过信息化的虚拟空间开发，代替实体空间。将数据处理的服务器放到外地省市，或者建立海上数据中心，将电子商务的货物储藏周转站放到周边城市，只在上海建设总部，将重点的研发、设计、营销等土地投入少、产出效益高的环节留在上海。

（刘士林，博士，上海交通大学城市科学研究院院长、首席专家，教授，博士生导师，国家“十三五”规划专家委员会委员，教育部哲学社会科学发展报告首批建设项目《中国都市化进程年度报告》负责人，《中国城市科学》主编，《中国城市群发展年度报告》主编；张懿玮，上海杉达学院管理学院，上海交通大学城市科学研究院兼职研究员；张书成，上海交通大学媒体与设计学院博士研究生，城市科学研究院兼职研究员）

中原城市群文化资源保护与开发研究

内容摘要： 中原城市群作为国家重点开发的主体功能区之一，历史底蕴深厚，文化资源丰富，以文化城市群路径推动其转型发展已成为必然的选择。本文在将中原文化资源分为物质文化资源、社会文化资源及审美文化资源三类的基础上，从历史、数量、系统、功能和发展的角度指出其不同的特点。然后通过总结中原城市群文化资源保护与开发中的困局，找出其深层根源来自“得多失多”的伦理功能极强的思维模式。最后提出城市的管理者要在思想上淡化赶超情结，摈弃亲疏陋习，建立分享精神，追求共赢局面，并从城市的品质、风格与品味三个角度对三种类型的文化资源分别提出具体的利用建议。

关键词： 中原城市群　文化资源　开发困局

中原地区历来是兵家必争之地。八大古都中，中原城市群独占三个，分别是郑州、洛阳和开封，且都是国家级历史文化名城。历史记载，早在 3 600 年前，郑州就是商王朝的重要都邑，并曾有夏、商、管、郑、韩五次为都，隋、唐、五代、宋、金、元、明、清八代为州。洛阳是中国建都最早、朝代最多、历史最长的都城。隋唐时人口达到百万，四方纳贡，百国来朝，盛极一时。北宋时期的开封是当时世界上最繁华的大都市。因此，以郑州为中心、洛阳为副中心的“中原城市群”，名副其实是一个历史悠久、文化资源极其丰富的区域。在城市化进程日益加快的当代中国，以传统农业资源与农业文化见长的中原，不可避免地需要重新思考未来发展的方向。无论是《中原城市群总体发展规划纲要》提出“打造具有中原文化特色的沿黄文化长廊”，或是《中原经济区发展规划(2012—2020)》定位于“华夏历史文明传承创新区”，都表达出以文化城市群发力的路径选择。重新整理、审视、反思中原城市群的文化资源及其使用情况，已成为迫切的理论与现实需要，由此可厘清中原城市群文化城市的建设环境与深层困局，也可为其他意欲文化立市、文化强省的地方政府提供一些借鉴。

一、中原城市群文化资源概况

文化是个内涵极其丰富的概念，汉语中的“文化”，即文明教化之意，而“文化城市”的概念，最早是在 1985 年于雅典举行的欧洲联盟文化部长会议上提出的，旨在认识文化在城市发展中的重要作用。“在当代中国，文化已超越了传统的作为政治附属物的观念，而被普遍认同为培育核心竞争力、竞争优势和提升软实力的核心价值要素之一。”①文化资源也自然成为了与自然资源、政策资源、经济资源等同等重要的发展动力源。

文化资源根据其特性可以分为三类：物质文化资源、社会文化资源和审美文化资源。物质文化资源，主要包括自然景观资源、生态系统资源、土特产品资源、古建筑资源以及它们的具体情况；社会文化资源，主要包括农业文化资源、历史文化与民俗文化资源以及它们的具体情况；审美文化资源，主要是各种世代相承、有地区文化特色、与群众生活密切相关的口头文学、音乐歌舞、游戏竞技、民间艺术等。② 与以往从内容的角度划分相比，这种以属性划分的分类方式更加清晰、概括、贴近本质，对我们思考如何分析、利用各种类型的文化资源而言，更具有针对性与操作性。

由于中原城市群地域广泛，文化资源丰富，按照以上的分类方式将之一一标注，则工程浩大，本文仅选择极具代表性的几个文化资源样本展开研究（见表 7），而这种选择典型案例进行的研究结果是具有一定普适性的，对同类型的文化资源具有借鉴意义。

表 7　中原城市群文化资源类型

资源类别	主要构成要素
物质文化资源	龙门石窟、殷墟、嵩山、云台山、重渡沟、南阳伏牛山、信阳毛尖、洛阳牡丹、焦作四大怀药、开封菊花等
社会文化资源	黄河小浪底水利枢纽工程、中华姓氏、许昌三国文化、少林文化、浚县及淮阳庙会、历史名人（如人文始祖轩辕黄帝、治水英雄大禹、道圣老子、墨圣墨子、商圣范蠡、画圣吴道子、字圣许慎、医圣张仲景、科圣张衡、诗圣杜甫等）等

① 李宁：《国内区域文化发展战略比较》，《学海》，2009 年第 6 期。

② 刘士林、刘永：《上海浦江镇的文化资源与发展框架》，《南通大学学报（社会科学版）》，2009 年第 2 期。

续　表

资源类别	主要构成要素
审美文化资源	豫剧、登封少林武术、陈家沟太极拳、信阳歌舞、开封盘鼓、濮阳杂技、南阳曲艺等

作为华夏文明的重要发祥地,中华传统文化的核心区域,中原城市群的文化资源具有不同于长三角、珠三角等任何一个东部沿海城市群文化资源的特点,主要表现在:

从历史角度讲,具有根源性特点,表现为中原文化在整个中华文明体系中具有发端和母体的地位。无论是人类记载的史前文明,还是有文字记载以来的文明肇造,都充分体现了这一点。从"盘古开天""女娲造人""三皇五帝""河图洛书"等神话传说,到早期的裴李岗文化、仰韶文化等考古学发现,都发生在河南。被视为中华文明根源的夏、商、周三代,同样发端于河南。作为东方文明轴心时代标志的儒、道、墨、法等诸子思想,也正是在研究总结三代文明的基础上生成于河南。①

从数量角度讲,具有富集性,表现为中华文化之根的史前文化、华夏民族崇祖文化代表的神龙文化、华夏政治文明基石的政治文化、中华传统文化精髓的圣贤文化、中华文明核心的思想文化以及灿烂的名流文化、英雄文化、农耕文化、商业文化、科技文化、医学文化、汉字文化、诗文文化、宗教文化、民俗文化与武术文化,在此俯拾皆是。但也不可忽视一点,与中原文化的主要构成要素集中在古代历史文化相比,近现代文化资源相对匮乏,或者说开发、重视不够。

从系统角度讲,具有关联性,表现为文化系统高度完整,各文化要素之间有机关联。如作为中国佛教的首传地,号称"神州第一刹"的白马寺,不仅是中国第一个官府设立的佛教寺院,更是被尊誉为中国佛教的"祖庭"和"释源",它与龙门石窟一起将洛阳推向世界。此外,如牡丹与武皇资源、包公与戏曲资源、河洛与姓氏文化资源 、大遗址与非物质文化资源、神话与文学资源等,都密切相连,形成了中原城市群的文化链。

从功能角度讲,具有传承性,表现为中古以来,特别是唐宋两朝的首都洛阳与开封在中国传统文化中的代表性,在中原的传承脉络格外清晰。东汉时

① 《中原文化的显著特点》,河南省政府门户网站。

期，全国的政治文化中心移至洛阳，东汉后期汉灵帝在东都立鸿都门学吸引天下平民才俊，与刘秀在洛阳修建的太学成为文化上的两大景观。后来，汉末陈留(今开封)人蔡邕抄刻熹平石经，标举儒学正统的意识，到唐代孟州(今焦作)人韩愈则明确提出道统文统的观念，北宋二程在伊洛河融汇三教而开创的理学，更是决定性影响了整个中国今古以来的进程。这些文化史上的坐标性人物及其贡献，鲜明地佐证了中原文化精神薪火相传的事实。①

从发展角度讲，具有包容性，表现为中原文化具有兼容众善、合而成体的特点。中原文化通过经济、战争、宗教、人口迁徙等众多渠道，吸纳了周边多种文化中的优秀成分，实现了物质文化、制度文化和思想观念的全面融合与不断升华。考古人员发现，20万年前南北文化就交汇在中原一带。进入新石器时代，文化交流更为频繁，文化融合更为深化。新石器时代中原文化与周边地域文化具有许多共同点。如中原地区的大汶口文化就是东夷集团的海岱民族和中原民族交往、融合的结果；郑州大河村遗址中出土的一些富有山东大汶口文化特征的陶器，说明中原文化在那时就开始吸收周边文化成果，熔铸自己的文化。胡服、胡乐、胡舞、胡人食品在汉唐间传入中原，都融入中原文化之中。世界其他地区的宗教基本都具有排他性，但是作为外来宗教的佛教传入中原，却被本土的儒道文化所接纳，成为中原文化和中华文化的重要组成部分。②

丰厚的历史文化资源一方面代表着其文化地位的正宗与正统，可以享受周边地区的仰视与羡慕，但另一方面，“富不过三代”的传统也适用于此，文化资源普遍具有的非独占性特点，决定了中原城市群的文化资源不会自动转化为城市软实力，对文化资源的正确使用比大量挖掘更为重要。

二、中原城市群文化资源保护与开发现状分析

中华文明多元一体，核心在中原地区。中国之名，表示“中央之国”，显示的是地理位置的优越，而与中国并称的中土、中州、中原，其所谓“中”，就是指当今的河南省。中原城市群部分地区与中原经济区叠合，《全国主体功能区规划》将中原经济区定位为“国家重点开发区域”，对它寄予很高期望。但与我国其他主体功能区最大的不同在于，中原作为曾经的世界文明中心、中华文化核

① 高丽杨：《试论中原文化资源的基本特点》，《中共郑州市委党校学报》，2011年第5期。

② 《中原文化的显著特点》，河南省政府门户网站。

心区，已经在历史演变中形成了一整套独立、完整的文化系统。概括来说，体现在三个方面：首先，中原地区地势起伏相对平缓，以平原和黄土丘陵为主，农业文明生产生活方式根深蒂固。其次，儒家三纲六纪哲学思想自此发散，崇尚秩序等级，依靠人伦关系整合社会。最后，中原文化崇尚庄禅式的审美理想，将无限的欲望本能与有限的自然资源进行调和，实现精神的超越与解脱。这一套中原独有的文化系统，如果能扬长避短、与时俱进地加以利用，就能发挥出“以文化人、以文化城”的作用，但如果不能克服小农社会的迟钝、短视、多疑、惧怕新事物、缺乏创新精神等劣根性，必将成为严重阻碍城市发展的一块绊脚石。

作为中华民族和华夏文明的重要发源地，这里曾经集群式地出现了老子、庄子、墨子、韩非子、玄奘、二程等文化“恒星”，但是在今天，却鲜有中原文化的新思想、新体系出现。虽然河南省的各类文物点与各级文物保护单位数量庞大，但 2013 年初河南省社科院预计当年河南省文化产业增加值将占 GDP 的比重是 1.9%[①]（早在 2011 年云南省的这一数据已经达到 6%[②]），仍旧没有显示出文化资源大省的优势。事实上，自河南提出“旅游立省战略”以来，中原城市群成员都将文化资源作为最经济、最重要、最直接的资源进行保护与开发。

1. 在思想认识上，有了保护文化资源的态度

从最初的《文物保护法》到《关于大力发展文化产业的意见》及各类配套政策，中原城市群从省到市乃至县域都出台了系列关于文化发展的指导文件。如 2005 年 9 月《河南省建设文化强省规划纲要（2005—2020 年）》、2005 年 10 月《河南省旅游局关于大力支持文化产业发展的若干意见》的出台，以及国家级历史文化名城郑州、洛阳、开封三市，在历年的政府工作报告中，反复强调要加强重要文化遗产和文物的保护、开发和利用，重视对文化资源的开发利用，都显示出城市管理者在思想认识上的进步。另外，有些城市在具体行动上也有一些创新行为，如被称为“露天博物馆”的新郑市不仅成立了以市长和副市长为正副组长的文管会，而且在各个系统都进行机构精简、压缩编制的情况下，扩大文保所编制，有效保护新郑文物资源。

2. 在具体行动上，有了一些政府主导的文化推广活动

中原以物质文化丰富著称，也以非物质文化传统悠久闻名。近年来在一

① 《今年我省文化产业占 GDP 比重将达 1.9%》，《河南经济报》，2013 年 1 月 7 日。

② 《文化产业增加值占全省 GDP 比重 6%》，云南网，2011 年 3 月 24 日。

系列相关文化政策的推动下，洛阳龙门石窟和安阳殷墟成功申报世界文化遗产，“少林寺”“龙门石窟”“云台山”成为世界知名品牌。古都开封依托宋文化，打造宋都古城文化产业园区。大型实景演出《禅宗少林·音乐大典》、舞剧《风中少林》、清明上河园实景演出《大宋·东京梦华》，已成为中原的文化名片。在新郑、郑州等地举办的黄帝拜祖大典、世界客属第十八届恳亲大会、第十届亚洲艺术节，以及众多姓氏世界性的宗亲恳亲大会等活动，不仅为中原各城市搭建了一个广阔的经济、文化交流平台，让国内外华人亲临领略中原历史的源远流长，感受中原文化的博大精深，也很好地宣传了中原文化，提升了中原文化的整体实力。

中原城市群的文化资源保护工作已得到重视，但在开发过程中存在着一些问题(见表8)，这些开发过程中的困局同时也是我国其他城市在文化建设中普遍遇到的难题：

表8　中原城市群文化资源开发过程中存在的问题与后果

资源类型	存在问题	后　果	实　例
物质文化资源	急功近利	开发过程中目光短浅，存在掠夺式开发的现象，造成对文物不同程度的破坏：许多古迹、文物被改头换面，重新包装，失去原貌；在部分地方，一些古迹、文物和建筑在开发名义下遭到严重破坏，有些甚至是毁灭性的。	平顶山市境内马头山的楚长城遗址遭开发商多次开挖破坏。①
社会文化资源	唯利是图	把一切与文化沾边的东西都弄成能够立足市场的拳头产品，不顾宗教文化、地域文化和历史名人的形象价值、宣传价值、教化价值，不惜人力、财力，忙于做一些不切实际的规划，盲目上马一些很难看到市场前景的项目，将造成一些连续和整体意义上的历史文化被肢解和打断。	“少林寺”形象正不断被妖魔化：有的登封当地人冒充少林和尚四处行骗；普通民众对少林寺方丈释永信“在商业中修行”的观念褒贬不一；斥资5亿打造的“少林文化复兴工程”受到多方质疑。
审美文化资源	庸俗雷同	在缺乏现代化生产技术和手段、创意能力不足的条件下，文化产品附加值低，无法形成产业链，导致文化产业生存空间变窄，生存能力和发展能力受限，缺乏市场竞争能力。	焦作市温县太极拳的开发基本以建太极拳祖祠、祖林、杨露禅学拳处、太极拳博物馆等景点为主要方式，至今没有形成独具特色的产业链。

① 《河南境内楚长城屡遭破坏　专家吁划定文物保护红线》，中国新闻网，2011年5月25日。

刘士林(2010)曾指出,传统文化积淀过于沉重的城市在城市文化建设方面会面临马一浮先生所说的“得多失多”的情况,①中原地区是中国古代农耕文明与皇权专制最根深蒂固的地区之一,由此形成的一整套伦理功能极强的思维模式是阻碍中原城市群文化城市建设的一大因素。

一方面,传统伦理观念中“成王败寇”“斗争哲学”的封建思维方式,使得各城市间难以树立共赢精神,难以消除零和博弈情结,从而造成不必要的内耗与资源浪费。长期以来,中原城市群效率低、发展慢的发展状况,造成了他们一方面希望得到城市化的各种资源,另一方面,由于城市化给传统农业社会造成的重大冲击,使得他们在内心深处又往往厌恶自己扮演的角色,造成了在深层心理中抵制城市化,乃至精神与行为分裂的恶果。具体表现在面对外界的经济刺激,无法以平常心对待,或者是过于自尊,虽然向往城市,住进了城市,但是在城市中找不到归属感,原先与土地打交道的生活经验与现实中浓厚的商业氛围无法协调;或者无条件无原则地退让,如河南的某个“文物部门称,一些单位对古建筑不修不管,就是想让它尽快倒塌,好用地皮开发谋求利益。”②

另一方面,传统宗法制度中“亲属结构”的盛行,阻碍了中原地区各种资源的合理流动,使其在文化城市建设的道路上也难以避免“熟人社会”的各种弊端。“‘亲属结构’主要表现在血缘、地缘与学缘三方面。……通过资源、权力与信息的控制以及人才与人力的配送而渗透到社会的方方面面,使拥有良好硬件设施和发展潜力的中国城市在很多方面沦为一个放大的家族组织、宗法社会或隐形的利益小集团。”③在缺乏合理的奖惩制度或者风险高于收益的情况下,人们势必会对自身利益过分重视,难以建立公平、公正的社会关系,由此造成各种不合常理的规划、不合情理的项目频频亮相,劳民伤财。因此,中原文化发展的困局不是资源的多与少,而是资源配置的问题,是资源的有效利用与浪费破坏的问题。

三、对中原城市群文化资源开发利用的建议

芒福德曾指出:“城市从生长、扩展到崩溃瓦解这个周期常常重复着,其原

---

① 刘士林:《上海城市的生命历程与文化创造——刘士林教授在上海交通大学的讲演》,《文汇报》,2010 年 8 月 7 日。

② 《河南唯一鲁班庙深夜遭强拆系两百年历史文物》,《郑州晚报》,2011 年 8 月 23 日。

③ 刘士林:《中国城市的国际化必须打破“亲属结构”》,《学术界》,2009 年第 4 期。

因之一可能在于文化性质的本身。我们已经看到，在许多情况下，城市趋向于把社区有机的多彩的生活禁锢在僵化的、过分专门化的形式内，这个形式为了求得自身的连续性，不去适应变化和进一步发展。城市本身的结构，如同石头容器一样，它控制着有吸引力的磁石，在过去也许在很大程度上是产生阻碍适应发展和变化的原因。到头来，它使崩溃和瓦解（通过战争、大火或经济萧条枯萎）成为打开城市新生大门的唯一途径。”①可见，文化资源是城市发展极其重要的基础性要素之一，同时也是一个城市文化的存续与复兴的源泉。因此，中原城市群文化资源的有效开发利用需从精神与操作两个层面展开。

一方面，作为一个农业人口占绝对比重的区域，中原地区传统农业社会的文化范式，不可能被直接用来为中原的城市化进程服务，并且，从世界经济发展史来看，许多贫穷国家、民族、地区遇到的一个难以克服的障碍就是价值观取向、人们思维方式等精神文化的障碍。对新社会秩序的抗拒或对旧传统价值观、思维方式、行为方式的依恋都会阻碍经济社会的发展。而中原传统文化是典型的政治——伦理型文化，依靠传统宗法血缘关系建立的社会秩序，虽然在对抗工具理性与物质主义方面有着一定作用，但是在城市化进程高速发展的当下，中国人传统性格中的种种劣根性也将是严重阻碍城市发展的一大因素。面对城市化这一不可阻挡的大势，依靠地方文化资源发展旅游、拉动经济是目前阶段最经济、可行的发展方式，两者之间存在着不可避免的矛盾——对日渐稀缺的城市空间的争夺。而中原城市群在面积与人口上都远小于长三角、珠三角等具有先发优势的城市群。因此，以劳动密集型或产业扩张型为竞争手段明显是不可取的。对于这种情况，城市的管理者首先要学会淡化赶超情结，摈弃亲疏陋习；建立分享精神，追求共赢局面的科学认识。

另一方面，规范和完善文化资源的开发权限，精准利用文化资源，实现文化的传承与创新，推动城市的可持续发展，不仅是科学发展观的当然要义，而且还是当今世界和平与发展、开创人类共同美好未来主题的重要内容之一。

1. 适度开发

文化资源是一种无价的资源，一些名人的胜迹由于保护和利用得好，不仅极大地提高所在地的知名度，同时也为当地带来了可观的经济效益。即使如此，我们的首要任务还是“保护”。所谓保护，是指防止、限制和禁止对保护对

① [美]刘易斯·芒福德：《城市发展史——起源、演变和前景》，宋俊岭、倪文彦译，中国建筑工业出版社2005年版，第539页。

象的威胁、干扰和破坏,保证保护对象健康地可持续发展。因此,对于中原城市群而言,文化资源的开发首先应适度。具体应考虑以下几点:

(1) 保护物质文化资源环境

物质文化资源是一个地区或一座城市最直接、最形象的资源,中原城市群相比其他城市群,拥有数量最多的物质文化资源。长期的挖掘与开发,使得它们更需要政策与制度的保护,因此,制度环境的建构尤其重要,虽然有个别城市在文物保护制度上有了一些创新与努力,但总体而言,文化资源在开发过程中仍缺乏限制性指标。另外,生态环境保护不容忽视。中国城市化建设过程中付出的环境代价有目共睹,中原城市群作为一个年轻的中部城市群,在经济、交通等要素上比不过东部一线城市,只能"靠山吃山靠水吃水",对环境的依赖性极强,云台山、牛伏山、信阳毛尖、开封菊花,都依赖当地独特的水质、土质等自然条件而闻名,因此,在开发过程中应保持头脑清醒,不能因经济利益驱动而不顾污染环境的恶果。在必要的时候应提前制定相关法律、法规,避免先污染后治理的陋习一再上演。

(2) 规范社会文化资源属性

不可否认的是,文化资源抢夺大战一直在中原大地上演着。一个历史名人、一段历史故事,不像一座古墓、一座名山,有着非常明确的地理属性,它们往往因各种典籍的误读或讹传而"身份不清"。中原名人被其他省区冒领、抢占的事件比比皆是,如山东抢夺姜子牙和墨子,安徽抢夺老子、庄子和张良,湖北抢夺花木兰和诸葛亮,山西抢夺白居易和司马光,陕西抢夺白居易和杜康,河北抢夺赵匡胤、韩愈和蔺相如,等等。之所以没有争议的变成有争议,少数人的观点变成主流的观点,究其原因,正是源于中原当地自身缺乏对这类文化资源属性的有效规范。从理论的角度进行梳理、规范、论证,也许不会提升经济价值,但对于保护中原文化资源不被无限制、甚至错误地使用有着不可忽视的作用。

(3) 修复审美文化资源结构

应组织专家建立中原审美文化资源数据库,从人才队伍、艺术类目、事业与产业等角度对其进行修复、重建。目前,审美文化资源存在寡头竞争的局势,除了少林武术与太极拳被众人追捧之外,大部分当地民间艺术后继乏人,河南省境内的"中国民间文化之乡"数量颇丰,亟需政府及媒体的大力宣传,以吸引更多人加入继承与发扬之列。另外,正如历史上的中原,一度是发达文明的代名词一样,中原的艺术也曾为世界瞩目。但如今的中原,缺少能震撼全国的艺术门类，缺少能引领某一流派的大师名家已是不争的事实。因此需要挖掘出能站上“金字塔”顶端、真正叫得响的审美文化资源。

2. 精准利用

事实证明，城市群在任何一方面的集聚效应都是单体城市所不能比拟的，中原城市群作为一个整体在产业、经济、交通等方面的联合行动，最终需要依靠一种共同的文化向心力来凝聚、放大，因此，要精准利用中原城市群的文化资源，必须建构规划、策划的系统思维，提炼出产业联动的整合方案，以产业化的方式，消除文化产业和文化事业之间在体制、机制上的障碍，繁荣和发展文化市场，满足社会的精神文化需求，实现中原文化资源价值的最大化。具体对策包括：

(1)“广销”物质文化资源，提升城市品质

典型遗址及文化景观的复建往往造价昂贵，为了尽快收回投资成本，往往造成门票贵、游客少的恶性循环。为了改变这一现象，一方面，政府部门应制定相关规定对景区门票实施调控，另一方面，开发商也应转变投资思路，从低碳的角度设计、改进景点特色，比如运用现代影像技术，制作3D版文物资料展示；拍摄以某一文物古迹为故事背景的电视剧或专题片；编撰图文并茂、通俗易懂的立体的古迹画册等。在这里，“产业”与“事业”的界限不应该划定死，以建设文化事业的意识来指导文化产业的发展，以发展文化产业的思路来开展文化事业工作，最终的目的就是将现有的文化资源尽可能多地让人们知晓、了解、喜爱，丰富人们的文化生活、开阔眼界、提高修养，从而挤压、边缘已有的低俗、粗陋的文化园区，为社会良好的精神文明建设给予实践支撑，提升中原城市群整体的文化品质。

(2)“过滤”社会文化资源，定位城市风格

文化资源是城市历史的活化石，更是一部编年史，它真实地展现城市的文化传承、文脉延续和文明进程。城市的记忆在各种群体性活动中一遍遍被演习，各种民族节庆活动，往往代表了中原城市群的文化风格。比如前几年拜祖热潮蔓延，各地竞争模仿，盲目攀比，既缺乏文化特色，又污染文化环境。因此，无论是节庆活动还是各种名人故居或与此相关的文化活动都应考虑是否符合该城市的风格，不应盲目而上，还一份文化底蕴给城市的同时，也可以更加清晰地向世人表明自己城市的定位，从而加强城市营销的辨识度，提高城市形象的美誉度。

(3)“涵养”审美文化资源，塑造城市品位

艺术，从来不是靠商业发扬光大的。当今世界是一个由消费欲望主导的

社会，任何事物都可以被当作消费的对象，审美文化因能够对社会成员发挥精神教化作用而尤其要小心对待，长三角城市群之所以能够自明清以来一直处于全国经济、文化的中心地位，与它不曾间断的江南文化源流有着密切关系。中原文化自宋末以后开始式微，虽是政治中心东移造成的，却也与它逐渐退化的“涵养”功能有关，河南人口在数量上居中国前列，人多事多影响大，以致河南形象一度成为反面教材的典型。中原城市群原本拥有丰富且历史悠久的审美文化资源，由于政府与学界的太高“期待”和现实中人均 GDP 的拖后腿，容易造成在城市品位上“眼高手低”的尴尬境地。因此，重拾传统道德文化精髓，建构中原城市精神，在城市化水平相对较高的中原城市群区域内，由政府鼓励、支持民间艺术家从事纯艺术创作，并适当放开对当地文化艺术活动的限制，引导富有传统美德、高雅艺术品位的市民社会的形成，意义重大。

“君子之泽，五世而斩”，中原丰厚的文化资本只有与当代中原城市群的战略定位相合，在保护中整合、重组，在继承中创新、提升，才能推动中原城市群的整体实力向更高更好的方向发展。而中原城市群的文化资源对中原城市群文化城市目标的实现而言，犹如老子之“道”，是根基，是起始。

（王晓静，上海交通大学媒体与设计学院博士研究生，城市科学研究院兼职研究员，《中国城市科学》集刊主编助理）

理论参考

人文城市建设的都市文化原理

内容摘要：“人文城市建设”以文化资源保护、文化心态涵养、文化价值建设、文化素质提升为重点，有助于培养一大批适应城市生存环境、符合城市发展规律的“真正的城市人”，这是新型城镇化最迫切的现实需要，也是城市发展的最高理想。以马克思主义的总方法论和价值理念为依据的都市文化研究是人文城市建设的理论基础。“都市”、“都市文化”、“都市文化生产与消费模式”、“都市文学艺术”与“都市社会”构成了都市文化学的基本结构要素。在经济全球化的背景下，“都市化”模式正变得越来越重要，这一研究，对外可以抵御西方后现代文化的传播和侵蚀，对内有助于集聚和提升我国的文化软实力。

关键词：人文城市　都市化进程　城市文化研究　都市文化研究

2014年3月16日，《国家新型城镇化规划》首次提出“注重人文城市建设”，“把城市建设成为历史底蕴深厚、时代特色鲜明的人文魅力空间”，代表着我国从经济型城市化向文化型城市化的重大战略转型，是我国新型城镇化战略的点睛之笔。一方面，它符合人类城市发展的普遍规律和本质要求。即人文城市超越了城市原始的防卫、商业等实用功能，是一个衡量城市发展的新尺度，揭示出城市发展的目的，不是城市人口增加，也不是经济总量与财富的聚集，而在于城市是否提供了一种“有价值、有意义、有梦想”的生活方式。另一方面，人文城市作为新型城镇化的战略目标，是对我国城市现阶段主要矛盾的深刻把握和道路自觉。经过了前30年由国家主导的政治型城市化的发展道路与改革开放以来30年的“经济型城市化”的发展模式，一向不被重视的社会和文化领域开始成为前进路上的拦路虎。提出了一个“如何在城市中做人”的新问题，也可以说，需要什么样的观念、素质、能力和文化，才能使人成为一个适应城市化环境和发展需要的“当代人”。“人文城市建设”以文化资源保护、文化心态涵养、文化价值建设、文化素质提升为重点，有助于培养一大批适应城市生存环境、符合城市发展规律的“真正的城市人”，这是新型城镇化最迫切的现实需要，也是城市发展的最高理想。

一、“注重人文城市建设”，始于“注重人文城市基础理论研究”

城市是人类最复杂的空间组织结构，文化则是人类最复杂的精神活动形态。这两个性质和功能不同的超级复杂系统联系在一起，其发展与演化的规律和特点自然会更加复杂。所以说，对人文城市建设仅有热情远远不够，更重要的是理性和方向。基础理论研究尽管不直接表现为“经济增长”、“绿化面积”、“空气质量”、“安全指数”等，但只有它才能为城市可持续发展提供一种基础性的“系统设置”，所以在实践中是绝对不能“绕开”的。基础理论研究的目的，就在于为认识与把握这一“有机整体”提供必要的理论工具、分类原则与解释框架，使“城市”的深层结构与异常复杂的诸内在层次呈现出来。

人文城市既涉及空间、资源与经济等基础性的硬件条件，涉及行政、管理和公共服务等基本的制度环境，也涉及历史、文化与人的心理世界等深层次的主体要素，如果没有一张主题明确、架构合理、重点内容突出、战略路径可行的总设计图，就会比以往的城市经济和改革更加混乱，付出更高成本，以及陷入更加频繁的折腾中。要想在人文城市建设中避免“打无准备之仗”，必须首先解决人文城市的基础理论问题。所以说，“注重人文城市建设”，应从“注重人文城市基础理论研究”开始。只有先把人文城市的概念、内涵、模式研究清楚，才能画出一张路线清晰、目标明确的人文城市规划建设总设计图，并有效制约、规避山雨欲来或正蠢蠢欲动的各种非理性、缺乏长远与总体考虑的舆论和行为。

当今世界是城市世界。中国是最大的城市化国家，规模之大、问题之多、结构之错综复杂，前所未有，以后也不会再现。在这个背景下，城市研究在全球和中国迅速升温，并形成了四大显学：一是研究城市的未来发展、城市的合理布局和综合安排城市各项工程建设的城市规划学(urban planning)；二是研究城市（镇）的形成、发展、空间结构和分布规律的城市地理学（urban geography)；三是研究城市在产生、成长、城乡融合的整个发展过程中的经济关系及其规律的城市经济学(urban economics)；四是以城市内社会结构、社会组织、社会心理、社会问题、社会发展规律等为研究对象的城市社会学(urban sociology)。这些学科多半具有交叉研究的属性，它们提出的范畴、概念、方法、模式和价值判断，深刻地影响了全球的城市化进程和城市生活方式。

城市文化研究当然不是无本之木，在城市规划学、城市社会学中，都会碰到文化的影子。但由于自身缺乏基础理论和学科框架，所以长期以来始终处于边缘状态。

城市的本质是文化，文化和城市的研究也一直没有中断过。前此的研究，总体上可分为社会科学与人文科学两类。就社会科学而言，其主流在西方的社会学、区域经济学、城市地理学等学科，又以城市社会学、城市史、都市人类学等为代表。如 Mumford, Lewis. The Culture of Cities.（《城市文化》New York：Harcourt Brace Jovanovich，1970.）、Kasinitz, Philip, ed. Metropolis：Center and Symbol of Our Times.（《大都市：我们这个时代的中心与象征》，New York：New York University Press，1995.）、LeGates, Richard T. and Frederic Stout, eds. The City Reader.（《城市读本(城市文化文选)》New York：Routledge，1996.）等。此外还包括蔡勇美、郭文雄的《都市社会学》(台北：巨流图书公司 1989 年版)等。它们不同程度地提出或揭示了城市文化存在的特殊性。但作为实证性很强的社会科学研究，其重点主要在城市的空间、经济、金融、物流、人口、种族、性别等方面，城市文化只是其中的一个附属部分，不可能成为一个独立的学术对象与领域。由此可知，城市文化研究的基础理论与体系框架不能直接从社会学中“拿来”，而必须走自主创新之路。

就人文科学而言，其主流是文化研究、媒体理论、大众文化等话语谱系。对于中国人文科学而言，主要是受西方文化研究思潮影响的结果，其所存在的问题也是相似的。具体说来最值得关注的是价值问题。“都市化”进程具有明显的双重性，一方面，极端复杂的都市环境与都市社会给个体在感觉、心理、情感、精神、意志等方面带来巨大的异化，但另一方面，这也提出了如何在都市空间这个超级复杂环境中生存与发展的更高目标。由于西方文化研究的一个重要资源是 20 世纪以来的审美主义思潮，因而往往对前者比较敏感，而对于后者则难以理解与接受。一旦把大自然、乡村、童年视为诗意栖居之所，就容易对现代文明采取全盘否定的态度。就中国人文学科而言，由于在价值观念上深受西方影响，由于农业文明传统培养的对自然、乡村的深厚情感，特别是由于中国当代城市化进程的特殊性，这对于理性、科学地认识与研究都市文化，都是极为不利的因素。“都市化”带来的问题固然众多，但决不能否定这一历史实践进程。而都市文化理论研究的一个重要任务，就是要为解决这些问题提供一种科学的方法与工具。

以上两方面存在的问题，在逻辑上有一个共同的指向，即必须为都市文化研究建立一个科学的理论基础与框架体系，使来自不同学科、不同价值领域的观念、理论与方法得到有效的整合。

二、都市文化学的研究现状及理论框架

正如社会学家把都市比喻为“一口煮开的大锅”，由于都市文化自身固有的多样性与异质性，任何一个学科在介入都市文化领域时都有一定的合法性。但另一方面，由于这些学科自身固有的专业化与精细化特点，特别是在研究都市文化时彼此之间缺乏有机联系，所以往往更加剧了这一新学科建设与深入研究的困难与障碍。

就研究现状而言，当下主要有两大话语谱系：一是以经济学、社会学、地理学等为核心的实证科学研究，主要集中在经济、人口、空间等“硬件”方面，对都市文化结构及其人文精神层面基本上没有触及到。二是以大众文化、审美文化、文化批评为主流的人文学科研究，主要集中在都市时尚、流行文化等“浅表”层面，由于缺乏必要的、切入“都市社会现实”的社会学理论方法及政治经济学眼光，所以也不可能完成“解释都市现实”乃至“批判都市存在”的理论任务。其后果是造成了都市文化研究在知识上的“后现代化”，使都市文化成为一个不可理喻、失去控制、“人言人异”的对象。如何把都市文化研究逐渐发展为一门具有科学的范畴体系、严密的内在逻辑结构及规范的知识生产机制的世界性前沿学科，是创建都市文化学的关键所在。

都市文化在形态上的整体性与结构上的统一性，在逻辑上需要确立总体性的方法论与普遍性的价值理念。这有必要回到马克思哲学中去寻求根本性的解决之道。

在方法论上讲，马克思的“人体解剖对于猴体解剖是一把钥匙”为都市文化研究提供了一种总体性的方法论。在马克思看来，“低等动物身上表露的高等动物的征兆，反而只有在高等动物本身已被认识之后才能理解”，[①]正如“资本主义经济为古代经济等提供了钥匙”一样，作为人类城市文明发展最成熟形态与最高逻辑环节的当代都市，也为我们站在更高的历史阶段、以更为全面的理论视野认识与把握人类文明的本质提供了新的对象。对于都市文化学而言，其重要意义有三：一是对都市本质的认识与把握。尽管由于历史形态的

① 《马克思恩格斯选集》第 2 卷，人民出版社 1972 年版，第 108 页。

复杂使都市本身不容易界定清楚，但根据马克思提供的总方法论，可以把历史上的都城看作是尚未发展充分的“猴体都市”，只要我们充分地研究作为其最高环节的当代国际化大都市，就可以根据这个“人体都市”的原理与机制去认识与把握城市的各低级阶段。这是都市研究必须以当代国际化大都市为中心与主要对象的根本原因。二是对都市文化深层结构的认识与把握，与前者相一致，对当代国际化大都市文化模式的深入认识与把握，本身就是研究其他人类城市文化形态的一把“钥匙”。这是都市文化研究必须以当代国际化大都市文化模式为中心与主要对象的根本原因。三是“钥匙”方法论还为我们处理各种城市文化理论与研究方法提供了基础性“方法论”。在某种意义上，城市文化理论与方法繁多而杂乱，但根据“人体解剖对于猴体解剖是一把钥匙”的总方法论，只要我们在每一种研究方法与知识谱系中抓住了其最高逻辑环节，就可以将“一大堆”由于历史的与逻辑的原因而丧失其合法性的东西超越掉，从而保证都市文化研究在学理上的创新性与技术上的先进性。

在价值理念上，马克思的“全面发展的个人”理论是研究都市文化最重要的哲学基础。在马克思看来，一方面，“全面发展的个人”是人自身再生产的终极目标，其内涵是“使自己先天的和后天的各种能力得到自由发展的个人来代替局部生产职能的痛苦的承担者”。① 这理所当然地也是当代人在城市化进程中的最高发展理想。在都市化进程中，由于影响人“自己先天的和后天的各种能力得到自由发展”的主要矛盾已由乡村转移到城市，由中小城市转移到国际化大都市，所以，其在当下更确切的含义可以阐释为人如何在都市化进程中“使自己先天的和后天的各种能力得到自由发展”。另一方面，人的全面发展不可能在低级的原始和谐状态或不发达的社会关系基础上达成，所以马克思在《1857—1858 年经济学手稿》又特别强调，“我们越往前追溯历史，个人，从而也是进行生产的个人，就越表现为不独立，从属于一个较大的整体。”②这对于那种想逃避城市化、希望在田园或“边城”获得自由与解放的各种反城市化思潮是一种理性的清算。如何减少人自身在城市化进程的异化命运、如何在现代化大都市社会背景中实现人的全面与和谐发展，是当代中国都市文化学科建设与学术研究最深刻的价值理念。

在学科框架的层面上，都市文化学的基本结构要素主要有五：

---

① 马克思著：《资本论》第 1 卷，中国社会科学出版社 1983 年版，第 500 页。

② 《马克思恩格斯全集》第 46 卷[上]，人民出版社 1976 年版，第 21 页。

一是“都市”。这是都市文化作为一种特殊文化形态必须依托的“物质条件”或“社会基础”。没有不同于人类其他聚落形态的“都市”空间，就不可能生产出“都市文化”模式。“都市”的“历史还原”与“逻辑给予”，是使“都市”范畴获得自身规定性的必要手段。从前一方面看，“都市”是人类城市历史发展的高级空间形态，对其原始发生、历史源流、在不同民族—区域的表现形态及自身特殊发展与演变规律的研究，可以帮助我们在历史语境中理解与把握什么是真正的都市。从后一方面看，都市化(Metropolitanization)进程代表着城市化(Urbanization)进程的最高逻辑环节。城市化是人口、资源等从农村地区向城市社会的聚集，在空间结构上可分为农村城镇化、城镇中小城市化、中小城市特大城市化(都市化)三种基本模式。都市化是以“国际化大都市”与“世界级都市群”为中心的城市化进程，借助优越的地理环境、雄厚的经济实力、完善的服务体系，这一进程迅速打破了人口流动平缓、流量均衡的传统城市化模式，使原本分散在乡村、城镇、中小城市，以及不同地区与国家的人力资本、经济资本与文化资本等迅速地实现了向少数国际化大都市、国家首位城市或区域中心城市集中。都市化进程既是城市化进程最高的逻辑环节，也是当代城市化进程的最新特点。由此可知，当代“都市”是人类城市历史发展的高级空间形态与当代城市化进程的最高逻辑环节高度统一的结果。

二是“都市文化”。与当代的都市化进程密切相关，都市文化模式形成于当代都市社会这一特殊的人类生活空间，直接表现为一种与乡村、城镇、中小城市完全不同的文化模式。在其最高环节上，都市文化即当代国际化大都市特有的文化模式，在其内部涵摄着前此各阶段人类文化的精华与要素，都市文化既是人类文化发展的高级精神形态，也是当代精神生产与消费的中心。对都市、都市文化从历史与逻辑、传统与当代等角度进行分析与梳理，是都市文化学学科建设最重要的逻辑起点。

三是“都市文化生产与消费模式”。这是都市文化在当代世界中的典范形态与集中表现。由于社会形态与发展阶段的原因，传统的精神生产与文化消费既自觉地屈从于政治意识形态要求，也受控于一个时代实际的经济生产力水平。但随着消费社会在都市化进程中的培育与发展，特别是在文化产业、创意经济等典型都市经济生产方式的带动下，都市文化的生产与消费已成为更高级更先进的生产力要素，并在一定程度上超越了政治与经济的限制，具有了越来越多的“自律性”或“自在自为”的存在特点。

四是“都市文学艺术”。这是都市文化生产与消费过程最直接、最重要的感性表现形态。与传统的文学艺术相比,都市文学艺术在审美经验、审美趣味、生产技术、消费模式、价值判断、艺术理想等方面表现出非常多的新特点。对都市社会中全新的文学样式、艺术类型、审美思潮等进行解读与阐释,既可以帮助当代人更好地理解他们的生活现实与内心世界,也可以为人们如何摆脱都市社会异化提供一种重要的人文精神资源。需要特别提示的是,由于传统文艺学美学理论主要是农业文明和工业社会的产物,其固有的概念、范畴、方法与理论体系已无法胜任解释与批判当代都市文学艺术的理论任务。在这个意义上,都市文化研究本身也是飞速变革与发展的当代现实需要的直接产物。对当代都市文学艺术经验的关注与研究,同时也有助于推动传统美学、文艺理论等人文学术的学科更新与升级。

五是"都市社会"。如果说生产与消费模式研究属于都市文化学的"内部研究",那么"都市社会"则属于"外部研究"。两者既相互联系,又有很大区别,后者是理论解释、批判现实的自然延展。都市化进程在全球范围内的展开与深化,使城市与乡村的命运逐渐掌握于国际化大都市或都市群之手,都市文化及都市人的生活方式也直接或间接地影响到每一个人的存在。在这个意义上,都市文化学必须越出大众文化、审美文化、美学、文艺理论等范式,对在都市化进程中出现的各种都市社会问题,如城市危机、都市精神生态、公共文化、都市群落等予以高度的关注,可以使都市文化研究实现其固有的现实价值。

都市文化尽管表面混乱得无以复加,没有任何规律与结构可寻,但本质上却是当代都市社会生活与都市人精神生态的反映、折射与表现,并在深层以都市社会为中心相互联结为一个有机整体。

以马克思主义的总方法论和价值理念为理论依据的都市文化研究表现出以下几方面的独特之处:

一是提出"都市化"是当代城市化的新模式。"都市化进程"既再现了当代世界对都市文化研究的强烈现实需要,也彰显出基础理论研究与学科建设的重要性与急迫性。

二是将"都市"与"城市"明确地加以区别。在当下,人们对"都市"与"城市"一般不加区分,"Urban"既可译为"城市",又可译为"都市"。建构"都市"与"城市"的本体差异,是都市文化研究的逻辑起点。

三是对"都市文化"进行界定。都市文化是依托于规模巨大的人口与空间、富可敌国的经济生产总量、发达的交通与信息服务系统所形成的文化模式,它构成了当代世界精神生产与文化消费的中心,表现出很多新特点,对人自身再生产与社会精神生态有重大影响。

四是提出中国都市文化研究的特殊性。与西方相关研究主要隶属于社会学、人类学、地理学不同,中国都市文化研究在学术渊源上与中国文学学科有密切联系。在始于 20 世纪 70 年代末以改革开放为主题的现代化运动中,中国文学研究的"文化学转向"及其成果构成了中国都市文化研究的原始形态或"早期状态";而在晚近十年开始的以"建设国际化大都市"为社会发展目标的"都市化"进程,则为中国文学研究从"文化研究"转向"都市文化研究"提供了物质条件与学理契机。

三、都市文化学的当代价值

在当下,提出和讨论都市文化,首先要面临的是这样一个疑问:在城市化水平不高、大都市与城市群发育不足的中国,为什么要提出、研究和建设都市文化?

从世界范围看,与城市文化研究不同,都市文化研究与当代城市化的新模式直接相关。城市化包括城镇化、城市化与都市化三种基本形式,在经济全球化的背景下,"都市化"模式正变得越来越重要。不是"城镇化",也不是"中小城市化",而是以建设"国际化大都市"或"世界级都市群"为发展目标的"都市化进程",才构成了当代人类生存与发展最直接的现实背景。这是都市文化从城市文化中独立出来的根源。

从中国城市化进程看,尽管我们的起点低,城市化水平有限,但这并不意味着可以置身局外。在现代化的金融、交通与信息技术条件下,"都市化"进程迅速超越了国家、种族与地理的界限,蔓延为影响巨大的全球风暴。目前国内已有 183 座城市提出了"国际化大都市"的建设目标,尽管这主要是因为在城市发展中存在着误区,但也从一个侧面反映了"都市化进程"对当代中国的重要影响,以及中国当代城市对"都市化"进程的理论需要。这是在中国必须研究这个问题的原因。

从"都市化"的不同层面看,其影响并不局限于经济、金融、社会领域,也直接影响到精神生产、文化消费、审美趣味等方面。"都市化"进程意味着人口更加集中、资源更加紧张、交通更加拥挤、空间更加逼仄、竞争更加激烈,这不仅给都市主体的心理环境与精神生态带来更加强烈的冲击、污染与破坏,同时也直接影响到城市自身在经济社会等方面的可持续发展。对于中国而言,受西方消费社会与快餐文化的影响，都市文化的粗鄙化、庸俗化、垃圾化，不仅直接影响了中国城市社会自身的健康与和谐，对其所辐射的广大农村地区也产生了相当严重的负面影响。这是中国人文社会科学必须关注都市文化的原因。

从理论自身看，在更多的场合中，人们更习惯使用的是“城市文化”一词。至于为什么要以“都市文化”而非“城市文化”为研究对象，所遵循的正是马克思的“人体解剖对于猴体解剖是一把钥匙”方法论，其要义在于“低等动物身上表露的高等动物的征兆，反而只有在高等动物本身已被认识之后才能理解”。这个方法论也适用于阐释城市文化与都市文化的关系。后者作为前者发展的高级与成熟形态，对它的研究可以为深入、全面地剖析城市文化提供一把钥匙。

需要特别说明的是，尽管当今世界的城市化水平参差不齐，生活在不同国家与地区的人们差别很大。但在现代化的交通与信息技术条件下，当今城市化正呈现出以“大都市”为中心的“都市化”趋向。在当代，一个人可能并不直接生活在大都市，也可以对城市生活方式持激烈的批判态度，但无论是他在现实中的衣食住行，还是更高层次的文化消费与精神享受，实际上都不可能与城市社会绝缘。尽管城市中存在着许多令人痛苦的问题与矛盾，如人满为患、交通拥堵、房价高涨、生活成本不断攀升等，但无法否认的是，只有城市、特别是在发达的现代化大都市，才为个体的生存与发展提供他在乡村、城镇与中小城市不可能获得的真实空间。在这个意义上，城市化也是我们建设文化强国的现实处境与历史坐标。

与此同时，城市化早已超出了经济发展领域，并深刻地影响到社会结构、精神生态、文化消费乃至于审美趣味。以当代大都市为母体的城市文化与都市生活方式，迅速打断了传统的农村摹仿城镇、城镇摹仿中小城市、中小城市摹仿大都市的“摹仿链”，在全球文化中具有无所不在的霸权与主导地位。同时，在后工业社会中，大都市既是文化信息生产、交换与传播的中心，也是受各种信息冲击、干扰和影响最大的地方，其在文化上积极的引领作用与负面的消极影响都十分明显。由此可知，城市文化在我国文化建设中具有核心战略地位，对外可以抵御西方后现代文化的传播和侵蚀，对内有助于集聚和提升我国的文化软实力。把城市文化作为建设文化强国的战略核心，符合我国的现实需要与长远利益。

《易经》云：“观乎人文，以化成天下。”也可以说，城市文化就是当今世界最大的人文。都市文化学要解决的时代问题是：在迅速的都市化进程中如何减少人自身的异化，实现人的全面发展与和谐生存，是为当代人提供一种理性的方法、观念、理论与解释框架，以整理他们在都市化进程中混乱的内在生命体验与杂乱的外在社会经验，使其在生命主体与都市社会之间建立起真实的社会关系与现实联系，并在这个真实的现实生活世界中去努力探索实现人的生命本质力量的历史必由之路。而以都市文化学为基础的人文城市基础理论研究与探索，将为此提供一种可持续的科学发展战略与智力支持系统。

（刘士林，博士，上海交通大学城市科学研究院院长、首席专家，教授，博士生导师，国家“十三五”规划专家委员会委员，教育部哲学社会科学发展报告首批建设项目《中国都市化进程年度报告》负责人，《中国城市科学》主编，《中国城市群发展年度报告》主编；周继洋，上海交通大学媒体与设计学院硕士研究生，城市科学研究院兼职研究员）

当代世界城市群理论的主要形态与评价

内容摘要：在当代发展背景下，城市群研究的多样性决定了其综合性与复杂性，但在这个基础上又必须梳理出一个清晰的思路。经综合分析当代城市群研究各种理论和理念，本研究认为当代世界城市群理论的近期发展主要有四种形态，分别是当代世界城市群理论的政策和战略部分、当代世界城市群理论的网络化实证研究部分、当代城市群理论研究理论的概念和特点部分、当代城市群理论研究理论的规划实践部分。政策和战略研究聚焦城市群交通基础设施的流动性并鼓励重建社会和经济的流动性。网络化实证研究强调城市群均衡发展，指出大型中心城市主导力弱化。概念和特点研究重演变、有边界并且逐渐转向城市群内核研究。规划实践研究部分继概念演变、政策战略、实证分析后进一步拓展和丰富了城市群相关研究领域。

关键词：城市群　城市　区域　述评　近期发展

从20世纪后半期开始，世界城市群理论研究就已经受到研究者和规划实践者的关注，不同学科以及不同国家地区的学者提出了很多观点。从全球范围看，世界城市群理论相关的研究日益受到重视，研究思路和方法也日益丰富。在当代发展背景下，城市群研究的多样性决定了其综合性与复杂性，但在这个基础上又必须梳理出一个清晰的思路。经综合分析当代城市群研究各种理论和理念，本研究认为当代世界城市群理论的近期发展主要有四种形态，分别是当代世界城市群理论的政策和战略部分、当代世界城市群理论的网络化实证研究部分、当代城市群理论研究理论的概念演变和特点部分以及当代城市群理论研究理论的规划实践部分。每一种理论形态都各有特点及代表研究者，本文试图从背景特点、主要框架和内容、评价和阐释三个方面做详细论述。

一、当代世界城市群理论的四种形态

当代世界城市群理论研究的第一种形态以美国区域规划学会主席罗伯特·亚罗的研究为代表,研究重点在于城市群发展的政策和战略研究。美国建国于 1776 年,在 1807 和 1907 年,时任总统杰弗逊和罗斯福分别制定了当下美国发展的战略和计划,代表着前两个世纪美国国家发展的战略重点,在步入第三个世纪的发展阶段后,美国迫切需要一个发展框架和战略。罗伯特·亚罗等提出美国空间发展战略,并且制定了具体的措施和工作计划。这是 20 世纪以来美国学术界和规划界对于未来空间发展战略的最早探索,文中提出以基础设施建设为牵引,这一发展模式也是美国城市群发展的重要特点之一。

当代世界城市群理论研究第二种形态的代表是英国学者彼得·霍尔等,他们在理论和案例研究的基础上,进一步通过实证和定量研究方法推进世界城市群理论的发展。随着人口的膨胀和城市化进程的不断加快,世界各国纷纷聚焦于城市群的发展,世界经济的三个基本阵地:美国、欧洲和亚洲也都相应地制定了超大城市区域的战略发展框架。英国学者彼得·霍尔的研究也是欧洲城市群区域研究的代表作,在理论研究领域具有很大的影响,也是后续研究的基础和参考。

当代世界城市群研究的第三种形态是以美国学者罗伯特·朗(Robert Lang)为代表的研究。他是新世纪以来世界城市群理论研究的代表人物之一,提出"新型跨都市地理模式"的概念,推进了城市群理论研究先驱戈特曼的许多想法。这类研究是美国大都市带和城市群研究的先行之作,具有较强的理论性,同时也借鉴了欧洲研究的经验。

当代世界城市群研究的第四种形态以美国学者戴瓦尔为代表,她于 2007 年发表《美国城市群区域规划》研究,重点在于探讨城市群的规划方法和框架,这是一个基于具体规划方案的总结性研究。在美国当代城市群研究中,继界定与特点、政策研究之后,本文探讨了城市群如何规划。在 2004—2007 年间,美国的东北部海岸城市群、五大湖城市群、南加州城市群以及中部新兴的城市群纷纷制定了自身的发展战略和规划,作者在这一规划文献和实践的基础上,做了梳理工作,探讨了合理的规划方式以及具体的应用技术。

二、当代世界城市群理论的主要框架和内容研究

1. 当代世界城市群理论的政策和战略研究

2004年,美国区域规划学会主席罗伯特·亚罗带领宾夕法尼亚大学课题组发表《美国空间发展展望》报告。该项研究围绕“城市群网络”和“超级城市”理论,阐述了当前美国空间发展的背景和趋势,指出当下美国有8个“超级城市”区域,并且提出了美国未来空间发展的目标和战略,主张采用欧洲式的综合性规划,以提高竞争力。① 本文是目前美国空间发展的基础性文献之一,具有很强的政策导向性,由美国区域发展学会、林肯土地研究院和宾夕法尼亚大学的师生合作完成。文中提出的超级城市群概念在之后的几年中逐渐演化为多中心城市群区域,与世界区域发展的趋势融合在一起。2005年,美国区域发展学会和林肯土地研究院进一步对这个问题进行了研究并发布后续报告。

这项研究的关键问题有:第一,研究提出美国城市群战略规划的交通导向,21世纪初期由于人口膨胀等因素,基础设施的承载力几近极限,美国人口在2050年预计将增长至四亿三千万,增长了约40%,对社会生活的各项基础设施建设提出巨大的挑战;第二,在发展概念和理论方面,经历了从“超级城市”到“新大都市带”,再到“城市群区域”的演变,研究认为“超级城市”的特点主要还是核心都市区对周边的辐射影响力,而“新大都市带”和“城市群区域”则出现了多个城市核心的网络化发展趋势,尽管在城市群区域内部仍然存在辐射和带动的力量,但是鉴于其空间规模的进一步扩展,发展模式出现了根本性的转变,这是一个概念逐渐清晰的过程,每一个阶段的概念都反映出城市群理论在某个层面的特点。

目前该类型研究主要由“美国2050战略委员会”进行后续的跟进和统筹,2006年,美国区域规划学会(RPA)牵头成立了“美国2050”战略委员会,成员包括政策制定者、商业领导者、区域规划者等,委员会的主要议题是“未来竞争力,可持续发展和生活质量”,这一框架将帮助美国应对国家在21世纪的发展中所面临的挑战,引导在交通流动性、环境和经济发展方面的综合性投资,包

① Toward an American Spatial Development Perspective. Policy Roundtable Report. Cambridge, MA: Lincoln Institute of Land Policy, the Regional Plan Association and University of Pennsylvania. 2004.

括通过建造世界级的多模式交通系统来提高增长的容量和能力、保护大型的环境(或者绿色基础设施)体系、强化大都市区域和城市中心,并且通过将经济机会扩展到被遗弃地区来减轻当地的贫困状况。[①] 该战略同时指出,美国出现11个正在形成和发展中的城市群(mega-region)区域,这是美国在21世纪里的重大战略重点。[②] 在用地上,联邦将支持跨区域边界的合作,促进城市群空间规模的决策,同时也注重保护自然资源体系,确立低消耗的土地增长模式。

2. 当代世界城市群理论的网络化定量实证研究

2006年,英国学者彼得·霍尔等出版《多中心大都市:欧洲超大城市区域的经验》一书,研究首先指出目前世界城市的发展出现了一种多中心城市区域的模式,可以是以某个大城市为中心,也可以是多个城市组成的网络,但其共同的特点在于这是一个多中心的区域;其次分析了基于区域中网络活动的参与者及网络结构,并且具体地研究了目前欧洲的八个多中心区域以及他们的地域文化和政策;最后在规划和政策上提出了建议。[③] 该著作是目前欧洲城市和区域研究的经典之作,其主要作者彼得·霍尔也是西方城市和规划领域的标志性人物。该著作研究了欧洲西北部城市和区域的发展模式,认为在这一区域出现了这样一种趋势:城市群的发展逐渐形成了由信息流连接在一起的全球城市区域。

这一类研究的关键问题有:第一,通过多中心城市区域的组织和结构来探寻其互动的联系机制,城市群就其本身来讲是一种群体和组织行为,多个城市或者多个城市中心如何联系、互补以及分工是一个关键问题,这对探究城市群发展的合理结构和空间布局很重要;第二,这类研究通常是构建网络化的发展模型,同时借鉴经济网络、经济地理等理论来进行研究,城市群研究相对其他成熟学科来讲是一个比较新的研究领域,又鉴于其群体、动态和跨学科的特点,目前还没有相对成熟的研究方法,需要借鉴多科学的思路和技术来丰富城市群的研究。

3. 当代城市群理论研究理论的概念演变和特点研究

2005年,罗伯特·朗与戴威尔·唐在美国林肯土地学院的资助下研究并发表《超越大都市带:探索美国的新"大都市带"地理》。从美国大都市带理论的演变出发进行了梳理,由于文中城市区域的模式尚在探索发展之中,对其界

---

①② America 2050: An infrastructure Vision for 21 Century America. pdf downloaded on http://www.america2050.org/pdf/2050_Report_Infrastructure_2008.pdf, 2014年6月15日。

③ Hall Peter, Kathy Pain, The polycentric metropolis: Learning from mega-city regions in Europe [M]. London: Earthscan. 2006.

定无法用一两句话来完成,因此作者提出了数十条界定,描绘出美国十个由大都市带组成网络化城市群,这些城市群人口已经超过 1 000 万或在 2040 年后达到这个数字。①

2007 年,罗伯特·朗与阿瑟·奈尔森合作研究并发表《大都市带区域的崛起》一文。这项研究发表的背景是在 2004 年罗伯特·亚罗等提出"城市群区域"的基础上,美国林肯土地学院和美国区域规划学会于 2006 年正式提出了"美国 2050"战略规划,这一概念和空间界定是当时美国区域发展领域较为权威和主流的方法。罗伯特·朗在 2007 年将同年一项研究中界定的 20 个大都市带区域与以上"美国 2050"战略规划的 10 个城市群区域做了整合。② 此外,罗伯特·朗长期从事都市和区域研究,对城市发展的现象观察入微并且有很高的敏锐度,提出了美国城市群发展中的阳光地带和寒冷地带问题以及人口增长点移动的问题。作者还指出在城市区域不断扩张的背景下应该如何合理规划城市空间。

4. 当代城市群理论研究理论的规划实践研究

美国学者戴瓦尔的研究首先对美国当代城市群的发展进行界定,梳理了之前有关城市群发展的相关成果,分别在区域经济、空间增长、交通设施、环境保护、社会不平等问题和提高政府管治水平这六个方面分析了各个城市群的发展规划,更为具体的考察问题包括建立可持续发展的学习型社区、提升区域形象和旅游产业、在强势和弱势城市之间形成协作机制、保护文化景观、强调注入式发展和精益增长、提高居住选择的多样性、提高城市基础设施服务水平、强化高铁建设和货运服务设施建设、采取减缓交通阻塞的技术、鼓励建设更多低收入居民住房、开展高收入岗位培训工作以及在相关领域的机构之间建立协同机制。③ 说明了在城市群之一地理范围内进行规划的必要性和重要性,随后探讨了恰当的规划方法和数据收集方式,以及规划的适用性条件。本研究中科学规划的意识明显加强,不再是从前笼统的政策和战略话语,为美国城市群规划的规范性和合理性奠定了基础。同时这一研究团队还进一步探讨

---

① Lang, R., Dawn Dhavale, Beyond megalopolis: Exploring America's new "megapolitan" geography. Metropolitan Institute Census Report Series, Census Report 05: 01, July. Alexandria: Virginia Polytechnic Institute and State University. 2005.

② Lang, R., Nelson, A. The Rise of the Megapolitans [J]. Planning. 2007, 73(1): 7 – 12.

③ Dewar, M., Epstein, D., Planning for Megaregions in the United States [J]. Journal of Planning Literature. 2007, 22: 108.

了城市群规划的具体应用技术，这在城市群研究中也是比较具有创新性的。

在前述的相关城市群规划中，值得关注的是宾夕法尼亚大学发布的《美国东北部海岸城市群创新规划》研究，更多地注意到城市与其周边环境的平衡，并赋予了城市群模式新的定义。他们认为美国东北部海岸城市群包括两个部分：首先是城市化的核心，也就是 19 世纪和 20 世纪初所出现的内城及其周边的各郊区地带，是传统的中心—边缘特点；其次是支持区域，包括大量的自然资源和开敞空间部分。①

三、当代世界城市群理论的评价与阐释

1. 政策和战略研究聚焦城市群交通的流动性并鼓励重建社会和经济流动性

政策和战略研究的重要特点是聚焦交通基础设施的建设和更新，提高国家发展所需要的设施承载力。通过建立多模式的国际交通中心为人们出行提供更过多的选择。20 世纪美国的高速公路建设推动大都市区的形成，而高铁则能够最好满足城市群范围内的人口流动性和经济互动性。目前美国计划分四个阶段建设全国的高速铁路服务系统，总投资达 80 亿美元，第一个阶段将集中更新和建设三个区域的高铁设施，其中就包括美国东北部海岸城市群地区，从波士顿经纽约、费城到达巴尔的摩再到华盛顿的高铁系统，并将这一服务体系作为空间发展和提升社会经济发展质量的重要途径之一。目前大伦敦地区的空间发展战略在很大程度上也依赖于交通设施服务的提升，例如，泰晤士门户地区(Thames Gateway)的高水平发展将依赖于大量新建和改建的基础设施来刺激，包括伦敦 Crossrail 轨道交通工程、码头区轻便铁路(DLR)容量的提升、公共交通线路的完善、连接伦敦内外的河流隧道工程的完工以及大伦敦东南地区机场和港口的建设。这一措施面临的主要困难是政策壁垒，因此希望通过建立城市群的联动机制可以解决这一问题。另一措施是鼓励在交通中心附近进行注入式发展，帮助复兴现有的中心并且提高可负担住房的水平，同时保护现有的开放空间和环境景观。

在促进交通流动性的同时鼓励重建社会和经济流动性。“美国 2050”战略

---

① Reinventing megalopolis: The Northeast megaregion. 2005. Studio project, School of Design, University of Pennsylvania.

通过提高效率、增长的容量和城市群的竞争力，为全体社会成员提供更多的经济机会。多种交通模式中心和网络将提供更多工作机会并发展新的产业，如快速发展的物流业等；从石油到低碳燃料的转变为一些需要更高技能劳动力的新产业形成提供了机会，这些产业可以为遭受制造业和资源型产业损失的广大地区带来经济机会。

2. 网络化定量研究强调城市群均衡发展，指出大型中心城市主导力弱化

本类研究传递的关键信息之一是，当代城市群区域的发展中呈现大型中心城市主导弱化的趋势，城市和区域中的发展也更加均衡。这一趋势在欧洲最为显著，并且已经成为美国城市发展战略的主要参照系。1999 年欧洲提出了“欧洲空间发展展望”，提升城市网络及其周边区域间的流动性被摆在非常重要的位置。随后欧洲西北角成为城市群和城市网络研究的主战场，在荷兰，阿姆斯特丹、鹿特丹、海牙和乌得勒克四个城市共同构成了荷兰的 Randstad 发展模式。① 四个城市中并没有一个主导性的中心，当然这与欧洲传统上行政和管理的分散化相关，但是四个城市构成的网络集群化发展极大提升了荷兰的经济发展和综合竞争力。共同组织了国家的经济和服务网络，区域的发展日渐均衡，这代表当代世界城市群发展的主要模式之一。

3. 概念和特点研究重演变、有边界并且逐渐转向内核研究

首先，罗伯特·朗的一系列研究注重演变过程，这表现在三个方面：一是梳理和分析了自戈特曼开始大都市带理论研究的演变过程，二是城市群区域本身的演变和发展，三是城市群区域中大都市核心的演变和新形态，在这三种演变的基础上继续研究城市群区域本身是如何形成的。其次，有边界是这类研究的一个重要特点。城市群发展规模巨大，学界对于这一大规模的人居空间是否应有具体的边界看法不一。作为法国学派的代表之一，戈特曼认为城市群区域的最大特点是功能上的连接性，在地理空间上无需界定明确的界限，上面提到的美国学者亚罗在其研究中也表达了相同的观点。然而，罗伯特·朗在这个问题上表达了不同的意见，他对大都市带的界定建立在美国统计局相关指标和数据之上，本身暗含了明确边界的需要。再次，这类研究的发展日益转向内核研究。以上罗伯特·朗的研究历程中存在一个非常明显的研究重点的转移，从大都市带范畴的研究转向核心大都市区的分析。作者最终将研

① Hall, P., and Kathy Pain., The polycentric metropolis: Learning from mega-city regions in Europe. [M]. London: Earthscan. : 2006: 137.

究的重点放在了城市群区域的内核，通过分析大都市区在形态和功能上的演变，从不同的角度进一步推进城市群理论的发展。还需说明的一点是，对大都市核心的研究并不是最终的目的，本研究旨在说明这种大都市核心的演变在城市群形成的过程中起到了什么样的作用，演变中的新形态大都市区最为关键的特点就是规模大，其中有多种功能性的结构个体，并最终在形态上构成了大规模的城市群区域。

4. 规划实践研究继演变、政策战略、实证分析后进一步拓展城市群研究领域

这类研究使当代世界城市群研究更为多样化，继概念界定、基本特点、政策战略、实证分析之后，城市群研究者进一步拓展这一领域，探讨如何进行实际的规划操作，这其中也包括具体的应用技术研究。

在后续的具体规划工作中，美国宾夕法尼亚大学就美国东北部海岸城市群所做的具体规划研究，更多体现了城市与其周边环境平衡这一理念。城市群的“支持区域”可以消解芒福德所说的城市外排的垃圾和废弃物，给城市人释放压力提供避难所。此外，戈特曼在 1961 年的著作中也曾经花大量的篇幅论述美国东北部海岸地区的非城市区域，并且认为这些地区是组成这种城市区域的必要部分。时隔 40 多年，研究者们将芒福德和戈特曼的这个观点作为对这个地区的界定予以清晰化。

（盛蓉，上海交通大学媒体与设计学院博士研究生，上海交通大学城市科学研究院兼职研究员，世界城市群数据库、文献库和案例库课题组负责人，《中国城市群发展年度报告》主编助理）

世界城市研究历程与分类体系

内容摘要： 世界城市研究的兴起主要建立在西方发达国家城市发展的基础上，对世界城市的相关概念，研究历程，分类指标及等级体系进行国外文献研究分析，对于我国的世界城市建设及学术研究意义重大。通过世界城市的研究历程可以发现，不同的研究视角往往会产生不同的分类指标体系，而当今世界城市的分类标准正日趋呈现综合化。

关键词： 世界城市研究历程分类体系

随着经济全球化进一步发展，世界城市随之兴起且其重要性日益凸显。世界城市研究的兴起主要建立在西方发达国家城市发展的基础上，国外关于世界城市研究的文献数量已成规模，从相关文献调研来看，仅以 SSCI、A&HCI、CPCI-SSH 三大引文索引数据库为例，2003 年至今以“世界城市”“大都市”或“全球城市”为研究主题的文献就达到 2 480 余篇，2003—2007 年均发文量 200 篇左右，2008 年开始发文量激增，2008—2010 年发文量均超过 300 篇。对世界城市相关的国外文献进行分析研究对于我国的世界城市建设及学术研究具有重要意义。

一、世界城市概念及特征研究

20 世纪 60 年代以来，世界经济迎来二战结束后的飞速发展。随着经济全球化进程加快推进，城市作为跨国公司的驻扎地在全球经济中所扮演的角色日益重要，城市间的经济网络开始影响全球经济命脉，并涌现出许多在空间上超越国家范围、在全球经济中发挥指挥和控制作用的世界性城市，即世界城市(world city)。

世界城市又称全球城市(global city)、国际城市(international city)，三个

概念略有差异,但内涵一样。彼得·霍尔(Peter Hall)[①]提出世界城市专指那些对全世界或大多数国家发生经济、政治、文化影响的国际第一流大都市,其内涵特征有如下几方面:主要的政治权力中心,国家贸易中心,国家金融中心,各类专业人才聚集中心,信息汇集和传播中心。[②] 这样的定义在今天看来仍具有重要的参考价值。弗里德曼(J. Friedman)[③]认为世界城市是新的国际劳动分工和全球经济一体化的产物,是世界经济系统的中枢或组织节点,世界城市具有控制和指挥世界经济的战略性功能。[④] 萨森(Sassen)[⑤]将世界城市称为全球城市,她认为全球城市是那些能为跨国公司全球经济运作和管理提供良好服务和通讯设施的城市,是跨国公司总部的聚集地。全球城市具有以下 4 个基本特征:高度集中的世界经济控制中心,金融和服务业的主要所在地,主导产业的生产场所,产品和创新的主要市场。[⑥]

由此可见,"世界城市"从西方发达国家诞生那天起就承载了人类的政治、经济、文化梦想,相比较而言,世界城市的存在更易被经济元素所主导,世界城市的本质特征可以归结为拥有全球性的经济控制能力。这符合西方注重经济与商业发展的传统,也是世界城市的主要功能,但作为为数不多的超级中心,它们的功能远不止经济这一项。

二、西方世界城市的研究历程及代表学者

西方世界城市形成及演变机制的研究从发达国家向发展中国家扩散,但研究重点仍集中于对具体城市的研究,侧重于各个城市的历史、地理和形态分析,过去的一个世纪其研究历程可以分为四个阶段,期间涌现出一批世界知名的学者,为世界城市的研究奠定了坚实的基础。

1. 20 世纪 70 年代以前

这一阶段主要是指二战结束后的时间,是世界城市理论研究形成的时期。

---

① 彼得·霍尔(Peter Hall),1932 年出生,著名的英国城市地理学家、英国科学院院士,是当前国际城市规划领域著名的学者。

② P. G. Hall, The world cities, Weidenfeld and Nicolson London, 1966.

③ 弗里德曼(J. Friedman),美国著名城市学家,著有《世界城市假说》(The world city hypothesis)。

④ 谢守红,西方世界城市理论的发展与启示,开发研究,2008(01),51—54。

⑤ 萨斯奇亚·萨森(Saskia Sassen),女,生于 1949 年 1 月,美国哥伦比亚大学社会学教授,全球化和城市社会学研究的领军人物。

⑥ S. Sassen, The Global City: New York, London, Tokyo, Princeton University Press, 1991, 41.

首先,西方城市和区域规划先驱哥底斯(Patrick Geddes)于1915年在其著作《演化中的城市》一书中最早提出世界城市的概念,他从经济和商业等两方面将"世界城市"描述为在世界经济贸易中具有绝对优势的大城市。

戈特曼(Jean Gottmann)①1961年发表《城市群：美国城市化的东北部海岸》。根据对美国东海岸城市群的研究提出了大都市带(megalopolis)的概念,并因为采用实证的研究方法而获得学界的认可。他极具前瞻性地提出"脑力密集型"产业的集聚是世界城市的最重要标志。

1966年,霍尔在其著作《世界城市》(The world cities)中较为全面地描述了世界上主要的、具有国际影响力的城市,从此拉开了现代世界城市研究的序幕。② 霍尔从政治角度出发,认为"世界城市"是全球"主要政治权利中心"。

2. 20世纪70年代至80年代

这段时期,弗里德曼、萨森、泰勒(Peter Taylor)等一批知名城市学者涉足世界城市研究,世界城市研究理论体系得以逐步建立并不断发展。这期间世界城市研究和世界经济发展直接联结起来。这表现在：

(1) 世界城市与国际经济分工。基于国际劳动分工的视角,1982年,弗里德曼和伍尔佛(Goetz Wolff)发表了世界城市研究中具有时代意义的成果《世界城市的形成：研究与行动备忘录》,对世界城市的概念及本质特征进行了分析,从此揭开了世界城市理论系统研究的序幕;1986年,弗里德曼系统地提出"世界城市假说",③标志着世界城市研究进入正轨。金(Anthony King)和泰勒将世界城市置于世界经济体系中进行考察,提出"世界城市"为"世界经济体系中心"的论点。金和泰勒的研究为以后的世界城市研究开拓了思路。

(2) 世界城市与资本国际化。迈耶(Meyer)利用世界金融中心及国际银行分行的相关分布数据定量地研究全球城市体系。司瑞福(Thrift)认同并完善了弗里德曼的基本思想,更强调服务功能的重要性,特别是经济服务功能。他看重跨国银行总部的数量这一指标,这符合他强调世界城市的经济服务功能的观点。

3. 20世纪90年代至2000年

20世纪90年代以来,萨森将世界城市理论由宏观研究转向微观研究,信

---

① 戈特曼(Jean Gottmann),1915年10月出生在俄罗斯,美国学者,曾在牛津大学地理学院任教。

② 陈存友、郑伯红:《世界城市理论研究综述》,《长沙铁道学院学报(社会科学版)》,2007,8(3)。

③ J. Friedmann, The world city hypothesis, Development and change, 1986, 17(1), 69-83.

息技术发展使世界城市研究从传统的地方空间扩大到流动空间。从网络联结出发,著名学者卡斯特尔(M. Castells)①提出"节点城市"概念,这与以前的静止的世界城市概念不同,卡斯特尔赋予世界城市动态和联系的内涵,从而将世界城市理论向前推进一步。"节点城市"是全球经济下的点,信息技术的发展使得这些城市能够跨越传统的边缘界线而进行交流和贸易。世界城市则是"那些在全球网络中将高等级服务业的生产和消费中心与它们的辅助性社会联结起来的地方"。②

4. 2000 年至今

进入 21 世纪,特别是金融危机使世界城市网络发生重大变化,原有的权力结构被打破,中等层级世界城市的成长令人瞩目。在城市对世界的影响力方面,新兴世界城市已成为全球经济重要引擎。区域对比方面,亚太城市地位迅速提升,成为国际城市力量对比变化的重要趋势。在金融危机冲击与世界城市等级体系变革的双重影响下,发达国家与新兴经济体的世界城市不约而同地将"转型"作为应对挑战、提升自身竞争力的最佳选择。

这段时期,弗里德曼是从宏观的角度来研究世界城市的发展,提出了世界城市的理念性模式,而其追随者萨森着重于微观角度,即企业区位选择角度,论述信息时代世界城市所具有的集中控制功能。她认为,从全球层面上看,全球城市在世界经济中发展所起的关键动力在于其集中了优良的基础设施和服务,从而使它们具有全球控制能力。同时,西方发达国家对发展中国家和地区特别是亚太地区的世界城市研究,引起了本地区学者和国际城市学界的重视。

综上所述,西方世界城市理论研究的先驱学者们基本上是从政治和经济两大维度展开探索的,而很明显的是经济要素的标准占据更大的优势,这符合世界经济联系不断加强的历史及趋势。但随着经济、社会的发展,世界级大城市的转型也在进行,"多样、智慧、创新"成为世界城市转型的关键词,值得继续研究。

三、国外世界城市研究方法与研究视角

国外对世界城市的研究方法以实证研究为主,注重研究的科学性。实证

① 曼纽尔·卡斯特尔(Manuel Castells),西班牙人,1942 年出生。主要的著作有:《城市问题:马克思主义思路》(1972)、《帝国主义与拉丁美洲的城市化》(1973)、《城市、阶级与权力》(1978)等。

② M. Castells, The rise of the network society, 1, Blackwell Publishers Oxford, 1996.

研究有定性研究和定量研究之分。世界城市理论的建立及前期研究并非基于严格的实证方法。如肖特(Short)等学者指出,他们发现诸如伦敦、纽约、东京等城市的优势地位在世界城市理论研究中更多的是断言而非清晰的证明,这种断言可以被认为是思辨性的。他们后来通过世界城市的五个测度指标(重要的金融机构数量、企业总部数量、电信状况、交通运输基础设施和世界级文化活动),经过完整的相对成熟的实证分析,创建了他们的世界城市等级体系。[①] 泰勒、毕沃斯托克等通过建立的以英国拉夫堡大学为中心的全球化和世界城市研究网络(Globalization and World Cities Research Network,简称GaWC),以全球性企业作为分析载体,为实证问题寻找解决方案。[②]

世界城市研究的发起与成型是建立在西方国家城市发展与全球化经济大发展基础上的,主要研究路径包括:国际政治权利角度,国际金融服务角度,国际劳动分工角度,信息化角度,跨国公司等高级服务业角度。不同的研究路径反映了研究者不同的研究视角和内涵把握。

1. 经济商业视角

世界城市的本质特征是拥有全球经济控制能力,这种控制能力主要来源于聚集其中的跨国企业和跨国银行总部。[③] 因此,金融中心、管理中心是世界城市最重要的经济功能。国际金融中心可以看作是世界城市概念的延伸,对国际金融中心的研究成为世界城市研究领域的一个特别分支。

瑞德(Howard Reed)在这方面做了开创性工作,1981 年他收集了美国 76 个城市资料进行多变量分析,勾勒出美国金融中心的等级体系和演变过程。弗里德曼指出,经济变量是解释不同等级世界城市对全球控制能力的决定因素,并认为世界城市的形成过程是“全球控制能力”(global control capability)的生产过程,而且这种控制能力的产生充分表现为少数关键部门的快速增长,包括企业总部、国际金融、全球交通和通讯、高级商务服务。

萨森则对世界城市“生产服务综合体”(producer services complex)进行系统研究,认为金融和生产服务业已成为决定城市在全球经济中竞争力强弱的

---

① J. R. Short, Y. Kim, M. Kuusetc., The dirty little secret of world cities research: data problems in comparative analysis, International Journal of Urban and Regional Research, 1996, 20(4), 697 - 717.

② P. J. Taylor, Hierarchical tendencies amongst world cities: a global research proposal, Cities, 1997, 14(6), 323 - 332.

③ 谢守红:《西方世界城市理论的发展与启示》,《开发研究》,2008(01),第 51—54 页。

新的重要因素。萨森还指出，全球城市服务功能的发展会因为全球投资和贸易的迅速增长以及由此带来的对金融和特别服务业的强大需求而进一步壮大。① 随着国际交易成为世界经济的主体，政府在世界经济事务中的管理和服务职能也会逐步为世界城市所替代。②

2. 政治文化视角

此外，世界城市还具有政治和文化中心的功能。如霍尔曾将政治要素作为区别世界城市与其他类型城市的重要基础，他认为世界城市应是“主要的政治权利中心、国际最强势政府和国际商贸等全球组织的所在地”。弗里德曼也认为，“世界城市处于世界经济和地域性的国家政府之间的结合部分”，因此，“被要求扮演双重角色”。世界城市这一概念具有典型的经济学语言痕迹，尽管这概念具有分析世界城市的能力，但掩盖了城市生活其他重要特征，如历史的、社会文化、管理、政治和环境等因素。③

3. 信息技术视角

随着信息革命的发展和信息社会的来临，世界城市在信息网络建设中更是领先一步，成为全球通讯网络的主要结点，发挥着全球信息中心的功能和作用。卡斯特尔认为全球性城市支配着先进的通信网络，在描述世界城市发展时他写道：“巨型城市是连接各种全球网络的连接点，互联网不能掠过巨型城市，它依赖于坐落在这些中心里的电子通信与电子通信者”。卡斯特尔还指出，世界城市不是一个地点而是一个过程，一个把生产中心、消费中心、服务中心以及从这些中心的地方社会融入某个整体网络中的过程。

作为一种历史趋势，信息时代的全球支配性功能和过程是以网络组织起来的。新的通讯技术推动城市之间的国际连接，在全球信息网络中世界城市充当着主要的节点，支配着互联网的全球地理结构。

四、世界城市分类指标和等级体系研究

世界城市的等级排名向来备受关注，也是研究者一直试图突破的难题。

---

① S. Sassen, On concentration and centrality in the global city, World cities in a world system, 1995, 63, 71.

② P. L. Knox, P. J. Taylor, *World cities in a world-system*, Cambridge University Press, 1995.

③ J. Friedmann, Where we stand: a decade of world city research, World cities in a world system, 1995, 21 - 47.

2010 年,全球管理咨询公司科尔尼公司、芝加哥全球事务委员会以及《外交政策》杂志日前联合推出了第二届全球城市指数。这一指数的独特之处在于它不仅以商业和金融角度去评价城市的水平,65 个主要城市接受五方面的评估:工商业活动(财富 500 强企业落户数量、商贸交易额等),人文因素(人口成分、教育成就和大学质量等),信息流通(国际传媒数量、宽带用户和信息管制程度等),文化氛围(博物馆、体育赛事和文艺演出等)以及对全球政治的影响(外交使团、智库与国际性机构数量等),从而决定其国际化的程度。

各学者对第一层次世界城市的认识比较一致,即包括纽约、伦敦、东京、巴黎,而对第二、第三层次世界城市的划分分歧较大。主要在于其分类指标体系不能统一。不同的研究视角往往会产生不同的分类指标体系,通过对文献的分析,世界城市的分类指标主要分为两大类,一是静态类指标,强调城市自身的实力,其中静态指标体系又分为单项指标划分与综合指标划分;二是动态类指标,强调城市的联结能力。但今天看来,世界城市的整体实力要综合考虑这两点。

1. 静态指标划分法

(1) 单项指标判别法主要包括三种:跨国公司判别法,该方法通过对跨国公司总部的选址偏好进行统计分析,认为拥有跨国公司总部层级高、数量多的城市在世界城市等级体系中具有较高的地位;经济控制能力判别法,该方法关注的核心是城市对全球及其所在区域是否拥有实质性的经济控制或影响能力;基础设施判别法,基础设施是世界城市等级体系的一个重要衡量标准,包括公路和铁路通达情况、长途通讯使用量等指标。

(2) 综合指标判别法是基于世界城市涵盖面广的系统特征,学者大多通过构建综合性的判别标准或指标体系来反映世界城市等级体系。将城市在经济、政治、文化、人口、科技、交通、通信等不同领域的指标按统一的方法进行量化处理,把多重指标加权得出单一的结果并加以排序。此方法极大地减少了主观因素对世界城市判别结果的影响,使综合指标判别法成为世界城市等级体系判别的一种理想方法。但是在实践中,这类方法在很大程度上仍然忽视城际联系的重要性。

2. 动态指标划分法

即基于城际联系的世界城市判别指标,城际联系载体与城际联系路径主要包括资本、产业、人口、运输与信息等五个方面。因此,基于城际联系的世界城市等级体系判别指标也可从上述方面来获得:城际资本联系主要通过衡量资金流动与跨国企业组织架构的设立来反映城市之间资本纽带的强弱；城际产业联系相对于单纯描述资本流动的城际资本联系，产业联系可以更好地反映世界城市业务活动的长期性特征；城际人口联系主要侧重分析劳动力在城市间的分布与流动；城际运输联系主要衡量城市之间的交通流量；城际信息联系主要通过衡量城市之间的信息交互情况，来反映一个城市对其他城市发送与获取信息的数量大小与能力强弱。

3. 双重指标划分法

随着城市衡量指标体系的发展完善，当今世界城市的指标体系多倾向于将静态指标体系与动态指标体系相结合。前者主要评价城市自身实力，后者围绕城市主体进行转化后主要用来评价城市辐射能力。

科尔尼咨询公司的全部排名共有 65 个城市，其中北美有 12 个，欧洲 19 个，值得注意的是亚洲占据了 25 个。虽然亚洲人口本来就超过欧洲和北美，但是这也说明亚洲在原来相对落后的基础上，经济、政治和人文方面的影响力提高的步伐比较快。中国有两个城市入选前 15 名，中国香港(5)、北京(15)，中国大陆进入排名的还有上海(21)、广州(57)、深圳(61)和重庆(65)。按照科尔尼公司的评分标准，与其他名列前茅的城市相比，中国的城市主要是靠工商业活动的得分取胜。

可以和科尔尼公司的全球最具影响力城市排名类比的是弗兰克骑士公司的“全球城市指数”。除了经济活动与政治影响力两项基本相同之外，后者将科尔尼公司的其他三项指标归结为生活质量、知识及其影响两项。另外一家前面已经提到的著名机构是 GaWC，它的评级标准比较复杂。GaWC 的名册确认了世界级城市的三个级别及数个副级别，由高到低顺序为 Alpha 级(下设四个副级别：Alpha＋＋、Alpha＋、Alpha 和 Alpha －)、Beta 级(下设三个副级别：Beta ＋、Beta 和 Beta －)、Gamma 级(下设三个副级别：Gamma ＋、Gamma 和 Gamma －)，另外还有“高度自足”和“自足”两个级别，意即此等城市能够提供程度足够的服务，无须明显地依赖其他全球城市。[①] 其中，2010 年版 GaWC 官方名册排名为：Alpha＋＋级别包括伦敦、纽约；Alpha＋级别包括香港、巴黎、新加坡、东京、上海、芝加哥、迪拜、悉尼。

从传统上来讲，城市有层级之分，所以变化的结果是有些城市上升而有些

① 维基百科：世界城市。

城市下降,但最终是个零和的结果。① 而现实告诉我们不能忽略城市之间联系的稳定性,城市间关系的核心在于合作,共同繁荣,而并非弗里德曼的竞争,这是学界在日后的研究中需要注意的。

五、结语

城市化是当今世界发展面临的具有总体性意义的重大现实问题,中国当前正在加快推进城市进程。西方世界城市理论与中国城市经验肯定不会是完全“对号入座”的。但这也不意味着具有相对普遍性的“西方逻辑”与作为特殊经验的中国城市历史无关。在现实世界中,可以说没有任何一种理论可以完美地揭示现实的本质,因而对待一种理论的最好态度是“扬长避短”,并尽可能地从理论资源中获得解释现实经验的启示。②《北京城市总体规划(2004 年至 2020 年)》明确提出要在 2050 年将北京建成世界城市的宏伟目标,上海也正在朝着建成国际大都市的方向大步迈进,世界城市理论与中国城市发展正紧密联系在一起。中国建设世界城市愿景的提出,不仅只是基于对西方发达国家经验的梳理和总结,也是在更高层次上的自我认同和建构过程。借鉴国外世界城市建设的理论经验对我国建设国际化城市意义重大,需要进一步推进。

(张书成,上海交通大学媒体与设计学院博士研究生,城市科学研究院兼职研究员;汤莉华,上海交通大学图书馆副研究馆员学科馆员,上海交通大学城市科学研究院研究员,教育部哲学社会科学发展报告首批建设项目《中国都市化进程年度报告》子课题《世界城市关注度文献实证研究报告》负责人)

① 盛蓉、刘士林:《世界城市理论与上海的世界城市发展进程》,学术界,2011 年第 2 期,第 219—225 页。
② 刘士林:《新中国的城市化进程及文化城市战略》,《文化艺术研究》,2010 年 3 月第 2 期。

决策咨询

当前新城新区舆论中的问题及建议

内容摘要： 缺乏对新城新区的理论研究，不理解其在城市化进程中的重要作用，就不可能正确认识我国新城新区建设的必要性。缺乏对新城新区的历史研究，不了解历史就容易“跟着感觉走”，也不能对我国新城新区建设做出科学的认识和评价。缺乏全面的数据和科学的经验研究，在现状的概括上比较随意和不严谨，也不能正确认识和把握我国新城新区存在的真正问题及实质。对新城新区成长缺乏耐心和“了解之同情”，忽视了国家在新城新区治理上的探索和建设性努力，也不利于找到真正的“患者”并开出切实有效的药方。

关键词： 理论研究　历史研究　经验研究

一、质疑和否定新城新区的主要观点及数据资料来源

最近一段时间，各种媒体对我国新城新区的质疑和批评不断升级，对我国新城新区已形成了舆论的“一边倒”和全盘否定的态势。其主要观点可以归结为：

一是质疑新城新区存在的合理性和必要性。认为其主要体现了政府和官员的意志，是“行政的手”取代了“市场的手”，而非出于城市发展的规律和必然性，并大幅增加了地方政府的债务负担。

二是质疑新城新区建设的规模和数量。以 12 个省会城市平均建 4.6 个新城新区、144 个地级市规划建设 200 个新城新区为对象，认为我国新城新区数量过多、建设标准设置较高，超出了城市发展的实际需要和当地财政的承受能力。

三是质疑新城新区建设的目的和意义。认为“政绩工程”和“土地财政”是主要推手或动机，前者包括一些生态城、智慧城、科技城等，主要功能是为地方官员晋升“铺路”，后者主要是拉动地价以获取更多的财政收益，与城市民生关系不大，在拆迁、征地中存在着损害普通百姓权益的情况。

四是全盘否定新城新区的规划与建设。以一些“鬼城”“空城”为案例，把人气不旺、空置率高、公共设施配套和公共服务滞后、产业集聚程度不高或经济发展乏力，也包括违规占地、安置补偿不合理、政策不到位、群体性事件等完全归罪于新城新区的规划和建设。

这些报道和评论有一共同的数据和资料来源，即某课题组 2013 年 8 月发布的对全国 12 省区新城新区的调研报告。但这份报告在范围上只涉及 12 省区，同时在样本采样上存在较大问题，主要集中在县域(包括县级市)、中西部和东北地区，由此获得的数据与评价，不足以代表我国新城新区建设的真实和主流。通过建设新城新区解决城市发展的空间矛盾，是世界各国 20 世纪以来的普遍选择和基本手段。西方新城建设同样出现过规划滞后、功能单一、公共服务不足、“睡城”“鬼城”等问题。对此正确的态度和做法是，发现什么问题就解决什么问题，而不应以大批判的方式对新城新区全盘否定。

二、质疑和否定新城新区思潮的深层问题分析

概括而言，这些言论主要存在以下几方面的问题：

第一，缺乏对新城新区的理论研究，不理解其在城市化进程中的重要作用，就不可能正确认识我国新城新区建设的必要性。

从城市史的角度看，西方新城建设始于 19 世纪下半叶，初衷是解决当时伦敦、曼彻斯特、纽约、芝加哥等出现的“城市病”，如人口拥挤、环境污染、贫富差距悬殊等。城市如同一个“容器”，当“容器”内的东西过满时，最根本的解决办法不是“挖掘内部潜力”，而是为“装不下的东西”找一个“新容器”。2000 年至 2012 年，我国城市人口以年均超过 1.35%的速度增长。而每增长一个百分点，就需要年新增建设用地 1 800 平方公里，建设新城新区完全符合城市化的一般规律和我国城市“爆炸式扩张”的特殊性。对此我们不能泛泛地谈新城新区“多还是少”，也不能与人口总量有限、城市化速度较为均衡的西方国家机械地比较。相对于空间狭隘、基础设施落后的老城区，新城新区在大规模解决人口居住和就业、在整体上带动和引领城市“创新驱动，转型发展”等方面具有突出优势和关键作用，已成为我国城乡人口就业、经济社会发展和科技创新的主体功能区。此外，还有很多人津津乐道的新城新区建设“必须先有‘市’，再有‘城’”，其实也是一个缺乏城市史常识的偏颇观点，它不能概括西方城市发展的普遍规律，因为只有商业型城市才符合“先有‘市’，再有‘城’”，同时与中国

城市发展的一般规律更是大相径庭,因为“中国古代城市一般是先有行政设置、制城,而后逐步发展繁荣”。①

第二,缺乏对新城新区的历史研究,不了解历史就容易“跟着感觉走”,也不能对我国新城新区建设做出科学的认识和评价。

从新城新区的发展历程看,从不存在一开始就规划完美、高质量的新城新区。英国从规划功能单一的卫星城到相对独立的新城市中心,大约经历了半个多世纪的探索。我国新城新区建设始于20世纪80年代,主要是工业园区、大学园区、科技园区、居住小区等,但在遭遇到通勤成本上扬、公共服务短缺、人气不足等现实问题之后,近年来已纷纷启动向“综合性城市中心”的升级和改造。相关专家和媒体把新城在某些区域、某些阶段必然存在的空置率高、公共服务滞后、产业集聚程度不高等,误判为我国新城新区的整体和本质属性,甚至称为“鬼城”,有悖于新城新区发展的历史规律和中国经验。以被称为中国最大鬼城的河南“郑东新区”为例,现在这里已是车水马龙、人流如梭,甚至是“到处堵车”。最近一份报告称,新城居民的入住率有一个规律,即“前12至18个月内的平均入住率为48%,之后的一年增加19%,下一年为15%”。判断一个新城新区是否属于“鬼城”,至少要等上三到四年。这符合世界各国新城新区的发展规律,即在新城初建时,由于基础设施不完善、人口和资源的集聚度不够,所以新城总是不如“旧城”热闹,但随着城市基础设施和服务功能的完善,很多问题都会自然而然地解决。

第三,缺乏全面的数据和科学的经验研究,在现状的概括上比较随意和不严谨,也不能正确认识和把握我国新城新区存在的真正问题及实质。

以12省区的调研为数据案例基础,以先入为主的“逆城市化”为价值判断,将我国新城新区的主流描述为“土地浪费”“住房闲置”“资金套牢”等,是一个过于随意和不严谨的判断,掩盖了我国新城新区的多样性和深层问题。我们不否认确有“鬼城”存在,比如鄂尔多斯的康巴什新区。建设新城新区的前提是老城区人口密度过高,但鄂尔多斯的人口密度一直保持在100人/km^2左右,最高峰值只有102.85人/km^2,与北京中心城区的人口密度超过23 000人/km^2,上海中心城区最高峰值超过40 000人/km^2相比,根本不存在建设新城新区的必要性。康巴什新区最后变成鬼城,正是由于不符合新城新区建设的一般规律而必然受到的惩罚。研究我国的新城新区,最重要的

① 傅崇兰等:《中国城市发展史》,社会科学文献出版社2009年版,第145页。

是把真正符合城市化需要的“新城新区”与各种“徒有虚名”“文不对题”的“伪新城新区”区别开。

据上海交通大学城市科学研究院的《全国新城新区数据库》及相关研究，我国新城新区的主要特点在于：首先，从数量和面积的综合分析看，建设新城新区面积最大的北京，数量只有 11 个，全国最少但建设水平很高；一些中西部省份存在着规模小、数量多、基础设施配置不到位、建设效益低等问题。如果把“鬼城”限定在这些地区，是比较符合客观实际的。其次，从建设面积和分期看，20 世纪 80 年代新城新区建设占总数量的 2%，总面积的 2.5%；20 世纪 90 年代占总数量的 25%，总面积的 21.9%；2000 年至 2011 年占总数量的 73%，总面积的 75.6%，是我国新城新区建设的高潮期，行政干预的色彩比较浓厚，一些省份定指标、图政绩等问题也较突出。最近两年，国家已暂停新城新区规划的审批，大规模的“造城运动”已处于“强弩之末”，而不是相关专家和媒体预言的“山雨欲来”。现在的主要任务是如何解决前十年粗放规划与建设的后遗症。再次，从规划和功能的角度看，2000 年以前建设的多为经济功能主导的产业区、工业园、开发区等，2000 年以后具有综合功能的新城建设开始大规模兴起，现在大谈“睡城”“产城结合”“城市规划应先有‘市’再有‘城’”等，已明显落后于城市发展的步伐。值得注意的是，新城新区面积与城市 GDP 之间不成正比，这说明影响新城新区建设的因素相当复杂，简单地归结为经济主导或 GDP 驱动也是不对的。最后，从发展趋势上看，地级市及以上的新城新区建设已经趋缓甚至停顿，当下真正需要警惕的是发达地区县级市的新城新区建设。它们更缺乏规范和约束机制，并容易受到投资商和相关利益集团的操纵。

第四，对新城新区成长缺乏“耐心”和“了解之同情”，忽视了国家在新城新区治理上的探索和建设性努力，不利于找到真正的“患者”并开出切实有效的药方。

新城新区建设往往出于现实的急需和倒逼，在很大程度上属于“权宜之计”，在规划上不够长远、在建设上顾此失彼乃至在管理上滞后和脱节，均具有一定的现实合理性。对其也应该以“成长”的眼光看，就像允许一个年轻人犯错误、走弯路一样。第二次世界大战后，美国、加拿大都曾一度放任新城建设与开发。半个世纪后，美国联邦政府开始反思和检讨，成立管理机构并于 1968 年制定出《美国“新城”政策》。我国大规模新城新区建设以 2000 年为起点，这一年中国城市化进入快车道，快速增长的城市人口和经济，是新城新区出现粗放规划和建设、甚至有失控之虞的根源。但对此并非“无人察觉和过问”。在

2003 年至 2006 年间,国家发展和改革委员会等部门曾联手对全国开发区进行清理整顿,在数量上,由原来的 6 866 个减少到 1 568 个,在规划面积上,也从 3.86 万平方公里压缩到 9 949 平方公里。在城市建设用地上,美国直到 20 世纪 90 年代以后,才开始对土地开发加以严格管束。我国从 2010 年开始,《国家"十二五"规划纲要》明确提出"合理确定城市开发边界,规范新城新区建设",十八大报告提出"加快实施主体功能区战略,推动各地区严格按照主体功能定位发展,构建科学合理的城市化格局",凡此表明,城市空间开发问题并不始于今日,也是我国政府一直在关注和努力解决的问题。更重要的是,一些城市在当下已开始放弃"跑马圈地"的发展思路,将重点转移到如何盘活过去圈占及开发效率低下的建设用地,如浙江嘉兴市等在探索土地二次开发方面都取得了一些有益的经验。

为新城新区辩护,不是要否认目前存在的问题和矛盾,而是为了发现真正的问题和矛盾。我国新城新区应重点整治的问题是:(1) 未批先建。如近期的河南西平的南工业区、广州最大的保障房项目、浙江平湖新华公园等。(2) 少批多占。如江苏高邮开发区、南通通州区高新开发区及广东德庆陶瓷工业城等。(3) 越权审批。如广州大学城、南京大学城等都属此类。(4) 以租代征。在云南石林、山东淄博、安徽南陵等地,以租代征现象目前十分突出。(5) 借壳建设。一些在整治中被撤销的开发区,仍在借具有合法身份开发区的"壳"继续招商和建设。(6) 人均面积超标。我国城市人均建设用地上限为 100 平方米/人。但据国土资源部 2006 年发布的统计数据,我国人均建设用地已超过 130 平方米/人,远高于发达国家人均 82.4 平方米和发展中国家人均 83.3 平方米的水平。以上这些案例和问题,既是我国新城新区建设存在的主要病症,也是在当下急需应对和处理的具体对象。

三、关于我国新城新区规范与建设的对策和建议

我国大规模、高速度、集中化的城市化特点,必然要以更大范围的城市空间为载体,对新城新区不存在需要不需要的问题,而是如何规划和建设出一批高质量、精明增长和智慧化的新城新区。针对当下的问题,提出建议如下:

首先,在科学理论研究和全部真实数据的基础上,研制和发布权威性的《中国新城新区发展报告》。其重点包括:一是建构符合我国国情的《新城新区评价指标体系》,为客观评价新城新区提供理论指导和技术标准;二是建立

健全《中国新城新区数据库》，为总体把握新城新区提供全面和第一手的数据资料；三是在第一手数据和评价标准的基础上，对新城新区的实际建设情况和问题进行科学评估和分析，形成全面、客观、理性的《中国新城新区发展报告》，为国家相关决策提供真实可靠的参考，为学术研究提供第一手的数据资料，为媒体和大众提供可征信的信息服务。

其次，在应用研究和规范管理的层面上，研究和出台专家版《中国新城新区规范管理办法》，为国家规范新城新区及地方政府实际操作提供参照。其重点包括：一是针对我国城市层级复杂、区域差别大的现状，结合我国主体功能区规划和相关城镇化规划，按照建设、限制建设和不建设的基本原则，形成《新城新区建设总体规划纲要》，宏观指导和约束我国新城新区的规划和建设；二是对已规划、建设的新城新区及其具体问题开展大规模调研，根据《国家"十二五"规划纲要》的规范治理要求，结合我国新城新区在类型、模式和阶段性的差异，出台《新城新区建设与规范详规》，改变笼统和粗放式的审批与管理模式，实现"对症下药"和"分类发展"。三是制定《新城新区治理和规范办法》，从具体的新城新区或新城新区的具体问题入手，出台有明确指向性和针对性的管理办法和政策，该撤并的撤并，该规划的规划，不断解决现实中的问题和矛盾，推进我国新城新区走上良性发展之路。

再次，以开展城市理论教育启蒙和科学知识普及为中心，改造目前全民性过于急躁和偏激的城市化态度和言行，使新城新区在获得更多现实资源的同时，也能有一个良好的社会与舆论环境。其重点是要清理"理论上的逆城市化"和"新闻报道的后现代化"。前者总是习惯于为城市发展的矛盾和困境找一个承担一切责任的"替罪羊"，但实际上，比质疑和否定更重要的是探索正确的理论体系与指导方针、具体的建设性方案和战略模式。后者严重扰乱了人们对新城新区应有的理性认识和正确判断。当今世界是城市世界，需要整个民族学习和了解城市发展的规律和特点，培育应有的正确观念和价值态度，以应对现实的挑战和把握未来的机遇。

基于我国人口众多、资源不足的城市化基本国情，新城新区发展必然是一个曲折的进程，其复杂性和艰巨性也会超过西方和拉美，对此我们既需要有足够的耐心，对其发展进程的艰难不易做到"知人论世"，宽容探索中的失败并承担必须付出的代价，同时也要有足够的信心，相信改革开放的中国已储备和蓄积了足够的物质条件与经验智慧，有能力解决我国城市化面临的各种矛盾和问题。

（刘士林，博士，上海交通大学城市科学研究院院长、首席专家，教授，博士生导师，国家“十三五”规划专家委员会委员，教育部哲学社会科学发展报告首批建设项目《中国都市化进程年度报告》负责人，《中国城市科学》主编，《中国城市群发展年度报告》主编）

关于加强中西部县级文化局建设的建议

内容摘要：中西部县级文化局面临的主要问题和挑战有三：一是财权和物权流失严重，文化局被普遍"做空"。二是行政级别相对或绝对降格，组织管理和协调能力受到严重影响。三是公共文化服务资源资金严重短缺，难以承受新一轮"全面转企改制"的冲击。本文提出如下建议：一是细化我国文化体制改革的顶层设计，继续实施分阶段和分区域的改革路径。二是针对我国文化行政管理"政出多门"的现状，把提高管理和协调能力作为县域文化体制改革的重点。三是建立和启动"中西部县级院团国家保护机制"，核心是为其保留"事业编制"。

关键词：中西部县级文化局文化体制改革

近五年来，由于承担《北部湾经济区文化发展研究》、《西江经济带文化发展研究》、《桂西资源富集区文化发展研究》、《中原经济区文化城市发展研究》、《南阳市文化产业发展规划纲要》等委托项目，以及在河南济源市、湖南株洲攸县、云南曲靖宣威、山东藤县、沂南等地的考察调研中，我们先后与广西、河南、山东多个县级文化局进行面对面的座谈和交流，发现一个相当普遍的问题是，在持续推进的文化体制改革中，它们不仅没有受益，反而日益被"掏空"和"弱化"，在县域文化建设和公共服务上越来越难有作为。

一、中西部县级文化局面临的主要问题和挑战

根据我们的调研和综合梳理，县级文化局面临的突出问题和挑战有三：

一是财权和物权流失严重，文化局被普遍"做空"。具体说来，一是随着我国宗教政策和管理制度的落实和完善，原来隶属于文化局的寺庙及庙产相继被移交民政局或宗教协会；二是随着我国旅游业的兴起和快速发展，原来隶属

于文化局的风景名胜区和有一定门票收入的文保单位多被划归旅游局或管委会名下；三是具有经营性质的新闻出版、广播电视等纷纷独立为新闻出版局或广电局；四是一些生产性文化产业（如工艺美术厂等）被新组建的文产办或文改办收走。尽管“管办分离”“国有经营性文化事业单位转企改制”等作为国家文化体制改革的顶层设计和战略部署完全正确，但由于对中西部经济社会发展的阶段性和县域文化体制改革的特殊性考虑不够细致，使原本旨在理顺体制机制关系、解放和发展文化生产力的相关举措未能发挥应有的作用。且由于缺乏必要的经济资源和管理权，“干工作难”正成为县文化局面临的最大苦恼和尴尬。

二是行政级别相对或绝对降格，组织管理和协调能力受到严重影响。“管办分离”“转企改制”是国家文化体制改革的重点，受其影响，一些文化局内部的下级单位纷纷提升了行政级别，或是作为“国有经营性文化事业”划出，如广西凭祥友谊关城楼、河南南阳社旗县古赊店、内乡县衙等文保单位，或是作为旅游景点与文化局脱离，或是独立为与县文化局平级的正科级单位，但另一方面，这些部门日常的保护、维修和管理，却仍需由文化局出面组织和协调。在现有县域行政框架下，文化产业和文化事业一般由两个副县长分管，所以文化局根本没有能力统筹和协调，这是很多县域文物古建、历史名胜等遭到破坏或被过度开发的主要原因。如在广西田阳县敢壮山布洛陀文化旅游区开发中，县文化局和地方文史专家均被排除在外，其中耗资数百万元的展示馆，主题混乱、内容驳杂甚至还有知识错误，不仅浪费了宝贵的历史文化资源，也未能发挥出其应有的文化传承功能。类似问题和乱象在中西部相当普遍，必须确立文化局在文化产业发展中的主体地位，已成为基层文化干部最强烈的呼声。

三是公共文化服务资源资金严重短缺，难以承受新一轮“全面转企改制”的冲击。由于财权物权大量流失，管理和话语权日益萎缩，加上地方政府投入严重不足，中西部县域公共文化服务能力严重不足。在调研中我们发现，对国有经营性文化事业单位全面“转企改制”，中西部县文化局干群普遍感到难以理解和承受。原因在于，经过前几轮的文化体制改革，文化局仅剩院团、图书馆、博物馆、文化馆等部门，并普遍面临着经费不足、人才短缺等问题。如文化院团的演出主要集中在庙会和民间的红白喜事，收入十分有限，很难像大城市院团那样得到商业赞助，目前连编写新剧本、购置新戏服的经费都没有保障。而很多县院团之所以坚持下来，主要得益于 2005 年文化体制改革后保留的事业单位编制，为演职人员提供了基本的工资和相关待遇。目前，这支基层文化队伍尽管生存压力很大，但在及时宣传党和国家新出台的各项方针政策，以及配合文化产业、旅游业、会展业等新兴经济向县域推进等方面，仍发挥着宣传队和主力军的作用，一旦这支队伍在全面改企转制中被裁撤掉，县文化局将成为“光杆司令”，以后的很多工作都会“心有余而力不足”。

二、关于加强中西部县级文化局建设的建议

《中共十七届中央委员会第六次全体会议公报》提出“加快城乡文化一体化发展”，可以说是县级文化局承上启下的枢纽和桥梁。这不仅需要尽快把县级文化主管部门的体制机制做好理顺，同时更要进一步强化其在县级政府架构中的话语权和影响力，以便为城乡文化一体化战略提供支撑，并将各项国家文化惠民政策和服务真正落到实处。中西部作为我国城乡文化建设的短板，尤应引起各方的高度重视和关注。对此，我们提出如下建议：

一是细化我国文化体制改革的顶层设计，继续实施分阶段和分区域的改革路径。基于我国大城市和县域、东部和中西部发展差距较大的现实，应继续强调和推行分阶段和分区域的文化体制改革路径，在东部地区和大城市，文化体制改革的“转企改制”可以全面铺开、一步到位；对于广大的中西部和县域文化体制改革，不仅不宜“马上断奶”“完全市场化”，还应进一步加大国家和地方政府的投入和扶持力度。在调研中，不少县文化局提出县域文化经费应看齐各县的教育、卫生等投入水平，而目前的实际情况与后者的差距很大。

二是针对我国文化行政管理“政出多门”的现状，把提高管理和协调能力作为县域文化体制改革的重点。鉴于目前旅游局、文改办、各种管委会等在文化领域中界限不清、权责混乱，以及由此导致的机构臃肿、协调困难、效率低下等问题，同时，遵循当今世界文化与经济社会发展日益融合的规律，特别是结合党和国家政策宣传、精神文明建设、社会建设、新农村建设、公共文化服务、文化产业、现代服务业等在县域融合程度更高的趋势，县级文化体制改革应在“大部制”上先行先试，核心是把县级文化局重新“做强做实”，明确和提升县级文化局在旅游产业、文化产业等方面的牵头地位及主管和协调职能。在跟踪调研中我们发现，基于对前几轮文化体制改革的反思，目前河南多数县已将文化、新闻出版、广播电视等并为文广新闻局，以强化管理和协调能力，这种经验值得肯定和推广。

三是建立和启动“中西部县级院团国家保护机制”，核心是为其保留“事业

编制”。院团是中西部县级文化局开展文化工作和服务的最后一张牌,但由于文化事业基础薄弱、文化产业规模有限,再加上前几轮文化改制的冲击,这些院团的生存条件与发展环境不断恶化,十分困难。在我们的调研中,多地文化局的干群均表示:“县级不应将剧团推向市场”,并建议文化部、人事部应在中西部深入调研后再出台相关政策。目前,他们最担心的是如何保住剧团,避免走向“剧团解体,人才走空”的结局。由此我们建议,应尽快启动“中西部县级院团国家保护机制”,并制定符合中西部县域实际的文化体制改革框架和时间表。

(刘士林,博士,上海交通大学城市科学研究院院长、首席专家,教授,博士生导师,国家“十三五”规划专家委员会委员,教育部哲学社会科学发展报告首批建设项目《中国都市化进程年度报告》负责人,《中国城市科学》主编,《中国城市群发展年度报告》主编;刘新静,博士,上海交通大学城市科学研究院院长助理、研究员,《中国城市群数据库》负责人,《中国城市群发展年度报告》主编;王晓静,上海交通大学媒体与设计学院博士研究生,城市科学研究院兼职研究员,《中国城市科学》集刊主编助理)

专题报告

北部湾经济区文化发展主题研究报告

内容摘要：北部湾文化圈主要有四个圈层构成：一是以北部湾自然生态圈为依托的海洋文化；二是以农业经济为基础的稻作文化（那文化）圈；三是以传统洲际贸易与活态文化传承为主题的“海上丝绸之路”和铜鼓文化圈；四是以近代通商口岸城市和当代中国—东盟博览会为代表的国际都市文化圈。以区域内核心城市的优势文化版块为增长极点，提升北部湾城市群文化竞争力与合作吸引力；以文化发展创造区域开放格局，扩大北部湾文化圈与相邻文化圈的互动，强化中国—东盟文化交流与合作，推进中国—东盟自由贸易区建设，最终打造以城市群带动文化发展、以文化发展反哺经济发展的“北部湾文化发展模式”。

关键词：北部湾文化发展模式文化城市群

一、发展目标

发展文化软实力，增强经济硬实力；推动广西社会经济和谐发展，促进广西文化大发展大繁荣；以区域内核心城市的优势文化版块为增长极点，提升北部湾城市群文化竞争力与合作吸引力；以文化发展创造区域开放格局，扩大北部湾文化圈与相邻文化圈的互动，强化中国—东盟文化交流与合作，推进中国—东盟自由贸易区建设，最终打造以城市群带动文化发展、以文化发展反哺经济发展的“北部湾文化发展模式”。

二、基本特点

1. 以城市群为载体的区域文化发展是基本特点

中国的区域发展战略和方针经历了几次重大变化。从重点建设内地（1953—1963）、重点建设“三线”地区（1964—1972；1973—1978）、沿海地区发展战略(1981—1985)、三个地带发展战略(1986—1990)到地区协调发展战略(20 世纪 90 年代初期以来)。[①] 自 2000 年以来中国逐渐步入都市化进程，以城市群为重心的区域发展战略蓬勃展开，成为中国区域发展的又一重大变化和新特色。这决定了北部湾发展的基本特点是以城市群为载体的区域文化发展。

《规划》强调，“经过 10 到 15 年的努力，把北部湾经济区建设成为我国沿海重要经济增长区域，在西部地区率先实现全面建设小康社会目标。”标志着广西北部湾经济区开放开发正式纳入国家发展战略，并作为我国第一个“重要国际区域经济合作区”全面拉开建设开发序幕，将在促进我国东中西地区良性互动发展和促进中国—东盟自由贸易区建设中发挥重要作用。《规划》给出了北部湾经济区“区域增长”的发展模式，参照中国区域发展在都市化进程中的新特色，北部湾经济区必然是以南、北、钦、防城市群为载体的区域发展模式。同时，与北部湾经济区发展规划相一致，其文化发展的基本定位也应该是以城市群为主体的区域性发展。从区域社会学的角度来看，区域发展应是一个整体性工程，同时涵盖基础性的经济与社会发展以及超越性的文化发展两个层面。本研究报告撰写的目的即是为配合《规划》在本区域内的更好实施，对北部湾经济区的文化发展事业，从文化资源、文化服务、文化产业以及文化交流等各个方面进行踏实调查、深入研究、创新规划，为文化发展决策部门提供决策依据，为文化产业开发、文化服务与交流活动提供指导意见，以实现本区域以城市群为核心的科学与全面发展。因此，本研究报告确定以“文化发展”与“城市群建设”双核共建、双核融汇的基本主题，为广西北部湾文化发展提供基本原则与指导思想，使广西北部湾文化发展与地区经济社会发展在理性的引导下、有序、高效、又快又好地走出一条独特的发展道路，为落实《规划》提供有力的文化服务与精神支撑，探索出一条放眼长远、行之有效，具有以城市群为主题的区域发展示范意义的“广西北部湾文化发展模式”。

2. 北部湾经济区文化发展的文化基础是成熟独立的“北部湾文化圈”

长期以来，由于特殊的地理结构、文化传统以及自然资源条件，北部湾经济区形成了相对独立、内涵丰富、特征鲜明的文化圈。北部湾文化圈主要有四个圈层构成：一是以北部湾自然生态圈为依托的海洋文化；二是以农业经济

① 陆大道：《中国区域协调发展战略及其实施要求》，载于《第三届世界中国学论坛〈和衷共济—中国与世界的共存之道〉会议手册》，上海，2008 年 9 月 8 日—9 日。

为基础的稻作文化(那文化)圈;三是以传统洲际贸易与活态文化传承为主题的“海上丝绸之路”和铜鼓文化圈;四是以近代通商口岸城市和当代中国—东盟博览会为代表的国际都市文化圈。

北部湾文化圈是北部湾经济区文化发展的基础与富矿。“文化圈”是一个有机的整体,它包括了人类需求的各种文化范畴,依赖一定的自然与社会环境形成、发展并向其他地区移动,同时,还会与其他相关联的文化成分相互融合,使已有的文化圈在更广阔的地理空间得以分布和表现。文化圈必须有较大的族群或民族的固定不变的基本文化作为根基,因此它具有持久性的地理空间和生命力。许多区域发展的实践表明,明确区域发展的“文化圈”归属将有效促进区域发展的发展质量、协调合作与内部凝聚。以历史悠久、腹地广阔、内涵丰富的北部湾文化圈为土壤,北部湾经济区的文化发展具有其他地区无法相比的优越性。

3. 北部湾经济区文化发展的文化核心是海洋文化模式

北部湾是我国最大的海湾,各类海洋资源丰富,包含着众多大小港湾,可供开发建设三万吨级以上的深水泊位有 100 多处。北部湾又是中国目前最洁净的海湾,近岸海域水环境功能区水质达标率在 85%以上,是海洋生物理想的栖息地,其海岸以滩涂为主,也不乏如冠头岭一样的山岳海岸景观,是南方海滨旅游的理想目的地。

从文化传统角度看,北部湾文化圈的海洋文化底蕴深厚,以海上丝绸之路为代表的国际交流和以京族聚落为代表的少数民族文化是其典型代表。北部湾海洋文化形成于先秦时期,由于远离中原文化核心区,再加上受海洋生存环境的影响,培育出与岭南文化相似的海洋文化特征,具有开放冒险性、开拓创新性、商贸异域性和多元兼容性。北部湾海洋文化丰富多彩,特色鲜明,如水上木偶戏、独弦琴、“鹿回头”传说文化及京族“哈节”等,仍以动态传承的方式活跃在当地人的现实生活中。从经济发展的角度看,北部湾经济区拥有的 1595 公里海岸线,是国内仅存的未大规模开发的连片海岸线,又是承东启西、南北通达、边海相接的黄金海岸线。其中规划港口岸线达 228 公里,深水港口岸线为 160 公里,拥有极为优越的区位和极良好港口条件的海岸线,加上广阔的岸线陆地,与现代铁路、公路、航空网配套运行,将形成巨大的经济发展空间,释放出倍乘效应的经济能量。从世界范围看,美、英、日等经济强国无一例外都是借海振兴,其中日本仅凭东京湾 100 公里海岸线海港,就产生了全国 1/3 的经济总量。孙中山曾说:“世界大势变迁,国力之盛衰,常在海而不在陆,其海上权力优胜者,其国力常占优胜”。这句话不仅适用于传统的海洋经济贸易,在当下也可以用来说明海洋文化经济的重要地位。因为开放发展是海洋文化的基本模式,在文化产业、观光旅游及现代服务业方面具有广阔的发展前景。

4. 把握区域性、民族性、现代性和国际性特征

特色化发展是区域文化发展的新趋势,它首先建立于对发展特征的明确把握上。从实际出发,北部湾经济区文化发展应体现出以下几个特征:一是区域性。北部湾文化圈区域特色明显、区域内资源丰富,应在《规划》提出的“经过 10 到 15 年的努力,把北部湾经济区建设成为我国沿海重要经济增长区域,在西部地区率先实现全面建设小康社会目标”的总体框架内,内联外引,多方集聚,实现在区域发展基础上的跨区域、国际化发展。二是民族性。北部湾文化圈民族资源丰富,分布有壮、瑶、京和黎族等少数民族,其中以大明山为中心的广西南宁、邕宁、武鸣、上林等地和邻近的钦州、上思等市、县是壮族聚居地;东兴市的“京族三岛”——巫头、万尾、山心是京族分布区;瑶族散居在防城港市和上思县的十万山区各乡镇;黎族主要分布在海南省的五指山、昌江、乐东、保亭、白沙等市县。此外,环北部湾经济圈内的壮、瑶、京、黎等少数民族,大都分布在自然生态环境较好的大明山、十万大山、五指山等山区和北部湾沿岸,[①]民族风情浓郁,底蕴深厚,为弘扬民族文化,发展民族特色文化产业提供了良好的资源与条件。三是现代性与国际性。北部湾文化圈具有独特而优越的区位优势,地处华南经济圈、西南经济圈和东盟经济圈的结合部,是中国与东盟、泛北部湾经济合作、大湄公河次区域合作、中越“两廊一圈”合作、泛珠三角合作、西南合作等多区域合作的交汇点,是中国与东盟合作的前沿地带和“桥头堡”,也是我国西部大开发地区唯一的沿海区域,是我国与东盟国家既有海上通道、又有陆地接壤的独有区域。因此,北部湾经济区文化发展不可能故步自封,实行闭关锁国,必须遵循开放共建的现代发展战略,以更为广阔的国际视野从事北部湾经济区的文化发展规划与实践。

5. 以城市群优势文化增长板块带动区域文化发展的动力模式

2000—2005 年,北部湾经济区城市化率年均提高 1.06 个百分点;2006 年,经济区城市化水平达到 40.34%,比 2005 年 39.23%增加 1.11 个百分点,标志着其城市化进程已经驶入快车道。整个北部湾城市群,以钦州为圆心,四个中心城市相距在 100 公里以内,形成了地域相通、干线相连、腹地相叠的一

① 廖国一、王雪芳:《环北部湾经济圈少数民族文化的开发与保护》,《广西民族研究》,2007 年第3 期。

小时经济圈,[①]意味着北部湾经济区已初步进入到作为城市化模式的升级版本与当代形态的都市化进程,城市群发展成为北部湾经济区发展的主要引擎动力,同时,城市群的文化发展也开始浮出水面。城市群优势文化增长极是其文化发展进一步细化的动力模式,其方法是在总体中析分发展势头良好、最具潜力的优势文化板块,以之为增长点,通过优先建设,以点带面,连点成线,最终实现区域文化的高质量和大规模发展。

"城市群优势文化增长极",作为区域文化发展动力模式已获得很大成功。以北京著名文化创意产业基地"798"产业园区为例。798 是 1950 年代初由前民主德国设计的一处国家重点工业项目,位于朝阳区酒仙桥大山子一带。798 厂和周边的 797、751、706、707、718 等厂同属于一个大院——718 大院,这些厂都是保密单位,出于国防需要而以数字作厂名。近年来,一批艺术家和商业文化机构开始成规模地租用和改造一些空置厂房,逐渐发展成为集画廊、艺术家工作室、设计公司、餐饮酒吧等于一体的艺术社区。截至目前,100 多家艺术机构租用了 798 厂约两万平方米的旧厂房,"798"成为拥有百家艺术中心、画廊、艺术家工作室、设计公司、餐饮酒吧、时尚品牌的现代艺术空间,形成具有国际化色彩的"SOHO 式艺术群落"和"LOFT 生活方式",被人们称作"后现代主义艺术基地""民间艺术村","798"正在形成日臻活跃的文化经济市场。美国纽约苏荷(SOHO)区也是如此。该区原是纽约 19 世纪最集中的工厂与工业仓库区,规模、型貌、功能与北京 798 艺术工厂区相似。20 世纪中叶,美国率先进入后工业时代,旧厂倒闭,商业萧条,仓库空间闲置废弃。与此同时,美国艺术新锐群起,各地艺术家以低廉租金入住该区,眼光敏锐的画商在该区先后设立画廊。1960 年,纽约市放弃拆掉苏荷修建高速公路的设想,确认苏荷为文化艺术区予以保护和扶持。在废弃厂房仓库基址上自然生长起来的苏荷艺术区,在政府的保护和支持下,通过立法,确立了该区域的艺术文化区的身份,使一度面临拆迁的苏荷区起死回生,同时向着文化、商业、旅游观光等多元化的方向发展,不仅拉动了区域经济的增长,还成为城市改造的示范区。

三、发展原则

与世界级城市群或国内的长三角相比,北部湾经济区的基本特点是文化

① 《〈广西北部湾经济区发展规划〉解读》,广西人民出版社 2004 年 4 月版。

资源丰富、开发程度低，基本原则应该是“做加法”，即以先进的文化发展理论、前沿性的创意与科学的战略规划，引领北部湾经济区的文化资源与文化创造实现大规模和更充分的发展。基本原则概括如下：

1. 以城市群发展为文化发展的动力与载体，坚持“城市群建设”与“文化发展”双核互推的发展原则；

2. 强化城市文化对于农村与生态地区的辐射与带动作用，坚持城乡发展一体化原则；

3. 以强带弱，合理集中，坚持集中式强化发展的文化发展原则；

4. 由表及里，层层挖掘，坚持内涵式深化发展的文化发展原则；

5. 抓住本区域得天独厚的区位优势，充分利用国家政策倾斜，坚持文化关联、共同发展的发展原则；

6. 摈弃“穷过渡”的发展思路，超前规划，吸纳国内外最先进的文化发展理念，坚持跨越式发展的原则；

7. 适应个体各个层次的文化需要，坚持人本生态的发展原则；

8. 适应生产发展各个方面的需要，坚持公共文化服务优先的发展原则。

四、时代机遇

文化发展需要明确现实机遇。广西北部湾文化发展的现实机遇主要可从三个层面加以确定：(1) 在全球化视野中把握当今世界主流文化的发展态势与未来走向。(2) 充分研究中国当前文化大发展与大繁荣背景下提供的机遇。(3) 系统把握广西北部湾地区文化发展的环境、条件、已有的优势与存在的问题，为如何充分借鉴世界资源与中国机遇找到突破口。具体而言：

1. 政策机遇：“中国经济增长新的一极”

从北部湾发展历史来看，过去发展缓慢，其中一个主要原因是没有获得足够的政策支持与引导。2006 年 8 月，胡锦涛总书记在听取广西工作汇报时指出：“北部湾要成为中国经济增长新的一极”。2008 年以来，以作为国家战略的《规划》正式发布为象征，北部湾经济区发展获得了前所有未有的政策机遇，可以借助整个国家的资源与综合实力进行战略调整与布局。

第一，国家在有关规划、重大项目布局及项目审批、核准、备案等方面，给予北部湾经济区必要的支持，鼓励东部地区带动和帮助北部湾经济区发展；支持北部湾经济区在符合条件的地区设立保税港区、综合保税区和保税物流中心，拓展出口加工区保税物流功能；支持在北部湾地区设立地方性银行，探索设立产业投资基金和创业投资企业，扩大企业债券发行规模，支持符合条件的企业发行企业债券；支持北部湾经济区发挥开放合作示范作用，推动泛北部湾经济合作成为中国—东盟合作框架下的次区域合作平台，加强交通运输、海洋产业、农林渔业、能源开发、跨国旅游、生态环保等重点合作领域的规划编制与实施。第二，国家深入实施西部大开发战略和推进兴边富民行动，鼓励东部产业和外资向中西部地区转移，重大项目布局将充分考虑支持中西部发展，加大力度扶持民族地区、边疆地区发展，支持西南地区经济协作、泛珠三角区域合作及与国内其他区域的合作，为北部湾经济区加快发展注入了新的活力和动力。第三，中国—东盟自由贸易区建设加快推进，中国—东盟博览会和商务与投资峰会、大湄公河次区域经济合作等一系列合作机制的建立和实施，深化了中国—东盟合作，为北部湾经济区发挥面向东盟合作前沿和桥头堡作用奠定了基础。国家高度重视广西沿海地区发展，明确将北部湾经济区作为西部大开发和面向东盟开放合作的重点地区，提出新要求，赋予新使命。北部湾经济区加快发展的条件已经具备，时机已经成熟。

2. 区域机遇：中国沿海发展的第四增长极

当今世界是海洋经济区域空前活跃与大发展的时代。世界大城市群的形成有两个要素，一是与海洋地理与海洋文化相关，如美国东北部沿海城市群、伦敦城市群、东京城市群，海洋提供的交通、资源与环境是其形成的重要原因；二是与国际性或跨区域性相关，如五大湖城市群、巴黎城市群等，借助物质流通与人口迁移而形成的国际交往密集区，容易吸收到多元化的发展资源，是经济全球化的大趋势。在中国也是如此，如渤海湾、长三角、珠三角地区的率先发展，与其所依托的海洋地理与文化资源密切相关。据国家海洋局发布的《2004 年中国海洋经济统计公报》显示，长江三角洲经济区、环渤海经济区的主要海洋产业总产值均已超过 4 000 亿元。以上海为首位城市的长三角城市群与国际联系十分密切，一直是中国与世界相互联系的最大的桥头堡；以广州为首位城市的珠三角城市群则充分利用与香港、澳门的地缘优势，与更加广阔的世界建立了紧密的交流与联系机制。由此可知，中国海洋区域经济的快速发展同样得益巨大的海洋地理与文化区位优势以及与国际社会的联系密切与有机互动。

从这两方面看，北部湾城市群的发展具有很大的优势，借助海洋区域所形成的区位优势，环北部湾国家与地区建立了便利的水陆通道，有利于人口、资源与文化的交流与配置，并作为中国沿海的最后一大块黄金海岸与大西南的国际大通道，具备了跃升为中国经济增长的第四极的条件。借助海洋区域机遇，北部湾经济区已形成的重点国际区域合作版块包括：

——东盟自由贸易区合作。

——大湄公河次区域经济合作。1992 年由亚洲开发银行发起，涉及澜沧江—湄公河流域内的中国、越南、缅甸、老挝、柬埔寨、泰国 6 个国家，旨在通过加强各成员国之间的经济联系，消除贫困，促进次区域经济社会发展。

——中越“两廊一圈”合作。“两廊”是指昆明—老街—河内—海防和南宁—谅山—河内—海防两条经济走廊；“一圈”是指环北部湾经济圈。

——泛北部湾经济合作。泛北部湾经济合作涉及中国和东盟国家中的文莱、印尼、马来西亚、菲律宾、新加坡、越南等国家，旨在发挥北部湾的区位优势，促进环北部湾和南海沿岸国家和地区间的合作。

——南宁—新加坡经济走廊。以南宁—河内—金边—曼谷—吉隆坡—新加坡铁路和高等级公路为依托形成的通道经济走廊。

这些国际版块及其蕴藏的巨大集聚效应与能量，在极大地促使北部湾经济发展的同时，也将为其文化产业与文化事业的发展奠定坚实的物质基础。

3. 后发展城市群的“先机”与“厚利”

北部湾地区属于后发展地区，劣势在于基础薄弱，如资金缺乏、基础设施建设落后，人才与人力资源储备与训练不足等。同时，在主观上的发展意识、观念与理论也相对落后。但从城市群发展的一般规律看，劣势往往可以转化为优势。一方面，北部湾后发展的现实使该地区的环境与自然资源污染少，也没有快速发展地区不堪重负的环保包袱，为建设生态环保型城市群提供了条件。另一方面，后发展城市群在起步阶段就可以吸取先发展者的经验教训，少走弯路，避开一些现代化的陷阱，实现事半功倍、“后发先至”的跨越式发展。如果说，前者是北部湾城市群最明显的“先机”，那么后者则是其最有可能获得的“厚利”。

从国内外城市群发展的经验出发，北部湾城市群可以借鉴的经验有：

——规划先于实践，避免大拆大建的经验。城市是寸土寸金之地，又具有牵一发而动全身的性质。目光短浅的功利主义规划与建设，会给城市带来无穷无尽的麻烦。城市建设中无规划或规划落后，是城市大拆大建、反复折腾的根源。这方面有很多沉痛的教训。如波士顿 1991 年动工的大开挖计划，主要是拆除一条修竣于 1959 年的高架中央干道，把交通引入地下隧道，修复地面城市肌理。因为干道将城市与海滨隔绝，使波士顿失去了滨海城市的风韵。大开挖计划是美国有史以来规模最大、技术难度最高、环境挑战最强的基础设施项目，相当于巴拿马运河、英吉利海峡隧道、跨阿拉斯加管道系统，总投资146亿美元，其所有的意义只是为了弥补当年的错误规划。① 又如深圳市尽管发展很快，仅用20年就从农村发展为大都市，但目前已无地可用，同时还遗留有“城中村”等后遗症，成为城市改造和更新的沉重负担。目前，北部湾城市群正处在快速建设与发展中，基建工程多，作业量大，在城市规划方面应特别地予以留意和小心。

——注重城市群生态建设，实现环境友好型发展的经验。城市自然生态、社会环境及精神生态建设是未来城市发展更加重要的目标。在1992年联合国里约环境与发展大会通过的《21世纪议程》中，正式提出“环境友好”(Environmentally friendly)的理念，环境友好技术、环境友好产品得到大力提倡和开发。2002年世界可持续发展首脑会议，将经济发展、社会进步和环境保护作为可持续发展的三大支柱，对“环境友好”的认同程度进一步提高。党的十六届五中全会提出了建设资源节约型和环境友好型社会，使环境友好成为实现城市可持续的重要理念。北部湾的现状是开发程度低，环境保护较好，这有利于其采取生态发展战略。但另一方面，城市群迅速发展的态势与需要，必然要以相应的自然资源与环境损耗为代价，因而，北部湾城市群的建设与发展应主动顺应人类发展大趋势与国家统一战略部署，采取有利于环境保护的生产方式、生活方式和消费方式，以区域内环境承载力为基础，以遵循自然规律为准则，以绿色科技为动力，构建经济社会环境协调发展的社会体系，避免重蹈环渤海、长三角及珠三角破坏环境的覆辙。

——注重城市化中的民生问题，建设“宜居城市”的经验。

城市的本质在于提供一种更有意义和更美好的生活方式。对这一点的重新确认，是人类从以“最大自由去挣最多的钱”与以最疯狂的行为去消费的“美国梦”转向基于“生活质量”与“可持续性的文明”的“欧洲梦”的根源。对于城市发展而言，则是直接推动了从经济城市向“宜居城市”的转变。2005年，英国《经济学家》旗下“智库经济学家信息部”(EIU)在评选“全球最适合生活的城市”时，依据包括安全性、医疗服务、文化与环境、教育、基本设施等五大领域和近40个指标，2007年，其指标体系扩展到包括儿童福利、谋杀案、平均寿命、平

① 王军：《现代城市之痒》，《文汇报》，2008年11月1日。

均收入、健康医疗质量等 200 项，在此次评比中，挪威、冰岛、澳大利亚位列三甲，而经济大国美、英分列第八、第十七。① 无独有偶，根据 2005 年发布的《中国城市生活质量报告》，GDP 位列全国第五、第十一的天津、重庆，其生活质量分别处于第 35 位、第 60 位。② 由此可知，生活质量与城市经济发展不是成正比的。与之相应，在中国城市化水平最高的浙江省省会杭州则率先提出建设"生活品质之城"，代表了中国城市今后的更高层次发展的需要与方向，并与全球化进程中人类城市的总体实践相契合，因而具有很好的引领与示范意义。这正反两方面的经验教训，北部湾城市群的建设与发展是需要充分注意和思考的。

——统筹利用城市文化资源，建设文化城市的经验。

在当代大都市发展过程中，由于重经济、轻文化的急功近利的发展，使其自然环境、社会空间与文化生态的矛盾冲突问题日趋严重，使中国城市群的可持续发展遭遇到巨大的障碍与困难。这个矛盾在广西同样表现得十分尖锐。一项对我国各省、直辖市、自治区资源利用效率总体状况的横向比较研究表明，北京、上海、广东、浙江排在前列，地区资源的环保效率很高，而广西自治区的 RPI 指数仅为 0.418 424，在全国的排序是第 25 位，说明其经济增长在整体上仍处于粗放阶段。③ 文化城市突破了现代以"经济"为中心的城市发展模式，首先，文化资源是城市经济系统中重要的新生产要素，其有效的产业化是城市良性与可持续发展的重要途径，有助于实现经济增长方式的转变。其次，文化生产力可以丰富当代生产力系统，文化软资源可以补充经济硬资源储备的不足，促进城市经济结构的良性与全面发展。再次，文化事业与文化服务业可以有效提高城市发展的质量，同时也可满足人民群众日益增长的精神与文化需要，有利于社会主义先进文化的建设和发展。由于中国城市在整体上偏向于经济型，特别是在城市管理、文化体制、文化市场等方面存在的问题，使中国城市文化资源与文化产业的贡献率依然很低。文化城市对于缓解人与资源、环境的矛盾，走出现代城市发展陷入的困境，改革文化管理体制与解放文化生产力，转变中国城市发展方式，无疑具是一种重要的创新发展模式。

——利用北部湾丰富的审美文化资源，建设更高层次的"艺术之城"的

① 《全球生活质量：挪威居首冰岛第二中国未入前 20》，中国新闻网，2007 年 09 月 06 日。

② 《〈经济学家〉：全球最适合生活城市温哥华居首》，天津北方网，2005 年 10 月 05 日。

③ 模国平、毛小兵：《我国自然资源利用的绩效评价研究》，《江西社会科学》，2008 年第 12 期。

经验。

“艺术之城”是一种以美学为理论基础、以艺术活动为实践中介、以提高人的生活质量与实现人的全面发展为理念的城市文明建设与发展框架。在文明早期,城市发展的重心主要在物质文明与政治文明上。在当代都市化进程中,由于“文明病”“城市危机”等严重影响城市发展的问题更多地集中在精神环境与文化生态上,使艺术与审美等现代性问题在城市文明的建设中越来越重要。特别是随着当代艺术产业与文化市场的充分发育,一方面,艺术生产力提供的新生产要素与资源可以给城市经济带来极大活力,另一方面,城市经济的充分发展又为艺术生产创造了更好的物质条件与社会环境,这是当今世界许多城市,如巴黎、亚历山大、佛罗伦萨、威尼斯、维也纳、爱丁堡、耶路撒冷、费城、悉尼、莫斯科等改变观念、不惜血本进行“艺术之城”建设的根源。以南宁国际民歌艺术节为标志,北部湾地区拥有丰富的审美文化资源,以艺术之城为理念,对于整合区域内艺术文化资源、优化艺术产业结构、解放艺术生产力、提高艺术自主创新水平、培养世界艺术领军人才,具有十分重要的现实意义。

4. 文化发展的产业化机遇

北部湾经济区文化发展的优势与劣势并存,一方面经济产业落后、经济结构转型压力大,文化资源开发与利用的水平低,丰富的文化资源未能对区域经济发展与社会建设起到重要的作用,造成了人民生活相对贫困,未能满足人民群众的物质生活需要。另一方面则是文化资源丰富,原生态文化、文化多样性保护得好,与中国其他三个滨海城市群相比,在中国转变经济增长方式的过程中承担的压力,也不像长三角、珠三角与环渤海压力那样大,这为北部湾经济区文化发展轻装上阵提供了可能。在这个意义上,北部湾正处于一个战略选择与重新布局的关键时期:是继续走传统的工业化与城镇化的发展模式,以对自然环境资源的巨大消费促使经济的粗放型发展,还是努力跳出“先污染、后治理”的怪圈,以文化资源的开发为主体、以文化生产力的发展为模式,努力实现自身的跨越式发展,是北部湾经济区文化发展面对的主要抉择。

综观当今世界,与以矿山开采、冶炼、纺织等传统制造业为主体的城市化进程不同,在都市化进程中不断壮大的高新技术产业、金融资本运营、信息产业、文化产业等,构成了“大都市”与“城市群”在物质生产与经济社会发展方面的主导性机制。正是由于它们为城市创造了传统制造业无法比拟的巨额财富,才使城市有能力在节能减排、保护环境与改变经济发展方式等方面做出实质性的进展。这是如伦敦、纽约、甚至韩国、新加坡、中国香港等纷纷提出文化立国或文化兴市的战略框架，开始走文化产业之路的根源。2002 年 9 月，新加坡发布“创意产业发展战略”，试图通过实施这一战略，把艺术、经济、科技结合起来，使之集聚为新加坡的竞争优势。该战略提出将新加坡建设成文艺复兴城市、全球文化和商业设计中心、世界媒体城，树立起“新亚洲创意中心”的地位。2002 年，新加坡从事创意产业的公司有 8 000 多家，从业人员 7.2 万人，创意产业对 GDP 的贡献为 2.8%至 3.2%，新加坡政府希望到 2012 年，创意产业对 GDP 的贡献率提高到 6%。1998 年，韩国政府提出“文化立国”战略，同时迅速制定了发展“文化产业”的规划。与此同时，中国在文化产业发展道路上奋起直追，特别是率先发展的东部地区。截至 2007 年，依托长三角、珠三角和环渤海地区，中国已经形成了三大文化产业带，其中，广东、北京、上海、浙江、江苏、山东等六省市的文化产业资产拥有量均超过 1 000 亿元，占全国文化产业总资本的 66%。① 对于作为中国沿海发展的第四增长极的北部湾理应借助先进的文化发展战略，及时吸取先进的文化经济发展模式，走出一条新兴的区域发展之路。

五、重大意义

1. “一湾相挽十一国”的政治意义

北部湾经济区拥有独特而优越的地理区位，地处华南经济圈、西南经济圈和东盟经济圈的结合部，是中国与东盟、泛北部湾经济合作、大湄公河次区域合作、中越“两廊一圈”合作、泛珠三角合作、西南合作等多区域合作的交汇点，是中国与东盟合作的前沿地带和“桥头堡”，也是我国西部大开发地区唯一的沿海区域，是我国与东盟国家既有海上通道又有陆地接壤的独有区域，在迄今批准实施的所有新区、经济区和试验区中，唯有广西北部湾经济区被明确赋予了“重要国际区域经济合作区”的功能。

此外，北部湾经济区不仅担负着发展国际经济的重大责任，更担负着以经济发展稳定政治局势，营造国际和谐氛围的政治责任。从国际政治秩序建构的角度看，北部湾是中国最可放心的“后院工程”，中国东南的台湾问题、东邻的日本问题、西部的西藏、西北的新疆问题，一系列国际政治问题都可以在这一区域的经济发展中产生作用与反作用，这一区域的安全与稳定意义重大。

① 《23 个省区市要建文化强省　创意人才不足成瓶颈》，《人民日报》，2008 年 01 月 24 日。

如果说经济发展是基础，政治稳定是趋势，那么文化发展则是其中至关重要的转化与助推因素。

2. 落实《广西北部湾经济区发展规划》的重要举措

《规划》的颁布为北部湾经济区发展提供了机遇，同时明确了本区域发展的制约因素，即“总体经济实力还不强，工业化、城镇化水平较低，现代大工业少，高技术产业薄弱，经济要素分散，缺乏大型骨干企业和中心城市带动；港口规模不大，竞争力不强，集疏运交通设施依然滞后，快速通达周边省特别是珠三角大市场以及东盟国家的陆路通道亟待完善，与经济腹地和国际市场联系不够紧密；现代市场体系不健全，民间资本不活跃，创业氛围不浓；近海地区生态保护及修复压力较大；社会事业发展滞后，人才开发、引进和储备不足等。”

北部湾经济区在工业化、城镇化以及现代基础设施方面的限制，一方面促使本区域建设要迎头赶上，另一方面则启发了以“文化发展”带动整体发展的新思路。北部湾经济区文化发展既有外部压力也有内部动力。外部压力主要是中国转变经济增长方式的要求，以及环境与资源的整体性压力，内部动力则是区域发展决不能再走“先污染、后治理”的传统工业化与城市化老路已成为共识，以文化资源开发、文化产业发展及文化事业建设为主题，可以为外部压力与内部动力找到互利共赢、良性循环的中介与机制。北部湾具有丰富的文化资源，具有发展文化的天然条件，其文化贡献率很低的现状，使文化发展既具有迫切的现实需要，又符合长远的与根本的利益。提高文化资源的利用，大力发展文化产业，使文化对经济发展与社会建设发挥更重要的作用，已成为当务之急。结合广西北部湾地区经济社会发展状况，文化资源的开放与未来社会建设的具体实际，同时参照世界发达国家及相似地区的文化发展经验，树立具有典范意义的“广西北部湾文化发展模式”，为北部湾地区的文化发展提供整体性战略框架与具体工作目标，是落实《广西北部湾经济区发展规划》的一个重要举措。

3. 响应《国家“十一五”时期文化发展规划纲要》，提升本区域综合竞争力

国家“十一五”文化发展规划纲要《序言》中指出：“在开创中华民族美好未来的历史进程中，文化既为经济社会全面协调发展提供强大的精神动力，也是经济社会发展的重要内容。……当今世界，文化与经济、政治相互交融，与科技的结合日益紧密，在综合国力竞争中的地位和作用日益突出，越来越成为衡量一个国家综合实力强弱的重要尺度之一。在复杂的国际环境中，要赢得国际竞争，不仅需要强大的经济实力、科技实力和国防实力，同样需要强大的文

桂西资源富集区自然、社会与人文资源研究报告

内容摘要：桂西资源富集区是中国西部地区自然资源丰富、区位条件优越、民族文化浓郁、发展潜力较大的地区。河池、百色、崇左三市处于云贵高原余脉，山区面积大，历史悠久，自然资源丰富，战略地位重要，经济潜力巨大，自然生态环境优美，民族文化特色鲜明，民族风情多姿多彩，堪称广西的“后花园”。合理的区划以及丰富的人力资源，将为桂西资源富集区未来发展提供最基本的人为和自然保障。桂西资源富集区区域经济板块概念从酝酿到正式发布，是国家和广西地方政府对该区域独特的人口结构、自然环境、产业结构进行重新开发、规划的产物。

关键词：桂西　资源富集区　区域战略

一、桂西资源富集区的自然环境与资源

1. 桂西资源富集区的区划与人口状况

桂西资源富集区是指地处广西壮族自治区西部地区的河池、百色、崇左三市所辖的 30 个县市区，土地面积 8.71 万平方公里，占全区总面积 37.8%。2010 年末总人口 1 017 万人，占全区总人口 19.7%，是广西少数民族主要聚居地区，集革命老区、边疆地区、民族地区、连片特困地区、大石山区和水库库区于一体，是国家西部大开发“十二五”规划明确支持建设的八个重点能源资源富集地区之一。① 推动桂西资源富集区经济升级换代、跨越发展是是广西实施“两区一带”(北部湾经济区、桂西资源富集区和西江经济带)区域发展总体布局的重要组成部分。

桂西资源富集区区域经济板块概念从酝酿到正式发布，是国家和广西地

① 吴丽萍、李冠霖：《让资源富集区真正“富”起来》，《广西日报》，2012 年 10 月 19 日。

方政府对该区域独特的人口结构、自然环境、产业结构进行重新开发、规划的产物。2009 年国务院下发的《关于进一步促进广西经济社会发展的若干意见》中明确提出要“增强资源富集的桂西地区自我发展能力”，并对桂西资源富集区河池、百色、崇左三市的经济发展策略提出了宏观的指导；2011 年初出台的广西“十二五”规划中更是对桂西的特色产业和优势产业做了具体的规划，突出强调了桂西资源富集区在广西“两区一带”发展格局中的重要地位；2011 年 11 月召开的中共广西壮族自治区第十次党代会明确把桂西作为广西未来五年经济发展战略中重点打造的“三大经济板块”之一，指出要努力争取国家支持，谋求将桂西资源富集区上升为国家资源富集区转型升级试验区；2012 年 1 月，指导未来河池、百色、崇左桂西三市发展的纲领性文件《桂西资源富集区发展规划》，通过专家评审。2012 年 2 月，国务院正式批复的《西部大开发“十二五”规划》，明确提出支持桂西地区等八个资源富集区集约发展，这是国家从全局战略高度重视和支持桂西地区发展的重大决策，为桂西地区加快发展提供了重大机遇。2012 年 10 月，自治区政府原则通过《桂西资源富集区发展规划》。《规划》提出，要把桂西资源富集区建设成为国家资源富集地区转型升级试验区、南宁——新加坡经济走廊重要通道区、我国沿边开发开放振兴区、滇桂黔石漠化片区区域发展与扶贫攻坚示范区和西南重要生态屏障区。[①] 可见，促进桂西资源富集区社会经济文化的科学发展、和谐发展、跨越发展，是党中央、国务院及广西党委、政府继打造北部湾经济区、西江经济带之后促进广西全面发展的又一重大战略部署，这对加快桂西资源富集区经济社会发展，增进民族团结、共享发展成果、巩固边疆安宁、实现富民强桂新跨越，具有重要战略意义。

桂西资源富集区上升为国家开发战略，是以该区域人口结构、自然环境、生态资源有能力、有必要进行区域城市群发展为前提的。桂西资源富集区是中国西部地区自然资源丰富、区位条件优越、民族文化浓郁、发展潜力较大的地区。河池、百色、崇左三市处于云贵高原余脉，山区面积大，历史悠久，自然资源丰富，战略地位重要，经济潜力巨大，自然生态环境优美，民族文化特色鲜明，民族风情多姿多彩，堪称广西的“后花园”。合理的区划以及丰富的人力资源，将为桂西资源富集区未来发展提供最基本的人为和自然保障。

---

① 吴丽萍、蒋美凤、李冠霖：《自治区政府审议通过〈桂西资源富集区发展规划〉》，《广西日报》，2012 年 10 月 1 日。

2. 桂西资源富集区的自然环境优势与问题

独特的桂西地貌形态创造了优越的桂西资源富集区自然环境。广西桂西地区地处亚热带季风区，具有气候温和、热量丰富、日照充足、光能利用率高、雨季长、降水强度大等特点，因而植物资源丰富。再加上该地区山地、丘陵、台地、谷地、盆地、平原等各类地貌纵横交错之处，由此形成独特的山地、湿地、森林生态环境以及丰富的地质矿产资源。以自然保护区、珍稀动植物栖息地、森林公园为代表构成的广西桂西地区的森林生态资源，以及代表一定地质构造及地貌情况的地质剖面和地质公园，不仅是难得的科考对象，还具有重要的旅游价值。

就桂西三个城市的自然环境而言，河池市地势西北高东南低，山脉多分布于边缘地带，北有九万大山，西北有凤凰山、东风岭，西和西南有都阳山、青龙山等山脉。百色市地形为南北高中间低，地势走向由西北向东南倾斜，属于典型的山区，并且四面山峰环抱，是个典型的小盆地城市。而崇左市地势大致呈西北及西南略高，向东倾斜，中部被左江及支流切割，形成错综合颁的丘陵平原。这些都是桂西地区发展的基础，也是桂西在未来实现创新城市发展的最宝贵的自然资源。

尽管桂西资源富集区有丰富的矿产、水能、文化旅游以及特色农林业等资源，但是，由于历史及地理环境等因素的制约，当地自然环境也存在着一些不容忽视的问题，直接影响到依赖这些自然资源进行生产的产业结构上，这主要表现在：一是桂西地区的河池市、百色市和崇左市以流水地貌及岩溶地貌为主要特色，其山地多，山体高大，坡陡土薄，其间又广泛分布岩溶地貌，地面崎岖，交通不便，土少石多，易旱易涝。二是在产业结构上以资源密集型产业为主，自然资源属于低端经济资源，开发要有科技与管理加以提升。资源密集型产业本身也存在着容纳多少科技要素的问题。更为重要的是资源开发强度大带来的生态环境问题比较突出。因此，桂西资源富集区仍然属于欠发达后发展地区，人均地区生产总值仅相当于全广西平均水平的 76.6%，丰富的资源优势未能转化为经济优势，与发达地区的差距越拉越大。对此，实施优势资源开发战略，要求加快转变资源开发利用方式，探索一条新型资源开发路子，以提高资源开发利用效益，增强可持续发展的能力。

3. 桂西资源富集区的矿产资源优势与问题

整个桂西资源富集区拥有丰富的矿产资源、水能资源、农林资源、旅游资源、文化资源及其他的一些特色资源，它们是本地区现在以及未来经济发展的物质基础。其中,矿产资源在本地区乃至全国都拥有巨大的优势。区域内矿产资源种类近60种,矿种齐全、分布广泛,优势矿产资源储量大、集中度高,是著名的"有色金属之乡",桂西地区的铝、锰、锡、铅、锌、锑、铟、银、镉、硫、砷等矿产保有储量居全区首位,铝土矿远景储量超过10亿吨,是我国生产优质砂状氧化铝的主要基地;锰矿储量1.49亿吨,居全国前列。河池市是我国十大有色金属之乡,锡、锑、铟、铅、锌等多金属矿产资源储量丰富,百色市是我国主要铝土矿资源富集区,崇左市是中国锰都,锰、膨润土、重晶石、锌、金、银、稀土等资源储量比较丰富,桂西地区石灰石资源比较丰富,发展水泥建材条件得天独厚。① 近年来,桂西资源富集区抓住国家实施西部大开发战略的机遇,依托矿产资源优势,培育以有色金属工业为主的产业集群,初步建成广西最有规模与技术水平的采掘、冶金工业基地;大力开发水能和电力资源,建成了龙滩水电站一期、大化水电站、天生桥水电站、平班水电站、百色水利枢纽等一批水电项目和田阳火电厂、田东火电厂等火电项目,"西电东送"基地基本形成;充分发挥右江河谷亚热带农业资源优势,大力发展亚热带现代特色农业;加快开发大石山区"喀斯特地质地貌"特色的旅游资源,发展旅游产业。② 广西"十二五"规划纲要提出,要把桂西资源富集区发展摆在实现跨越发展总体战略的重要位置,加快建设国家重要战略资源接续区和资源深加工基地。

但是,由于自然条件和各种历史原因影响,桂西三市总体属于典型的后发展欠发达地区,与全区平均水平和其他区域发展水平的差距仍然较大。经济总量占全区的比重仅为14.9%,人均地区生产总值仅相当于全区平均水平的71%,相当于北部湾经济区的55%。在矿产资源开发和水能利用上,仍然存在着诸多问题。目前矿产资源开发面临的问题主要有:一是矿产勘察机制不完善,勘察监督管理欠缺。二是矿产资源开发格局不尽合理,部分矿产资源供需矛盾突出。桂西资源富集区矿产资源开发布局呈现出小矿多、大矿少、不成片、不连续,规模化、集约化程度低等问题。例如,百色市截止到2009年底,有效期内的矿山企业有636个,小型矿山企业达621个,占矿山数的97.6%。三是大多数矿产资源产品附加值低,环境治理任务重。矿产品普遍缺乏深加工和精加工,生产经营粗放,产品结构单一,产业链延伸不足,产品的附加值低。部分矿产资源开发过程中环境代价较高,特别是有色金属矿在开采利用中造

① 吴丽萍、李冠霖:《让资源富集区真正"富"起来》,《广西日报》,2012年10月19日。
② 李欣广、吴碧波:《积极探索新型资源开发路子》,《广西日报》,2012年3月13日。

成大量土地荒废，地址环境恶化，废水废渣污染问题突出，环境治理任务艰巨。例如，河池市煤矿开采回采率平均为 76%，有色金属矿、黑色金属矿开采回采率平均为 87.60%、90.03%，非金属矿开采回采率平均为 90.88%。不同地市矿产资源开发水平具有明显差别，同一地区不同矿产企业开发利用水平相差较大。四是电力、能源供应不足，矿产企业发展成本高。例如，百色电解铝行业中仅电费成本就占企业成本的 30%—40%。[①] 在全球城市发展方式创新转型的现实背景下，桂西资源富集区如何充分利用矿产资源优势，同时，克服当前矿产资源开发中的问题，加强保护生态环境，把矿产资源优势转化为产业经济优势，这些都将成为未来桂西资源富集区经济发展规划面对的现实难题。

4. 桂西资源富集区自然资源与文化遗产资源

广西桂西地区自然遗产资源类型齐全，特色鲜明。丰富的自然资源养育了生活于广西桂西的汉族以及壮、侗、苗、瑶、回、仫佬等少数民族，创造了多姿多彩的物质类和非物质类文化遗产，使和谐民族文化与和谐生态文化相辅相成。

在自然遗产资源方面，广西桂西资源富集区自然遗产资源包括山地生态资源、湿地生态资源、森林生态资源、地理标志农产品、地质资源等。桂西地区分布着气势磅礴、林木葱郁、景色优美、动植物资源丰富、适于科学考察远足攀登的山峰，如会仙山、石钟山、花山等。这些山峰中游林立秀美的岩溶峰林，峰林中的洞穴景观、山间峡谷景观共同构成广西桂西地区重要山地生态资源。纵横交汇的河流、幽碧清澈的泉水、宽阔碧蓝的湖水、跌宕多姿的瀑布共同构成了广西桂西地区的湿地生态资源。湿地生态生长着丰富的物种，不仅为广西桂西经济带的发展提供了重要的生产和生活资料，还具有巨大的景观价值。以自然保护区、珍稀动植物栖息地、森林公园为代表构成了广西桂西地区的森林生态资源。桂西的地质资源丰富，不同形态的地质资源，不仅为各族群的发展及今天的现代化建设提供了一定的物质条件和基础，亦愈来愈成为今天重要的旅游资源。河池、百色和崇左地区发育完整的岩溶岩貌、自然与人文相映成趣的名山大川、物种丰富的自然保护区和森林公园、具稀有的自然属性及较高的美学观赏价值的地质遗迹、丰富的地理标志农产品等自然遗产资源，不仅有科研价值，更构成广西桂西一带丰富多彩的旅游文化资源，给地方经济发展

① 安钧鉴、胡宝清、蒋艳华、韩世静：《浅析桂西资源富集区优势资源开发现状及对策》，《科技情报开发与经济》，2012 年第 7 期。

带来较高的旅游经济效益。

在物质文化遗产资源方面，桂西资源富集区物质文化遗产资源丰富，不同历史时期的文化遗产均有不同程度的遗存，由此集聚了众多具有时代性、地域性特征的物质文化遗产。先秦时期，桂西资源富集区拥有灿烂的历史文明，至今仍然保留有巨猿、古人类化石地点和旧石器时代遗址。目前世界共发现有10个巨猿化石地点，在广西境内共发现巨猿化石地点5处，其中属桂西资源富集区的有3处。1956年在大新牛睡山黑岩洞发现的巨猿化石是广西首次发现巨猿牙齿化石。广西目前已发现古人类化石地点22处，属桂西资源富集区的有8处。其中田东么会洞发现的化石从形态上与北京猿人、和县猿人、蓝田猿人等中国直立人接近，可能属于直立人，是世界目前最新发现的巨猿化石地点。秦汉时期，桂西地区岩画大量涌现，其中，分布于左江及其支流明江、平而河沿岸及附近峰林断崖峭壁上的岩画成为这个时代最杰出的历史文化遗产。三国两晋至隋唐时代，桂西资源富集区经济获得重要发展，铜鼓制作艺术兴盛。特别是唐代西盟型早期铜鼓，制作精细，这类铜鼓主要分布于龙州、靖西中越边境线，后来沿中越边境向西传播，在今缅甸境内发展为真正的西盟型铜鼓。宋元明清时期，桂西地区佛教盛行，这一时期保存的物质文化遗产具有明显的宗教艺术特征。其中，始建于宋，初名西明寺的西竺寺，是明代著名的佛教寺院。始刻于宋代、位于宜州市城北1 000米的白龙公园会仙山罗汉洞崖壁上的宋代石刻五百罗汉号名碑，是中国最早的五百罗汉名号碑，对研究佛教民俗化并向南方少数民族地区传播有重要价值。位于宜州市北郊白龙公园的会仙山摩崖石刻、位于田东县江城镇南八仙山的八仙山摩崖造像、位于宜州市城北白龙洞罗汉岩的白龙洞摩崖造像等等，都是宋代宗教艺术发展的历史见证。明清时期，除了大量寺庙、墓葬群等重要物质文化遗产之外，随着中央政府加强了对西南地区的军事统治，以及当地人民反抗斗争的加剧，大量边关要塞遗址和军事起义遗址，成为这一时期物质文化遗产的一大特色。其中，镇南关起义地址、连城要塞遗址、大连城、小连城、平公岭炮台、金鸡山炮台、法国驻龙州领事馆旧址等等，对于研究明清以来当地政治、外交、军事等各个方面的真实状况，都具有重要的价值。

在非物质文化遗产资源方面，桂西资源富集区是我国大西南一个以壮族为主体的重要的少数民族聚集地，境内居住有壮、汉、瑶、苗、毛南、仫佬、水、彝、仡佬、回、满、黎、布依、侗、蒙古、白、高山、京等20余个民族。在广西设置的12个自治县中就有六个自治县分布于桂西资源富集区中，其中，河池、百色、崇左三市多为壮族聚居之地。在漫长的历史长河中，世居于此的土著民族与相继由区内外迁来的汉、苗、瑶、彝、水、仡佬等民族共同胼胝耕耘，用汗水浇灌这片古老的土地，组成了和睦共处的民族大家庭，居住在这一地区的各族人民充分发挥自己的聪明才智，结合自身所处的地理环境与生计模式，创造出了丰富灿烂的非物质文化遗产。截至 2012 年，桂西资源富集区的河池、百色和崇左三市入选国家级非物质文化遗产代表性项目名录共计 14 项，罗景超、闭克坚、黄达佳三人被命名为国家级非物质文化遗产项目代表性传承人，靖西壮锦厂成为广西唯一被列入首批国家级生产性保护示范基地。迄今为止，桂西资源富集区的河池、百色和崇左三市在广西已公布了四批共 307 项自治区级非物质文化遗产代表性项目名录中占有 154 项，入选项目约占全区的 50%，且广西首批授牌的唯一两个文化生态保护区（即河池铜鼓文化生态保护区和百色壮族文化生态保护区）也全部设立在桂西资源富集区内，近年来河池市加大各种保护措施，启动整体性活态性民族生态区建设，成为广西首个冲击国家级文化生态保护区的保护试点。东兰县、环江县、天峨县等地也因其突出的地方文化特征被文化部命名为“中国民间艺术文化之乡”。由此可见，桂西资源富集区不仅人口密集、民族众多，支系复杂，悠久的历史和美丽神奇的自然环境繁衍了勤劳善良的桂西各族人民，也孕育出以铜鼓文化为代表的红水河文化、以歌圩文化为代表的刘三姐文化和以民族服饰及奇异婚丧为特色的瑶族文化。这些丰富、瑰丽、多彩的民族文化颇具特点，是桂西资源富集区文化资源的重要组成部分，不仅代表着历代桂西人民世代创造出的无比珍贵的文化积淀，也是桂西人民树立文化自信走向未来的宝贵资源。

5. 桂西资源富集区都市文化资源

桂西资源富集区的开发是在当下都市全球化的背景下展开的，都市文化资源的丰富程度，直接决定了这个区域城市未来都市化发展进程的速度快慢和质量高低。在都市文化资源方面，桂西资源富集区的都市文化资源形态各异、地方特色浓郁，具有很高的开发利用价值。

桂西资源富集区都市文化资源主要包括传媒文化、教育文化、演艺文化、影像文化、节庆文化以及文化场所等方面的资源，这些资源具有极高的开发利用价值。挖掘、整理、利用这些丰厚独特的都市文化资源，使之发挥出优势与能效、成为推动桂西资源富集区可持续发展的重要生产力，这是桂西资源富集区文化发展研究的重要目标。桂西资源富集区传媒文化资源既包含了传统意义上的报纸、广播、电视媒体，也包含了新兴的网络媒体。桂西资源富集区有

80 多年的办报历史，目前三个城市的报纸大多为机关报，在经济一体化和社会信息化的时代浪潮推动下，在坚持党性的基础上不断创新，内容更为丰富、更为贴近民生，真正成为“人民的报纸”。1995 年河池电视台正式开播，标志着桂西资源富集区电视媒体诞生。桂西资源富集区的电视出现比广播要早，随着社会发展的需要，各大电视台纷纷开通广播电台，因此桂西资源富集区的广播和电视多为同一个播出机构，同时使用多元媒介手段向市民传播信息。桂西资源富集区各类艺术表演团体经过几十年的发展，逐渐形成了一批民族特色鲜明的代表性剧目，其中百色的小戏最为出名。各演艺团体不仅表演传统剧目，还创作了传统与现代相结合的新剧目，为桂西资源富集区演艺资源添上绚烂一笔。桂西资源富集区毗邻越南，20 世纪初叶法国、英国、美国等国传教士从越南入关来到中国，也将电影带到了桂西资源富集区。早在光绪二十九年(1903 年)，法国驻龙州领事馆就已经开始了影像放映活动。桂西资源富集区影像制作分为电影制作与电视制作两大类。在电影制作方面，桂西资源富集区主要以其山清水秀、边地风情以及革命老区等特殊符号吸引许多电影制作单位前来选景拍摄。电视制作方面由于器材设备的相对简陋，桂西资源富集区基本依靠与外部力量合作的方式拍一些电视片。在桂西资源富集区选景拍摄的电影，以农村题材居多，如《天上的恋人》等；也有不少主旋律电影，如《百色起义》等。这些电影既反映了桂西资源富集区人民的淳朴感情和热血豪情，也呈现了桂西资源富集区的秀丽风光和民俗文化。桂西资源富集区的电视制作主要有电视剧、纪录片、艺术片、专题片等类型，大都为外面的电视制作单位摄制的当地题材电视片。桂西资源富集区三市自己摄制的电视片较少，主要是因为三个市的电视台成立的时间相对较晚，河池电视台 1995 年建成开播、百色电视台 1997 年建成开播、崇左电视台 2007 年建成开播。这三家电视台的器材设备相对落后，自制节目能力相对有限，所拍的一些电视片也大都为合作摄制。广西电力局、银荔集团、广西电视台、广西电影制片厂 1992 年联合摄制的七集电视剧《中国有条红水河》，取材于大化岩滩电站建造的壮举，1992 年获第四届全国少数民族题材电视艺术“骏马奖”电视连续剧一等奖；同年获第二届广西文艺创作“铜鼓奖”。

作为后发展欠发达地区，桂西资源富集区要实现科学发展、和谐发展、跨越发展，不能再走传统的高耗能、高污染、低效率的路子，除了促进产业转型升级之外，以文化引领发展是重要的创新型发展模式。在未来的社会发展竞争中，文化是高速运行的经济列车起决定作用的火车头，桂西资源富集区的发展离不开都市文化的促推作用。

桂西资源富集区并不缺乏文化资源与文化底蕴，而是缺少将之转化为文化产品、文化创新力与文化生产力的机能。

桂西资源富集区的都市文化建设要出彩出色、与众不同，关键是要找准自己的立足点。立足于桂西资源富集区独具特色的文化资源、文化生态及文化地缘优势，凭借国家及自治区开发桂西资源富集区的有利政策，以“文化发展带动经济繁荣”为中心，通过文化规划、文化建设、文化研究及文化观念更新等来助推桂西资源富集区的发展，将可以奠定桂西资源富集区今后数十年甚至更长时间的繁荣基础，这需要深入研究桂西资源富集区都市文化的实质内涵，同时需要做出良好的都市文化发展规划。

首先，要高起点、高品质、高标准制定桂西资源富集区都市文化发展规划。要以宏阔的国际视野为定位，完善桂西资源富集区各种文化发展体制机制，推动河池、百色、崇左三市的文化资源及文化要素聚集，引导这些资源要素合理流动配置和优化组合，比如河池可以主打铜鼓文化，百色可以主打壮族文化，崇左则可以主打边关文化，通过优势文化建设将三市打造成为区域文化中心城市。桂西资源富集区都市文化发展规划要明确总体目标、重点领域与阶段工作目标，要贯穿始终推导和普及“文化是城市资源、文化是城市资本、文化是城市生产力”的现代都市发展理念。

其次，要依托现有文化资源优势，打造桂西资源富集区都市文化品牌。桂西资源富集区的文化资源有三方面突出的特征，一是民族文化内涵丰富；二是地域色彩鲜明；三是红色文化底蕴深厚。但就民族文化来说，桂西资源富集区作为广西少数民族主要聚居地区，许多少数民族的传统民俗、节庆等都入选了国家级非物质文化遗产名录，比如布洛陀、刘三姐歌谣、那坡壮族山歌、壮族织锦技艺、壮族蚂拐节、仫佬族依饭节、毛南族肥套、壮族铜鼓习俗、瑶族服饰、壮族嘹歌、田林瑶族长鼓舞等。其中的许多传统节庆经过现代文明元素的注入，以一种崭新的面貌展现在世人的面前。其中由传统节庆演变发展而来的河池铜鼓山歌艺术节、百色布洛陀民俗文化旅游节、崇左(宁明)国际花山文化节等已经成为宣传推介桂西资源富集区的都市节庆品牌。除了节庆品牌之外，桂西资源富集区还应该传媒业、教育业、演艺业、影像业、场馆业等方面不断推陈出新、独树一帜，努力形成自己鲜明独特的文化风格与文化品牌。

再次，桂西资源富集区要因地制宜，依托地缘优势，积极融入临近的南宁、柳州都市圈，借助相对先进地区的文化发展模式，取其所长，避其所短，努力建设未来型的符合自身特点的都市文化形态。要打造河池、百色、崇左三市互促互动、优势发展的格局，同时统筹协调、突出重点，实现与临近的南宁、柳州都市圈的错位发展，避免同质化竞争。比如，桂西资源富集区作为百色起义、龙州起义的源发地，这片土地上诞生了红七军、红八军，红色文化资源异常丰富，河池、百色、崇左三市完全可以联手打造红色文化旅游圈。除了依托南宁、柳州都市圈的带动力和辐射力之外，桂西资源富集区都市文化建设还应该与东盟国家对接、融合，应该突出桂西资源富集区作为中国—东盟自由贸易区的桥头堡的地缘优势，在都市文化建设中融入南疆特色和东南亚风情。

最后，桂西资源富集区都市文化建设离不开用国家及自治区各项有利政策的扶持。要紧紧把握国家及自治区推动桂西资源富集区经济升级换代、跨越发展这一政策机遇，迅速行动，积极推进都市文化建设。根据文化发展理论与区域文化现状，依托当下都市文化快速发展与繁荣的社会背景，探索一整套适合桂西资源富集区文化发展的、与世界接轨的文化管理与发展政策法规。只有这样，桂西资源富集区都市文化建设才能对整个区域经济发展起导向、促进及规范作用，最终形成以文化促进经济、以城市建设带动整个区域发展的在国内中西部地区甚至整个东南亚地区起示范与引领作用的“广西桂西资源富集区文化发展模式”。

二、桂西资源富集区的文化起源及历史变迁

1. 大河文明

广西桂西地区河流众多，纵横交错，河川径流发育，河网密度大，地表水资源十分丰富。红水河流经桂西北，主要河流有澄江河、潘阳河等。右江沿江两岸及其支流因冲积而形成的右江平原，土地肥沃，盛产粮食和甘蔗，素有“桂西明珠”之称。纵横交错的大江河流为广西桂西一带经济发展提供了丰富的水资源。河岸秀美的喀斯特风光，加上浓郁的民族风情和崛起的现代城市群，形成迷人的河流景观。澄江河源出河池市都安瑶族自治县大兴乡九顿村，流经大兴、高岭、澄江、安阳等四个乡镇，并于澄江乡红渡村汇入红水河，全长 42 公里，流域面积 1 170 平方公里。水流缓慢，河水含泥沙量少，河水清澈，蓝里透绿，如同湖水一般，故得名。右江主要位于百色市，因与左江形成一左一右而

得名。右江正源驮娘江,发源于云南广南龙山,流经广南、富宁及广西西林、田林,至百色纳澄碧河后称右江,经田阳、田东、平果、隆安,至邕宁宋村与左江汇合,下流称郁江。干流全长 724 公里,流域面积约 4 万公里。广西桂西地区的湖泊有自然湖泊,也有拦河形成的人工湖,但是经过多年的景观建设,加上周边自然生态和人文景观的映衬,已经成为令人向往的湿地型自然风景旅游区。

崇左市大新县硕龙镇的德天瀑布为国家特级景点,是世界第四大、亚洲第一大跨国瀑布。德天瀑布起源于广西靖西县归春河,终年有水,流入越南又流回广西,经过大新县德天村处遇高崖三叠的浦汤岛跌宕而下形成瀑布,横跨中国越南两个国家。瀑布景区四周喀斯特峰林奇巧,与稻作梯田、古木林立形成美丽的壮家田园风光。2005 年 10 月 23 日,由《中国国家地理》杂志主办,全国 34 家媒体协办的"中国最美的地方"评选活动,评选出的中国最美的六大瀑布,德天瀑布位列其中。

广西桂西一带的喀斯特地区地下河丰富,其地面天然出露处形成幽碧、清澈、纯净的泉流。喀斯特泉水水量充沛,水质良好,适合灌溉、饮用。这里还蕴藏着水量丰富的地热资源,拥有多处富含有益的元素和气体的温泉,医疗价值很大,被开辟成温泉度假村。鹅泉又名灵泉,与云南大理蝴蝶泉、广西桂平西山乳泉并称为中国西南三大名泉。位于百色市靖西县城南六公里处,风景区分两部分,即鹅泉景点和叫喊岩景点。鹅泉水四季不涸,水质清澈如镜。泉边稻田平整,周围峰林秀丽,景色优美。景区内花草树木繁茂,各种植被丰富,以原生的石山灌木为主,还有人工种植有马尾松、竹子、桃树等。鹅泉景区内还有杨媪庙、清代古桥及壮家风情园等人文景观。

由于地处红水河流域和左右江沿岸,许多民俗活动的举行多是围绕生产季节与农耕节奏来展开,衍生出以铜鼓习俗、蚂拐节、壮族歌圩、壮族织锦技艺为代表的稻作农业类型民俗,这些大部分民俗是以祈求丰稔、调节生活为目的,体现了壮民族崇尚互助、生活歌化、乐观向上的民族精神。且由于壮族是桂西地区历史悠久的主体民族,其民俗强烈而浓厚的影响熏染到与其杂居的周边民族,造成了壮族民俗在瑶族、苗族等少数地区的跨民族、跨区域传播的现象。更值得一提的是,崇左的龙州、凭祥等沿边地区的壮族与越南北部的侬族地缘相近、习俗相仿,且两国边民民间互动往来频繁,由此也形成了边境壮族民俗的跨境传播与多族共享的局面。

桂西富集区丰富的水资源不仅孕育了浓郁地方特色的文化,还为现代城市发展提供了必需的能源，流经区域的红水河、左江和右江，水能资源蕴藏量2 000万千瓦以上，占全区水能资源总量40%以上，是我国重要的水电生产基地。这是桂西资源富集区水文明在都市化进程下获得再创造的基础。《国务院关于进一步促进广西经济社会发展的若干意见》的出台，为三个城市依靠深厚的水文明发展经济提供了机遇。以河池市为例，按照《意见》中对“两区一带”的规划，河池既是资源富集区，又处于西江上游。《意见》提出“河池要重点打造有色金属、水电和生态旅游基地”，“加快发展特色食品、桑蚕等产业”，要“加大扶贫开发力度，支持特殊类型地区加快发展”，这给河池指明了科学发展的方向，送来了和谐发展的“及时雨”，提供了跨越发展的驱动力，对河池市加快“构建新型产业基地、打造生态民族文化名城”意义重大。一方面，河池要加快推进资源富集区的发展，把各种优势资源真正转化为经济优势。转变发展方式，坚持走以资源换产业的新型工业化道路，做大做强做优有色金属、水电、化工、桑蚕、特色食品、旅游等特色优势产业；统筹做好“山、水、人”文章，推进农业现代化，打造中国西部最大的桑蚕产业基地；加快推进生态文明建设，努力实现“山清水秀生态美”的目标。另一方面，要加快积极融入西江经济带发展。充分发挥红水河流域资源富集优势和区位优势，将河池建设成为打造西江经济带和北部湾经济区重要的能源、原材料基地，稳定的绿色农产品生产、加工基地，人力资源输出基地和连接大西南的重要枢纽。要加大扶贫开发力度，加快推进特殊类型地区发展。这是对桂西资源富集区源远流长的大河文明的现代开发和再创造的成功试验，为国内其他大河文明城市发展方式转型和创新提供了借鉴。

2. 民族文化

桂西资源富集区是我国少数民族聚集地，境内居住着壮、瑶、仫佬、毛南、苗、侗、回、仡佬、彝、布依、水等少数民族，民族文化内容丰富、底蕴深厚。在这片土地上，各族人民在长期的社会实践中，孕育出了古朴神秘的花山文化、通俗美妙的山歌文化、铿锵宏阔的铜鼓文化、神奇绚丽的句町文化等。桂西资源富集区有许多少数民族的传统民俗、节庆等都入选了国家级非物质文化遗产名录，比如布洛陀、刘三姐歌谣、那坡壮族山歌、壮族织锦技艺、壮族蚂拐节、仫佬族依饭节、毛南族肥套、壮族铜鼓习俗、瑶族服饰、壮族嘹歌、田林瑶族长鼓舞等。其中的许多传统节庆经过现代文明元素的注入，以一种崭新的面貌展现在世人的面前。

作为我国人口最多的少数民族，广西的壮族比较集中地分布在桂西资源富集区所辖的河池、百色和崇左三市，是居住在广西桂西资源富集区的主体民族。唐、宋以前，壮族先民即西瓯、骆越、俚、僚、土人是广西人数最多的居民。在长期的历史时期里壮族作为这里的主体民族仍旧保持着风情浓郁、特色鲜明的非物质文化遗产，铜鼓文化、歌圩文化、节庆文化等构成当地历史悠久、积淀深厚的传统文化的优秀代表。从地域流布而言，红水河流域的河池市是桂西壮民族文化的腹地之一，是迄今为止所发现的世界上铜鼓数量最多、铜鼓习俗最为丰富的地区，被赞誉为“铜鼓之乡”。壮族成为最早使用铜鼓的南方古老民族之一，随后此俗逐渐影响到迁居此地的瑶族、苗族等周边民族地区。红水河流域的壮、瑶、苗等诸民族既在娱乐时使用铜鼓，也在祭天祈雨、供奉祖先、婚丧嫁娶和节日庆典等民俗活动中使用。此外，这一区域的壮族歌谣文化也较为突出，据统计，广西的 85 个县、市中，已知有 40 个县、市有歌圩，共有 642 个歌圩点，大部分分布在桂西左右江和红水河流域的河池、百色、南宁地区，其中歌圩点最多的是百色市(71 个)。宜州市、东兰县、都安县 、天峨县等地连片分布着诸多歌圩点，民间男女对歌风气日盛，其中以刘三姐歌谣最具特色。右江河谷流域附近的百色地区又是壮族神话故事的渊薮，这里流传着《布洛陀》、《姆六甲》、《布伯》、《莫一大王》、《侬智高》等一系列民间文学作品，形成了以崇奉始祖智慧神《布洛陀》为代表的神话文化，这些作品不仅在民间口耳相传，甚至还记载于师公、道公等宗教神职人员的唱本、经诗以及信仰仪式之中。另外，崇左市一带的壮族地区文化遗产资源丰富，许多地方保存有壮族古老的服饰、歌舞、信仰等民间风俗，壮族歌节、天琴艺术、“跳师”、打榔舞、拜囊海等民俗活动在当地具有深厚的群众文化基础，由于与越南北部省份谅山为邻，山水相连，加上这一带的壮族和越北的侬族、岱族在历史上的亲缘关系，两国边民交往频繁，导致边境地区的许多中越习俗相仿相通，如崇左市龙州县金龙乡和越南北部的侬族、岱族的音乐文化往往异中有同、同中有异。例如龙州天琴《唱天谣》和越北岱人天琴《唱天谣・美丽的越北》，从文化特征到表演风格、民族服饰等较为一致。

桂西资源富集区少数民族独具特色的文化传统，经过长时间的历史积淀，最终形成了本地区宝贵的非物质文化遗产资源，它是维系当地民众精神家园的文化血脉，也是人类文化多样性和文化创造力的突出表现。这一地区极具民族特色的非物质文化遗产资源分为两种类型：一种是民族性或地区性的，甚至是跨国性的，为某一民族或某一地区甚至是跨境邻国所共有，如铜鼓习俗在桂西的壮族、瑶族、彝族、苗族等多民族地区广泛流传，同时在老挝、泰国、越南等东南亚国家也有分布。另一种是家族性或个体性的，目前仅存在于某些家族或个人之中，如某些艺术和手工艺等，仅为少数人能够传承，此类属于濒危性非物质文化遗产。因此可以说，特定乡土社区中的非物质文化遗产拥有相对自足的传承系统，可通过自我调节以适应外来文化的挑战，自主更新自身的传承模式，延续本民族的文化遗产的生命力。此外，这些具有宝贵发展潜力的文化遗产在现代生活中仍然具有继续存在的重要性和固有价值，只要使其潜在的文化含量在当代获得重生，对恢复文化的价值、文化的尊严都有极大的作用。因此，我们要正确认识和认真对待留存下来的弥足珍贵的非物质文化遗产，尊重非物质文化遗产保护与传承的历史脉络和客观规律，从整体性、活态性、本真性探索符合桂西地区的文化生态保护区的建设之路，从维护国家文化安全和人类文化多样性与丰富性的高度弘扬、保护与传承桂西资源富集区非物质文化遗产。

桂西资源富集区丰富的自然资源丰富、物产资源以及优越的区位条件，催生出了许多特色鲜明的现代节庆。桂西资源富集区异彩纷呈的传统节庆与现代节庆，涵盖了民俗文化、艺术文化、旅游文化、产品文化等内容，有的与生俱来，有着深厚的民族理念、传统基础和文化基因；有的虽然是新兴商业活动，但也是源远流长，包含着深远的生存意识、习俗因素和现实需求。这些都是桂西资源富集区城市文化产业发展必不可少的文化资源。

3. 历史演化

任何一种独具特色的地域文化的形成，都离不开当地种族在特定历史阶段的文化创造。桂西资源富集区保存鲜活的地方民族文化形态，与这个地区是壮族为主体、多源的少数民族聚居地，以及当地独特的自然生态环境等因素密不可分。正是当地各族人民群众利用本地得天独厚的生态环境，通过辛勤劳动和生产创造，最终创造了源远流长的历史文化。

桂西资源富集区是一个以壮族为主体的少数民族居住地区，境内居住有壮、汉、瑶、苗、毛南、仫佬、水、彝、仡佬、回、满、黎、布依、侗、蒙古、白、高山、京等 20 余个民族。根据《宪法》和《民族区域自治法》有关规定，在广西设置的 12 个自治县中就有 6 个自治县分布于桂西资源富集区中，另外还有百色市的凌云县、西林县享受自治县待遇。其中，河池、百色、崇左三市多为壮族聚居之地，壮族是桂西资源富集区少数民族人口最多，最早开拓这块土地的土著民族之一，其所辖县域如百色市的靖西县、德保县、田阳县、平果县的壮族比重均占全县人口的 90%以上，为典型的壮族人口大县。此外，崇左市 2009 年底壮族总人口 2 159 735 人,占全市总人口的 89.26%,是广西壮族人口比重最高的地级市。桂西资源富集区还是广西乃至全国瑶族的大本营,境内的都安瑶族自治县、巴马瑶族自治县和大化瑶族自治县以及其他周边的高坡弄场、大石山区里居住着布努瑶、白裤瑶、背篓瑶、蓝靛瑶、花头瑶等不同分支的瑶民,因居住地不同,语言有别,迁徙频繁,使桂西的瑶族呈现大分散、小聚居的分布特点,俗话说"岭南无山不有瑶"正是瑶族分布格局的典型概括。此外,桂西资源富集区的罗城仫佬族自治县还是全国最大的仫佬族聚居区,约占全国仫佬族人口的 90%。河池市下辖的环江毛南族自治县是全国唯一的毛南族自治县。从云贵高原的黔、川、滇一带迁徙而来的水族、彝族、仡佬族等也在桂西地区长期定居并成为广西的世居民族。在漫长的历史长河中,世居于此的土著民族与相继由区内外迁来的汉、苗、瑶、彝、水、仡佬等民族共同胼胝耕耘,用汗水浇灌这片古老的土地,组成了和睦共处的民族大家庭,并形成了各具特色又相互融合的非物质文化遗产。

在中西部开发成为国家战略的现实背景下,桂西资源富集区面临城市化和现代化的双重挑战,如何在发展城市经济的同时,更好地保护、传承和挖掘当地积淀了数千年的历史文化,保证当地历史文脉的民族特质,无疑是今天以及未来发展中需要特别关注的问题。

三、桂西资源富集区发展的背景和战略契机

1. 城市群战略理念凸显

20 世纪 90 年代,中国开始从西方引进城市群概念。1992 年,姚士谋在其所编著的《中国城市群》一书中,将城市群定义为:在特定的地域范围内具有相当数量的不同性质、类型和等级规模的城市,依托一定的自然环境条件,以一个或两个超大或特大城市作为地区经济的核心,借助于现代化的交通工具和综合运输网的通达性,以及高度发达的信息网络,发生与发展着城市个体之间的内在联系,共同构成一个相对完整的城市"集合体"。此后,又有不同学者对城市群概念进行了定义,尽管表述上各有异同,但是认识上大体一致,即城市群是由很多城市组成,彼此联系紧密,共同对区域发展产生影响。

城市群是现代化、城市化进程中,区域空间形态的高级现象,能够产生巨大的集聚经济效益,是国民经济快速发展、现代化水平不断提高的标志之一。

相关研究报告预测，至 2030 年中国将建成 20 个城市群。[①] 特别是在 2005 年《中央关于十一五规划的建议》发布之后，我国中西部地区城市群的研究、规划与建设更是日新月异、一日千里，如成渝、长株潭两个"国家综合配套改革试验区"的设立、如武汉城市圈与中原城市群的相互比拼，则表明了城市群战略向中西部纵深发展的新趋势。打造桂西资源富集区城市群正是顺应时代变革发展大潮的产物。

一般而言，衡量城市群的标准主要有五条：一是区域内有比较密集的城市；二是有相当多的大城市，中心城市与外围地区的经济社会联系十分紧密；三是城市间有通畅便捷的交通走廊；四是人口必须达到相当大的规模，西方的标准是 2 500 万人以上；五是属于国家的核心区域，并在国际联系中起到交往枢纽的作用。如果从以上五个指标考量，桂西资源富集区目前还没有达到城市群的规模和标准。桂西资源富集区的打造其实也是为了发挥城市群的优势，加强区域内三个城市间的互动与协同，实现联动发展。然而，作为后发展欠发达地区，桂西资源富集区河池、百色、崇左三市的城市建设也相对滞后，基本都是单点城市布局，都是处于由单点城市向区域中心城市转型的过程，未能形成一个核心城市向周围辐射构成城市的集合，因此目前桂西资源富集区还未形成一个有规模的城市群。

但是，桂西资源富集区具有未来发展桂西城市群的潜在条件，甚至在一些方面独具优势：一是桂西资源富集区与西南、华南以及东南亚三大经济圈联系紧密，这为桂西资源富集区规划城市群提供了极其重要的经济贸易腹地，特别是东盟自由贸易区的建立，使有五亿人口，7 000 亿美元国内生产总值的东盟自由贸易成为桂西资源富集区未来构建城市群的强大支撑系统。桂西资源富集区应该以中国—东盟自由贸易区为中心的国际合作交流平台和大通道，应该更积极主动地谋划本地区城市群的建构与培育，使之成为一个在中国—东盟自由贸易区框架下，主要辐射和影响中国中南、西南及东盟各国的我国中西部地区的城市群。二是桂西资源富集区资源丰富，特别是矿产资源和生态旅游资源，在国内都处于领先位置，这为未来城市群发展提供了物质基础。

当前桂西资源富集区在构建城市群发展战略上存在的根本问题是，城市自身经济实力相对滞后，城市之间交通网络连接不畅通，城市之间经济互补联系松散。这就迫切要求未来的城市群战略需要特别注意的问题是，如何加快

① 王建：《借鉴美日经验我国 2030 拟建 20 个大都市圈》，《中国证券报》，2007 年 10 月 10 日。

打造桂西三大城市之间的快速交通网络，强化城市群的内资联系，使之发展为一个真正有着明显层级关系、在功能上互补的大城市群，从整体上提升三大城市的竞争力，在拓展城市群发展空间的同时，为各自的发展提供更好的条件与环境。具体来说，桂西资源富集区河池、百色、崇左三市在城市化进程中最重要的是完善城市的空间布局，在更大范围内实现资源的优化配置，通过联动发展，促进城市群的形成。桂西资源富集区在城市化、一体化进程中，不仅仅要发展成为传统的政治型、经济型城市群，更要发展成为新型的文化城市群，让文化成为重要生产力，带动整个经济带走向现代化。文化城市是全新的城市发展模式，其核心是以文化资源为客观生产对象，以审美机能为主体劳动条件，以文化创意、艺术设计、景观创造等为产业与实践载体，以适合人的审美生存与全面发展的社会空间为目标的城市理念与形态。文化城市群的建设可以使桂西资源富集区扬长(即资源丰富、地缘优势、文化生态多元等)避短(即经济发展落后、产业转型升级压力巨大等)，实现又好又快的跨越式发展。

依靠本地独特的资源优势，借鉴国际以及国内中西部地区城市群建设经验，打造桂西资源富集区城市群，是继打造北部湾经济区、西江经济带之后国家及自治区党委、政府促进广西全面发展的又一重大战略部署，是广西贯彻落实科学发展观的重大实践，是加快转变经济发展方式，推动广西实现科学发展、和谐发展、跨越发展的重大举措。未来桂西资源富集区城市群的发展，将进一步密切本区三大城市在经济社会等方面的内在联系，为区域一体化进程集聚起量大质优的人口、资金、文化等重要资源，这不仅对自治区实现自身又快又好的科学发展具有举足轻重的意义，也可为整个中西部地区的经济社会发展提供重要的示范性模式。

2. 东盟开放合作门户区的国际舞台

桂西资源富集区城市发展需要跳出本区域内部城市自身，充分利用周边经济联合体的优势，特别是经济实力强大的东盟力量。桂西资源富集区地处华南经济圈、西南经济圈和东盟经济圈的结合部，是我国西南出海大通道的必经之地，是中国—东盟自贸区的前沿地带。近年来，围绕建设西南出海大通道和通向东盟国家的国际通道，自治区大力加强桂西资源富集区交通基础设施建设，使三市的交通条件明显改善；同时，充分利用本地丰富的水能、煤炭等资源优势，建成了龙滩水电站一期、大化水电站、天生桥水电站、平班水电站、百色水利枢纽等一批水电项目和田阳火电厂、田东火电厂等火电项目；桂西三市交通、能源等基础设施条件不断改善，支撑产业发展的能力不断增强。目前，桂西资源富集区的发展战略定位是：国家资源富集地区转型升级试验区、南宁—新加坡经济走廊重要通道区、我国沿边开发开放振兴区、滇桂黔石漠化片区区域发展与扶贫攻坚示范区、西南重要生态屏障区。自治区对于桂西资源富集区的发展目标是：要经过10年左右的努力，建设成为特色鲜明、产业发达、生态环保、富裕和谐的绿色经济区。地区生产总值、财政收入力争实现"翻两番"，到2015年分别达到2 880亿元、350亿元，均比2010年翻一番；到2020年分别达到5 780亿元、765亿元，比2015年再翻一番。人均地区生产总值逐步接近全区平均水平，2015年相当全区平均水平的80%，2020年提升到90%。① 这些都为桂西资源富集区与东盟之间的合作奠定了必要的经济基础。

在国际合作的背景下，《国务院关于进一步促进广西经济社会发展的若干意见》的发布，为桂西资源富集区与东盟的合作提供了双重机遇。以崇左市为例，崇左市政府提出建设"建设中国—东盟重要物流基地"的规划。崇左市是广西最年轻、全国壮族人口最集中、广西陆路边境线最长、中国经陆路通往东盟最便捷的地级城市。国务院出台的《意见》，多处明确提出要大力支持崇左发展。这是党中央、国务院对南疆民族地区的关怀和厚爱，给崇左发展带来了千载难逢的重大历史机遇。为此，该市提出一定奋力抢抓机遇，切实把《意见》政策用足、用活、用好，加快建设面向东盟开放合作的区域性新兴城市。当前和今后一个时期，崇左要着力抓好"四大建设"。一是着力抓好面向东盟的产业经济带建设。充分发挥"打开门就是越南、走两步就进东盟"的区位优势，立足糖、锰等资源禀赋，以中国—东盟自由贸易区建成启动、国家批准建设广西凭祥综合保税区为契机，抓紧推进"南宁—新加坡"经济走廊建设，打造中国糖都和绿色锰都，建设中国—东盟重要的物流基地。二是着力抓好以江州、凭祥、扶绥为重点的中心城市建设。全面启动城市建设项目三年滚动计划，力争到建市10周年即2013年，将一座现代化城市展现在世人面前。三是着力抓好以民族特色和山水园林为重点的文化旅游建设。打好红色旅游、绿色生态的牌子，做大"红、绿、边"文章。四是坚持发展为先、富民为本，着力抓好以富民惠民为重点的民生工程建设，让人民群众共享改革发展成果。② 可以预见，桂西资源富集区一旦打开门户与东盟建立更为密切的经济贸易往来，这片生机勃勃的土地将会成为广西自北部湾城市群、西江经济带之后，又一个繁荣发

---

① 吴丽萍、李冠霖：《让资源富集区真正"富"起来》，《广西日报》，2012年10月19日。
② 《桂西资源富集区：潜力巨大的富矿》，《人民日报》，2010年3月9日。

达、魅力四射的国际舞台。

3. 生态发展战略方向

生态资源是未来城市发展方式转型和创新发展的物质基础，桂西资源富集区拥有丰富的生态资源，对于该地区城市实施生态发展战略提供了保障。广西桂西地区的自然遗产资源除了具有旅游价值，更重要的是其不断发展的生态文化价值。近年来，广西桂西一带各城市都提出了建设生态城市及森林城市的目标。如 2011 年，河池市开展了打造“生态文明模范市”工作，开始走科学发展、绿色发展之路，持续加大生态环保的投入力度，扎实推进多项生态环境保护工程。百色市靖西县实施五大工程打造“生态靖西”工程，主要是在大力发展特色经济的同时，加大森林资源保护力度，重点实施退耕还林、生态公益林、封山育林、珠江防护林、沼气池建设等“五大生态工程”，加强石漠化生态治理，着力打造生态靖西。在崇左“十二五”发展规划中，创建生态文明示范市的目标要求，被列为其中的重要组成部分。广西桂西地区的河池、百色和崇左各城市通过这些科学的规划，在发展经济的同时，注重保持良性发展的生态环境，营造了良好的投资环境，以确保人与自然的和谐共处，实现生态文明的可持续发展，实现了生态保护与经济发展双赢。可见，生态文化建设已经成为广西桂西地区发展的重要目标之一。2012 年 10 月，自治区政府原则通过《桂西资源富集区发展规划》。《规划》明确按照建设主体功能区的要求，加快形成河池、百色、崇左三个中心城市，黔桂走廊、右江河谷和南崇经济带、沿边经济带四条特色经济带，铝、锰、糖、有色金属、桑蚕茧丝绸、红色旅游、养生长寿健康七大产业组团的“三核四带七组团”空间开发格局。①

根据规划，桂西资源富集区发展，主要是发展特色资源优势，建设资源深加工基地。有专家指出，今后一个时期，桂西资源发展应该按照保护优先、合理开发、综合利用、循环发展的要求，坚持走新型工业化道路，以市场为导向，加大资源整合力度，实施优势资源转化战略，延长产业链，提高资源就地转化率和综合利用率，大力发展特色优势产业，加大建设国家重要战略资源接续区和资源深加工基地，积极探索资源开发利用的新路子，努力形成传统优势产业、特色农业和现代服务业协调发展的新格局。根据桂西三市的资源禀赋、区位条件和发展方向，要明确各自产业发展重点，合理布局，错位发展。在这个

① 吴丽萍、蒋美凤、李冠霖：《自治区政府审议通过〈桂西资源富集区发展规划〉》，《广西日报》，2012 年 10 月 1 日。

思想指导下，河池市要重点建设成为全国重要的有色金属深加工、水能资源开发和生态旅游基地，加快发展特色食品、桑蚕、生物质化工等产业；百色市要重点建设成为铝工业、能源工业、红色旅游业基地，同时在右江河谷地带发展特色农业及农产品深加工业，打造少数民族风情旅游，使其成为国内旅游目的地；崇左市要重点建设成为区域性特色农业、锰产业、物流基地，打造我国糖都和绿色锰都，建设中国—东盟重要的物流基地，打造以德天瀑布为代表的自然、边境旅游和花山岩画为代表的历史遗迹旅游，成为国内旅游目的地。今后一个时期，桂西资源富集区将围绕加快资源性工业产业发展和园区建设、大力发展特色农业、全面加快服务业发展三个大方向，加快产业发展。为此，需要调整产业结构，把资源优势转化为经济优势。桂西资源富集区要加快发展，有关专家表示，大力推动产业结构调整，延长产业链，提高深加工水平，提高产品附加值，提高产品技术含量增强市场竞争力是必由之路。在推动产业布局调整方面，要根据资源区域分布和区域经济布局，突出重点，实施分工合作与联合发展相结合，支持资源就地转化，把资源优势充分转化为经济优势。要推进矿业基地集群化发展，打造百色市“千亿铝产业工程”、河池市“500亿有色金属产业工程”、崇左市“300亿锰产业工程”。此外，还要加大推进基础设施建设，进一步加快桂西三市的交通、能源、口岸、园区等技术设施建设，增强产业发展支撑能力；加大财政金融投入力度，以国家政策为导向，用好用足国家在支持广西经济社会发展、资源综合利用、科技进步、节能减排、循环经济等方面的优惠政策，积极争取国家财政转移资金和国家专项资金对桂西资源富集区发展的投入。①

根据国内外城市发展的生态战略经验和教训，专家建议，桂西资源富集区发展生态战略需要注意几个问题：

一是在发展理念上，实现绿色转型。绿色转型，就是从单纯注重经济效益转变为注重经济、社会与生态综合效益。要根据绿色发展理念，推进体制机制创新和科技创新，根据资源禀赋和生态条件，科学谋划，合理布局，推进新型工业化。在应用科技的基础上，注重能源资源节约和合理利用。鼓励开发和应用节能降耗的新技术，制定专项规划，明确各行业节能降耗的标准、目标和政策措施，用制度和价格机制约束企业的资源使用。

二是在结构调整上，进行优化升级。结构调整的总目标是形成增加附加

① 谭卓雯：《桂西资源富集区：以产业发展为龙头快跑》，《广西日报》，2011年10月22日。

值、节约资源能源和保护环境的产业结构。为此，要推动产品结构优化升级，降低粗加工与中低档产品比重。对于矿产原料加工，要追踪世界原料深加工技术，对传统产业进行以节能降耗为基础的产业转型。具体来说，要限制高耗能、高污染的产品生产，降低高耗能产业比重；以节能降耗推动产业升级，加快淘汰落后生产能力；在科技创新基础上，积极开发引进多种能源，优化用能结构；大力发展环保产业，建立相关的绿色产业体系，发展从事污染治理、环境保护、生态修复、废弃物循环利用等为环境再生产服务的各类产业。在项目建设上要严把市场准入关，把节能减排作为项目建设的首要条件，注重引进一批生态环保、休闲旅游、生态农业等循环式项目，实现项目建设与资源环境保护相互促进。

三是在资源利用上，发展循环经济。这可以从企业、生产基地等经济实体内部的小循环，产业集中区域内企业之间、产业之间的中循环，包括生产、生活领域的整个社会的大循环三个层面来展开。在小循环层面是以企业、生产基地等经济实体内部的物质循环为基础，在企业生产过程中加强资源综合利用，减少废物排放，提高资源的回收率、利用率，构建循环技术系统。在中循环层面是以产业集中区为载体，构筑企业之间、产业之间、生产区域之间的物质循环利用系统。在大循环层面是以整个社会的物质循环为着眼点，构筑包括生产、生活领域的整个社会的循环经济体系。这个体系包括生产、流通、消费的物质能量大循环，使所有废弃物都能得到回收利用，充分体现资源节约型社会的要求。此外，从能源利用层面发展低碳经济，加大对新能源、节能技术、高能耗替代产业的扶持。

四是在产业发展上，实现生态化转型。以产业生态化转型为主导方向，促进桂西走新型工业化道路。产业生态化转型，就是以先进适用技术和高新技术为支撑，以资源节约、环境友好为重要标准，提高绿色发展深度，重点推动有色金属、食品、化工、能源、农用机械、建材、劳动密集型加工制造等产业的转型。发展绿色生态农业，提升农产品竞争力。把旅游业作为新兴战略性产业加快培育发展。依托原生态风景、原生态民族风俗文化，突出“长寿、生态、民族、红色”四大特色，整合旅游资源，着力打造养生长寿游和红色旅游。①

改革开放以来，我国东部经济高速增长，创造了举世瞩目的发展奇迹。但与此同时，长期的粗放式发展给资源环境造成巨大破坏，能源耗竭、发展难以

① 李欣广、吴碧波：《积极探索新型资源开发路子》，《广西日报》，2012 年 3 月 13 日。

为继问题日益严峻。在此背景下，西部资源富集区的优势进一步凸显，成为迎接东部产业转移的投资沃土，上升为国家新一轮重点开发的战略区域。但是，西部一些资源富集区在如何用好千载难逢发展机遇的问题上，发展观念没有走出东部发展困境的怪圈，一个突出表现是，大量承接东部地区高能耗、高排放、高污染、低效益的产业项目，以期达到短期内实现 GDP 高速增长。这完全背离了科学发展观要求，给当地资源环境造成严重破坏。桂西经济发展方式属于典型的自然资源依赖型。这种方式在其发展初期虽然存在一定的合理性和必然性，但具有明显的不可持续性。因此，建设桂西资源富集区，必须转变发展方式，以科学发展观为指导，走经济与环境和谐发展的可持续之路，把桂西资源富集区建设成循环经济发展的示范区。[①] 在这样的现实背景下，开发建设桂西资源富集区，构建生态发展战略，必须摈弃唯 GDP 观念，树立科学发展理念，理清科学发展新思路，注重提高经济增长质量和效益，实现经济社会全面协调可持续发展。因此，桂西资源富集区的河池、百色、崇左三市，要充分发挥资源富集的后发优势，加快转变经济发展方式，从实际出发调整优化经济结构，积极培育特色产业和支柱产业，变卖资源谋发展为保护和合理开发资源促发展。

4. 国家文化发展与文化产业战略的引领

2009 年，国家出台全面支持广西发展的战略决策性文件《国务院关于进一步促进广西经济社会发展的若干意见》，将广西划分为北部湾经济区、西江经济带和桂西资源富集区三大区域。2011 年 1 月通过的《广西国民经济和社会发展"十二五"规划纲要》，对桂西地区经济社会发展进行全面部署。同年 11 月，自治区第十次党代会指出建设桂西资源富集区具有特殊重要作用，必须积极实施优势资源开发战略，建设国家重要战略资源接续区和资源深加工基地。2012 年 1 月，指导未来河池、百色、崇左桂西三市发展的纲领性文件——《桂西资源富集区发展规划》，通过专家评审。《规划》在深入分析桂西资源富集区发展背景和内外环境的基础上，明确了今后一个时期发展的方向和路径，阐述了战略定位和发展目标，提出了六大战略任务和政策保障，体现了国家支持广西发展政策性文件提出的要求，体现了自治区党委、政府的决策部署精神，符合桂西资源富集区发展的实际，具有较强的前瞻性、针对性和可操作性。[②] 2012

① 韦茂才：《促转变：建设桂西资源富集区的着力点》，《广西日报》，2012 年 2 月 7 日。

② 罗曼曼：《桂西资源富集区发展规划通过专家评审》，《广西日报》，2012 年 1 月 30 日。

年 9 月,《桂西资源富集区发展规划》等指导性规划出台,广西“两区一带”的区域发展格局初步成型。这些政策文件的出台,成为指导桂西三市发展的文化产业发展方向的行动指南,为推动桂西地区科学发展、和谐发展、跨越发展提供了科学依据。

作为一种新兴产业,桂西资源富集区产业发展相对落后的现状,面临着巨大的挑战,在一定程度上,可以成为衡量当前我国经济相对落后的中西部地区能否“晚生早熟”的重要示范区。桂西资源富集区产业发展的现状是,桂西资源富集区概念的提出及规划的出台,比北部湾经济区、西江经济带都略晚一步。产业体系初步建成,发展水平仍有差距。尽管桂西三市的发展在加快,但由于自然条件和各种历史原因影响,桂西三市总体属于典型的后发展欠发达地区,与全区平均水平和其他区域发展水平的差距仍然较大。经济总量占全区的比重仅为 14.9%,人均地区生产总值仅相当于全区平均水平的 71%,相当于北部湾经济区的 55%。① 桂西地区属于典型的后发展地区,与北部湾经济区、西江经济带的差距较大,经济总量小,发展水平低,改革攻坚难度大。城镇居民人均可支配收入和农民人均纯收入分别相当于全区平均水平的 90.5%、83.3%。同时,该地区资源综合利用水平低,采选冶综合回收率和伴生矿、共生矿、尾矿的利用率不高。资源精深加工能力不强,资源转化率低,产业链条短,绝大多数资源型产业停留在原料采掘、初级加工层次上。从产业技术和基础设施上看,桂西地区目前资源开发技术工艺落后,能耗水耗较高,重金属污染严重,节能减排压力大。交通基础设施滞后,一些重要矿区尚未通铁路、高等级公路,运能严重不足,快速通达东盟国家和周边地区的陆路通道有待完善。桂西地区属较为典型的“老少边山”,社会发展欠账多,扶贫攻坚难度大,贫困面广量大、基本公共服务能力薄弱问题突出,辖区有 21 个国家扶贫开发工作重点县,占全区比重 77.8%。对此,专家指出,在新形势下,桂西地区加快发展面临严峻挑战,既要加快发展、壮大总量,又要加快转型、产业升级;既要加快发展资源型产业、提高资源转化率,又要强化节能减排、保护生态环境。同时,发展资源型产业还面临全国产能过剩、市场竞争激烈和国家宏观调控政策的影响。此外,改革攻坚难度大,市场体系亟待完善,保障和改善民生任务艰巨,其他地区竞相加快发展等,也对桂西地区发展形成了巨大压力。②

① 谭卓雯:《桂西资源富集区:调结构强产业 以产业发展为龙头》,《广西日报》,2011 年 10 月 22 日。
② 吴丽萍、李冠霖:《让资源富集区真正“富”起来》,《广西日报》,2012 年 10 月 19 日。

国家大力支持资源富集地区开发优势资源，为桂西地区发挥特色资源优势、发展现代产业注入了活力动力。国家制订出台《国务院关于进一步促进广西经济社会发展的若干意见》，明确支持广西“两区一带”协调发展，自治区第十次党代会和“十二五”规划纲要对桂西地区经济社会发展进行了全面部署。这些都为桂西地区加快发展提供了前所未有的重大机遇。《规划》的出台，将为桂西地区的发展订下清晰、明确的发展“蓝图”。为此，广西提出了桂西资源富集区建设“五地一区”的产业规划目标，其中，把文化产业放在重要的地位。所谓的“五地一区”是指建设资源深加工基地、特色农林产品基地、养生长寿健康基地、区域性物流基地、国际旅游目的地、民族文化产业集聚区。具体而言，一是资源深加工基地——按照优先发展铝业，合理发展锰业，适度发展锡、铟、铅、锌等有色金属，加强资源勘查储备的思路，实施重大产业项目带动，打造采掘采购—冶炼—深加工—新型材料比较完整的矿产资源产业链；积极发展制糖、建材、石化和农林产品等加工业，形成特色资源型产业基地。二是特色农林产品基地——发挥特色农林资源优势，稳定粮食生产，加快农业结构调整，推进农产品精深加工和产业化经营，大力发展特色农林产业，建设高产高效、品质优良、绿色有机的特色农林产品生产基地。三是养生长寿健康基地——以巴马、东兰、凤山、凌云、乐业为基地，拓展巴马长寿品牌，积极开发养生养老的保健食品、优质饮用水、护理用品、康复辅助器械和自助设备。四是区域性物流基地——将依托沿边综合交通枢纽、中心城市和重要产业集群，完善物流基础设施，构建多式联运体系，布局建设一批特色物流园区和集散、存储、加工配送中心，形成多层次、开放式、社会化的物流体系。五是国际旅游目的地——将依托独特的旅游资源优势，突出红色、生态、边关、养生和民族风情特色，大力开发红色文化、生态休闲、边关风貌、长寿养生、地质奇观、民族风情等系列旅游产品。打造国内一流、世界知名的红色旅游、生态旅游、边关旅游、长寿养生度假和民族风情体验五大旅游目的地，把旅游业培育成为战略性支柱产业，建成广西旅游新的增长极。六是民族文化产业集聚区——将充分发挥桂西资源富集区丰富多彩的民族文化资源优势，实施文化产业项目带动战略，重点发展民族演艺、文化旅游、节庆会展、工艺美术、出版印刷、文物博物馆等民族文化产业，把民族文化产业培育成为支柱产业。[①] 充分发挥桂西地区丰富多彩的民族

① 吴丽萍、李冠霖：《让资源富集区真正“富”起来》，《广西日报》，2012年10月19日。

文化资源优势，如以河池长寿文化、铜鼓文化，百色红色文化、布洛陀文化，崇左边关文化为重点，培育区域特色文化品牌。

（张兴龙，博士，淮海工学院中文系副教授，上海交通大学城市科学研究院兼职研究员；刘士林，博士，上海交通大学城市科学研究院院长、首席专家，教授，博士生导师，国家“十三五”规划专家委员会委员，教育部哲学社会科学发展报告首批建设项目《中国都市化进程年度报告》负责人，《中国城市科学》主编，《中国城市群发展年度报告》主编）

大连、沈阳、长春、哈尔滨特色文化产业发展现状及展望

内容摘要： 文化资源是城市文化发展的现实对象，是潜在的文化生产力要素，直接决定着一个地区或一个城市文化产业的发展水准。大连、沈阳、长春和哈尔滨是东北地区的主要城市(副省级)，具有丰富而独特的文化资源，发展特色文化产业的优势得天独厚。近年来，四个城市以市场化运作对本地文化资源进行深入挖掘、有效整合和重点开发，已经打造出初具规模的海洋文化产业、旅游文化产业、冰雪文化产业、工业旅游产业、雕塑文化产业、电影文化产业和汽车文化产业等特色文化产业。但相对于经济发达城市而言，四个城市特色文化产业发展比较迟缓滞后，存在着规模小总量低、资源开发深度不够、同质化现象严重和发展不均衡不协调等问题。四城市做大做强特色文化产业发展应采取强化顶层设计、建立协商合作机制、在保护中开发、加强政府扶持和市场监管等措施。

关键词： 东北四个副省级城市文化资源　特色文化产业　发展现状　发展对策

作为葆有集聚功能和发散效应的人类生存空间，城市以产业作为其存在和发展的根本依据和重要基础，在传统产业日薄西山、后继乏力的当下，文化产业正在成为许多城市振兴的重要支撑和有效路径。对于一些文化资源禀赋优异的老工业基地城市而言，实施文化资源产业化，既是转变城市经济发展方式、调整城市经济结构、促进城市转型升级的重要途径，又是传承城市文化精神、增强城市软实力、提升城市竞争力和生命力的必要手段。东北地区的大连、沈阳、长春和哈尔滨四个主要城市(副省级)具有丰富而独特的文化资源，深入挖掘、充分利用和合理转化这些文化资源，有助于从根本上化解“城市病”、加快产业更新改造、实现可持续发展。本文从四个方面对这一问题进行梳理和阐释。

一、东北主要城市文化资源为发展特色文化产业提供有利条件

当今世界处在经济一体化和文化多元化的历史进程中，作为一种经济形态的文化产业，已经不是某一国家或某一城市的个体行为，文化市场也不是一个国家或一个城市所能单挑和独守的。无所不在的信息化将后工业化推到时代前沿，把经济发展水平不同、历史文化背景各异、价值取向和文化底蕴有别的国家和城市裹胁到云诡波谲的世界性或区域性市场大潮之中，且逐步建构起相互依存、相互渗透、相互交融的国际或地区分工体系，使国际区域间的经济关系从流通领域拓展到生产领域，从物质产品生产领域延伸至文化产品生产和服务领域。由于各个国家各个城市文化产业发展水平不均衡、信息不对称以及文化产品竞争力和抗冲击能力的迥然有别，使处于弱势地位的国家和城市面临着一定的出局风险。大连、沈阳、长春和哈尔滨等东北老工业基地城市，要摆脱美国底特律式的破产命运，像曼彻斯特和匹兹堡一样实现华丽转身，唯有实现文化资源产业化，在区域乃至世界文化产业市场上有所作为，才能降低和减少被边缘被淘汰的可能性。

1. 城市文化资源的基本内涵和主要特征。资源是人类社会存在与演进最基本的物质基础，一部人类社会发展史，究其根本就是一部人类认识和利用资源的历史。文化资源是社会主体在认知和改造世界过程中所凝结的物质成果和精神载体，是人类在生存和发展过程中所创造的具有存留和传承价值的物质文化和精神文化的总和，其包括所有呈具文化价值和经济价值的自然资源和社会资源。进入后现代社会，伴随城市化进程日益加快，城市文化资源的文化艺术价值被现代文化生产方式和先进传播技术成倍地放大，其在城市社会中的地位和作用更加凸显，不仅能够引导和催生城市经济，而且可以转换和物化为城市经济，渐趋被理论界认定为一种新的资本形态。通过对国内外学术界对城市文化资源功能的诸多观点的考察分析，笔者认为城市文化资源是城市在发展过程中积淀下来的历史文化、人文景观、民俗风情等具有地方特色与文化传统的物化资本和精神质素，是城市文化传统的见证和城市文化乡愁的负载，这些资源要素以自己的存在方式和运行轨迹在城市中发挥特有的角色功能，实现自身的形态转化，潜移默化地直接间接地推进城市的发展演变和城市化的递嬗前行，成为扩大城市集聚功能、提升城市扩散效应的人文能量。从文化地里学角度分析，城市文化资源大体呈现以下几方面特点：一是空间

上的集聚性。城市是一个高度聚集的地域文化空间，各种有形和无形的城市文化资源要素汇集于此，使得城市成为文化资源要素的衍生地和集散地。二是时间上的衡定性。伴随城市科学技术的不断进步和生产力水平的日益提高，人们的文化观念无疑将相应地发生变化。但城市文化资源的价值并不随着时间的推移和使用频次的增加而递减，相反，经过岁月磨砺和淘洗而保存和流传下来的文化资源蕴藏着更为丰赡的历史内涵和更为深湛的人文价值，他们一方面因独特的文化艺术价值而享誉中外，另一方面由于承载着城市文化底蕴而成为人们回望和留恋城市历史的重要触媒。三是地域上的差异性。不同的城市由于文化理念、价值观念、风俗习惯、历史演化等的不同，导致对文化资源的认识迥然有别甚至大相径庭，在此城市是珍贵的文化遗产到彼城市可能无人问津。四是构成上的多样性。城市文化资源浩瀚广博，丰富多彩，既有物质形态，又有非物质形态，它们共生共存于城市这一中心区域空间，其中，传统建筑、历史街区与历史遗迹等属物质形态，而民风民俗、地方节庆、饮食文化等则属精神形态。①

2. 东北主要城市文化资源的基本类型。文化资源是城市的活化石和编年史，镌刻和浸润着城市发展的漫长历程和深湛底蕴。大连、沈阳、长春和哈尔滨这四个东北副省级城市，由于历史、民族、语言、区域、地缘和气候等人文和自然因素使然，他们在历史渊源上同属于关东文化，其主要形态包括：(1) 移民文化。四个城市的人口结构除极少部分为土著满族和朝鲜族外，绝大多数是从山东、河南、河北和山西等中原地区迁移而来的汉族，还有一些是在不同历史时期特别是第二次世界大战前夕从俄罗斯和东欧一些国家来此避难的侨民(哈尔滨最为突出)，传统文化与现代文化相互碰撞，本土文化与外来文化相互渗透，城市文化呈现出强烈的开放性和包容性。(2) 工业文化。东北四个副省级城市是旧中国工业比较集中的地区，是新中国成立后最早重点建设的国家重工业基地，其中苏联援华的 156 个项目有 20 个坐落在这四个城市。尽管在前些年的国有企业改制过程中很多项目被关停并转，但一些标志性厂房和关键性设备被保存下来，这些工业遗产不仅反映了我国工业化的历史进程，而且是中国工业文明的重要见证。(3) 民俗文化。四个城市的民俗文化源于东北四大族系的民族习俗，包括汉族所创造的以农耕生活为主要表征的汉族文化习俗，肃慎系孕育的以渔猎生活为主要特点的满族文化习俗，东

① 蔡云辉：《论城市文化资源的资本转化》，《湖北经济学院学报》，2003 年第 4 期。

胡系培植的以游牧生活为主要维度的蒙古族文化习俗,秽貊系民族虽然是消亡几百年的民族,但其民俗风情或多或少地浸润在城市民俗文化之中。在这一民俗文化体系中,满族文化习俗对东北城市社会生活影响最大,比较著名且流传至今的有戏曲中的皮影、秧歌、“二人转”、东北大鼓(均为国家级非物质文化遗产)和饮食中的“满汉全席”以及服饰中的旗袍等。[①] (4) 皇族文化。沈阳、长春和哈尔滨三个城市及周边地区是女真族和满族的发祥地和金朝、清朝的都城(哈尔滨阿城区是金朝建立政权最初之地,沈阳是清朝的前身后金的第二个帝都,长春曾经作为伪满洲国的首都),象征女真族和满族皇权的宫廷建筑的遗迹遗址众多而完整地存留至今,封建皇室生活习俗的影响也比较深入和久远。(5) 冰雪文化。除大连位于辽东半岛南端外,其他三个城市都坐落在平原地带高纬度地区,冬季漫长且降雪较多,均呈具发展以雪雕、冰灯、冰雕、滑雪、滑冰、冬泳为主要内容的冰雪文化的天然优势。哈尔滨、沈阳和长春三个城市将晶莹剔透的冰雪点绘成瑰丽多姿的艺术景观,把肃杀静穆的寒冷幻化为心旷神怡的文化瑰宝,使萧条沉寂的冰封大地变成流光溢彩的玉宇瑶池。[②] 东北城市文化资源是在长期历史发展中积淀而成的,具有一定的连续性、独特性和可识别性,反映了四个城市的历史传承和文化基脉,形成了肌理上相互统一、形态上相互区别的人文风貌。其中,海洋文化、园林文化、广场文化、体育文化和服装文化是大连文化的主要表征,氤氲着浪漫情调;俄侨文化、犹太文化、音乐文化和建筑文化是哈尔滨文化的基本维度,散发着异域色彩;皇族文化、萨满文化、抗战文化是沈阳文化的主要成分,饱含着关东韵味;汽车文化、电影文化、雕塑文化是长春文化的重要内涵,呈具着时尚魅力。兰德利在《创意城市》中指出,文化使每个城市都显得与众不同,而为城市发展提供温床、基础和原料的,正是文化的独特性和各城市的特质。创立文化资本理论的法国著名社会学家布尔迪厄曾经指出“城市文化资本是通过城市长期积累起来的生活方式、空间特征、人文精神的汇集,例如历史建筑、艺术瑰宝、城市建筑特色和空间布局等构成城市的文化资本。在日趋激烈的城市竞争中,这些城市文化资本同城市经济发展一样,都是城市的财富之源。”[③]上述四个城市精彩纷呈、特色鲜明的城市文化资源,客观上为发展城市特色文化产业提供了有利条件。

---

① 邴正等:《东北地区优秀文化整理与传播研究》,《社会科学战线》,2009 年第 10 期。

② 刘金祥:《论冰雪节对提升哈尔滨城市形象之意义》,《中国名城》,2012 年第 5 期。

③ [法] 布尔迪厄:《文化资本与社会炼金术》,上海人民出版社 1997 年版,第 96 页。

二、东北主要城市特色文化产业发展的基本现状

城市文化资源具有满足居民的精神需要的功能，是最高层次和品位的资源，其多维多样的特征，决定了城市文化资源为城市文化产业发展提供要素供给和资产保障。但中外实践经验表明，文化资源丰富，不代表文化产业发达，只有把文化资源开发为文化产品，文化才富有经济学意义。美国著名未来学家约翰·奈斯比特在对城市文化资源功能进行深入思考后得出以下结论："一个贫困的国家或城市，即使没有丰富的自然资源，只要在文化资源上肯下大的投资，也是可以发展起来的。"①在城市特色文化产业的发展过程中，对城市文化资源的开发和转化属于初级类别，适合于文化资源禀赋相对充裕但特色文化产业起步较晚的城市。东北四个副省级城市深受计划经济体制的影响，饱经"东北现象"、"新东北现象"和"后东北现象"的困扰，文化资源产业化比较滞后。近年来，这四个城市采取市场化运作方式对本地文化资源进行了有限度的挖掘和开发，已经培植出一定规模的特色文化产业，在一定程度上提升了四个城市的硬实力和软实力，为实现转型奠定了坚实基础。

1. 大连市。中外历史经验表明，许多城市发展莫不与海洋息息相关，当今世界上很多发达城市大都通过经略海洋走上振兴之路。在东北四个副省级城市中，大连是濒海城市，海洋文化是其独特优势。海洋文化是人类在认识海洋的过程中所形成的思想、观念和意识，包括由此所产生的生产方式、生活习惯、社会制度以及语言文学艺术等多方面的内容，其实质是人类自觉行为与海洋自然地理环境相互关系的集中反映，是人类认识海洋、开发海洋等社会实践的综合产物。对于一个临海城市而言，海洋文化直接影响其景观设施、社会风尚、精神气质、价值取向、审美感受直至发展目标的设定、发展模式的选择和发展战略的确立，正如黑格尔所说："平凡的土地、平凡的平原流域把人类束缚在土壤上，卷入无穷的依赖性里边，但是，大海却挟着人类超越了那些思想和行动的有限圈子。"海洋文化资源的存在、开发和利用，极大地丰富了人类的精神生活，提高了人类的精神生活质量。一直以来，大连坚持"有所为有所不为"的原则，发挥市场对海洋文化资源配置的决定性作用，做大做强海洋文化产业，

① ［德］黑格尔：《历史哲学》，上海书店出版社 2006 年版，第 84 页。［美］约翰·奈斯比特：《90 年代世界 10 大趋势》，中国经济出版社 1991 年版，第 102 页。

目前已形成以冰峪沟、老虎滩极地海洋动物馆、圣亚海洋世界、森林动物园、大连紫檀阁、现代博物馆、自然博物馆等为支撑，以安波温泉旅游度假区、长山群岛国际旅游度假区为龙头的系列化海洋文化服务项目，辟建了以海洋文化资源为依托的特色旅游文化产业，2012 年，大连市共接待国内外游客 4 943.1 万人次，比上年增长了 12.9%；全市累计实现旅游总收入 767.2 亿元，比上年增长了 18%。① 其中，大连圣亚旅游控股股份有限公司作为中国唯一一家以人造景观为主营业务的上市企业，近年来推出《海豚湾之恋》和《功夫海象》等表演项目，开创了国内海洋极地文化旅游演出市场的先河，成为大连海洋文化产业的重要品牌。对于一个城市来说，以特色文化产业塑造其文化形象，是增强城市竞争力的重要手段，是迈向国际化都市的重要途径。经过多年的积淀和培育，浪漫之都、时尚之都已经不再是大连的宣传口号，而是包蕴具体内涵的文化符号。围绕浪漫之都、时尚之都这一城市文化定位，大连举办了国际服装节、夏季达沃斯论坛、国际马拉松大赛、烟花爆竹节、赏槐会、国际徒步大会等各种活动，大连文化的国际化色彩日益彰显，特别是近年来，大连每年举办国际性会议 30 多场，APEC 高官会议、夏季达沃斯年会、国际商业理事会议、软件交易会等已成为大连对外交流重要窗口。城市文化资源是一种特殊的资源，其作用不仅是扮演城市发展中的经济角色，更重要的是担负文化传承、民众教化、城市形象塑造等多种社会功能。依托城市文化资源发展文化产业，不仅仅创造丰厚的经济财富，而且对培育城市精神、强化市民对城市的认同感具有重要作用。基于此，大连积极开发工业文化资源，加快发展工业旅游业。2012 年，大连中合北大荒文化产业综合体项目开始兴建，该项目总建筑面积约 28 万平方米，总投资额 35 亿元，②经过历史文化的创意改造，使其成为一个兼具经济价值、文化价值、历史价值、建筑价值的工业游览项目，为大连特色文化产业发展注入新的活力。

2. 沈阳市。一个区域性的中心城市，其地缘优势决定了一些文化资源在这里高度聚集并辐射和扩散，使其在发展特色文化产业方面独占先机。较之其他三个副省级城市，沈阳历史底蕴更为深厚，文化资源也更为丰盈，借助于国家文化体制改革第一批试点城市的机遇在发展城市特色文化产业方面已捷

---

① 中国旅游研究院：《2012—2013——中国区域旅游发展年度报告》，旅游教育出版社 2013 年版，第 93 页、95 页。

② 李佳鹤：《央企联手打造文化产业》，《大连日报》，2012 年 10 月 25 日。

足先登，且成效显著。从资源形态的角度看，沈阳城市文化既有物化形态的实在物，又有非物化形态的模式或意象。前者是显性的、具体的或被明确感知的；后者往往通过象征、渲染等手段，将其从精心营造的文化场景中揭示和显露出来。表现在价值层面上，由于文化在产业中的附加值不断提高，人们开始从经济角度审视资源的文化价值。① 作为全国首批文化体制综合性改革试点城市和沈阳经济区的核心城市，沈阳多年来着力开发自然文化资源和历史文化资源，规划建设了东部棋盘山文化旅游产业集聚区、西部胡台包装印刷产业集聚区、南部浑南动漫产业集聚区、北部文化产业集聚区、中部“故宫方城”文博旅游产业基地，发挥园区和基地对文化产业的孵化引领作用，借此推动整个城市产生集聚效应。2010 年沈阳文化产业实现增加值 232.74 亿元，增速达到 20.2%，文化产业增加值占全市地区生产总值的比重达到 4.64%。从文化产业组成的三个层次规模看，2010 年，以新闻出版、广播影视、文化艺术为主的核心层，实现增加值 73.84 亿元；以网络、休闲娱乐和其他文化服务等新兴文化服务为主的外围层，实现增加值 61.2 亿元；以文化用品、设备及相关文化产品的生产和销售为主的相关层，实现增加值 97.88 亿元，文化产业包含的九大行业增速均高于 11.0%。② 实现城市文化资源产业化，不仅是现代城市的经济支点，而且是经济欠发达城市加速发展的有力举措。2011 年，沈阳市引入市场运作机制，对文化资源实施保护性开发利用，整合市域内满清文化、民国文化、抗日文化、宗教文化、民俗文化和工业遗产等文化资源，通过深入挖掘、科学规划、合理开发，辟建了工业遗产游、休闲度假游、民俗游、佛教游和环城市游等旅游线路，重点打造休闲旅游产业品牌；该市还以东北民俗文化资源为媒介，组建跨地区的京、评剧院团，扩大和提升沈阳演艺业在全国城市中的知名度和美誉度。同时，延展触角，跨界跨域，继续推进“刘老根大舞台”的连锁发展，做大做强“二人转”特色演出业，促进了演艺与娱乐的有机结合，2011 年全市文化产业实现增加值 279.3 亿元人民币，占全市 GDP 比重的 4.72%。③ 值得一提的是，沈阳市在培育特色文化产业过程中恪守科学发展理念，针对城市文化资源系统中的构成要素，在进行产业化过程中，既突出重点，以张扬其城市文化的特色；又兼顾整体，努力维系城市文化存续的根基。

3. 长春市。在某种意义上可以说一座城市的地域中心功能既体现对城

---

① 田根胜等：《一种新的蕴涵高附加值的产业资源》，《理论探讨》，2006 年第 3 期。

②③ 沈阳市人民政府：《沈阳市十二五文化产业规划纲要》，中国沈阳网，2011 年 12 月 2 日。

市文化资源的摄纳和辐射，也体现为对城市文化资源的吸附和转化。长春在东北四个副省级城市中是一个文化资源禀赋卓异、文化产业发展势头强劲的城市。该市汽车文化、电影文化、雕塑文化、生态文化及记录日本侵华历史的警示文化和反映民族民俗演进历程的移民文化、萨满文化、黄龙府文化交相辉映、相得益彰，呈现出仪态万千、绚丽多姿的风貌。全市拥有两个国家级非物质文化遗产，三个国家级先进文化县，四个国家级文化产业示范基地，八个省级文化产业示范基地，38 个省级重点文物保护单位，146 处古文化遗址，①特别是汽车文化、影视文化、雕塑文化等文化资源以及文化资源要素在城市空间中的聚集和裂变，为实现资源优势向资本优势的转化创造了条件，也为城市特色文化产业的提档升级提供了可能。近年来，长春市通过对文化资源进行艺术修饰、历史还原、美学灌注和科技融汇，使特色文化产业发展由小及大，渐入佳境。2011 年，全市文化产业增加值达 300 多亿元，同比增长 40%，占 GDP 总额 7.5%，增幅雄踞东北四个副省级城市首位，在全国 15 个副省级城市排名第六。②文化的浩瀚与广博，体现在文化资源结构的多层次性上。森林风景资源作为城市文化自然遗产的重要组成部分，是城市形象的重要构成要素，是激发人类创造性以及人与自然和谐相处理念的重要源泉，也是促进特色文化产业发展的重要基础。拥有亚洲最大人工林场的长春净月潭森林公园，是典型的北方地域风格的城市公园。为了把净月潭公园锻塑成一张靓丽的城市文化名片，多年来，长春市以生态为体、文化为魂、休闲为用，整合园区内森林、湿地、景观、广场等资源，形成冬夏互补的现代休闲度假产业集散地，目前，作为“森林浴场”、“天然氧吧”的净月潭在长春现代休闲度假产业集群中发挥着“龙头”作用，2011 年净月文化休闲生态园荣膺国家五 A 级风景名胜区，成为向全国乃至世界展示长春市独特风光和文化魅力的重要平台。冰雪旅游作为生态旅游的重要分支，是以冰雪气候旅游资源为主要旅游吸引物，体验冰雪文化内涵的一种旅游活动形式。长春市利用气候资源优势，挖掘冰雪文化内涵，创新冰雪旅游产品，将净月潭辟建为冰雪旅游胜地，吸引众多中外游客前来观光和体验。2012 年，净月潭景区共接待游客 210 万人次，同比增长 70 万人次，实现综合收入 5 800 万元，同比增长 25%，③景区核心竞争力大幅提高。城市经济学理论表明，实现城市文化资源产业化，其最根本的路径是经营城市，而经营城市须对构成城市空间的历史文化资源进行整合、重组与运营，从而最大限度地

①②③ 长春市人民政府：《长春市文化事业与文化产业发展规划》，长春信息港，2012 年 10 月 8 日。

获取经济收益。长春市是我国汽车工业的摇篮,位于该市的第一汽车制造车是我国建立最早也是迄今国内最大的汽车生产基地。因此,长春积极发掘汽车文化资源,依托汽车产业开发区的地域优势、产业优势和人才优势,精心建设国际汽车文化产业园,使园区融入诸多汽车文化元素,荟萃国际知名汽车品牌,从 1999 年开始长春已连续举办了五届中国(长春)国际汽车博览会,催生了相关服务产业发展。以 2012 年的第八届汽博会为例,为期 10 天的展会共吸引观众 60 万人次,售出各种车辆 10 320 辆,实现购车交易额 20.2 亿元。①在展会带动下,旅游业急剧攀升,旅游收入提高 10%以上。作为艺术与商业的结合,电影不仅是一种审美艺术,更是一种经济效能和人文价值叠加的文化产业。长春电影制片厂是中国老牌的电影制作单位,被誉为新中国电影的摇篮,长影世纪城是我国首家电影制片工业与旅游业相结合的电影主题公园,是借鉴美国好莱坞环球影城和迪斯尼游乐园的精华建造而成,被人们誉为"世界特效电影之都"。近年来,长春市凭借丰厚的电影资源,鼎力支持长影集团提高电影创作和生产能力,加快长春电影世纪城建设,完善长影大产业链, 2012 年,电影业实现全口径收入 6 亿元。②追求经济效益是一切经济活动的根本目的,不可否认,对城市文化资源实施产业化,其首要目的是通过资源形态转换来实现资源升值,求得文化资源在城市发展中功能和作用的最大化,长春雕塑公园就属此类。长春雕塑公园占地近百万平方米,是集自然景观与人文景观于一体的世界文化名园,也是承载当今世界雕塑作品最多、参展国最广的艺术殿堂,目前共有 126 个国家的 400 多位雕塑家创作的 600 多件雕塑作品汇集于此,而且作品材质丰赡,风格迥异,堪称雕塑艺术的百花园。1997 年以来长春市已连续举办 14 届雕塑展,众多中外雕塑艺术家和大量游客来此参展和观赏,促进了长春城市文化与世界文化的融汇与接轨。此外,长春市还藉助东北亚投资贸易博览会这一文化桥梁,释放展览活动的市场效能,构建起以大型会展企业为龙头、中小会展企业为辅助、各类服务企业相配套的市场体系,2012 年长春举办各类会展活动 120 多项,其中国际性、全国性会展 23 项,会展业直接收入和带动相关行业收入达到 19 亿元,③ 为城市经济发展增加了强大后援。

4. 哈尔滨市。马克思和恩格斯在《德意志意识形态》中说:"任何历史记载都应当从这些自然基础以及它们在历史进程中由于人们的活动而发生的变

①②③ 长春市人民政府:《长春市文化事业与文化产业发展规划》,长春信息港,2012 年 10 月 8 日。

更出发。”[①]哈尔滨，一个仅用 100 多年时间由松花江畔的一个小渔村跃升为中国东北北部地区最大的区域性城市，一个没有任何原始财富积累却既能创造经济增长辉煌又能缔造社会进步伟业的城市，堪称一种历史传奇和经济神话。要破解这一传奇和神话，我们不得不从美国著名学者芒福德在《城市发展史》所说的“城市不只是建筑的群体，不单是权力的集中，更是文化的归极”[②]这一精辟阐述中索解答案。哈尔滨城市文化中的金源文化、京旗文化、俄侨文化、犹太文化、冰雪文化、音乐文化等多种文化资源作为中华文化和西方文化相互碰撞的结果，以及传统文化和现代文化不断融合的产物，为城市特色文化产业发展提供了优越的基础条件。目前哈尔滨共有 7 处国家级文物保护单位，156 处省、市级文物保护单位，各类遗址、古墓葬、碑刻、纪念性建筑等 1 000 余处；已公布的国家级非物质文化遗产 3 项，省级非物质文化遗产 30 项，市级非物质文化遗产 72 项，[③]这些成为发展特色文化产业的源头活水。国家倡导发展文化产业以来，哈尔滨市科学配置、合理利用文化资源，既整体推进，又重点突破；既遵循共性要求，又彰显城市特色，推动了文化产业全面协调可持续发展，2012 年哈尔滨文化产业增加值为 232.48 亿元，占地区生产总值的比重为 5.10%，[④]对城市经济增长的拉动力和贡献力有所增强。城市文化资源向产业形态的嬗变，不仅仅是由物到物的形态演进，或由精神产品到物质产品的物化转变，而是一种质的飞跃。这种飞跃既表征文化资源的样态变化，更包蕴其价值的增值。有鉴于此，哈尔滨以修缮保护历史文化名城为牵动，始终着力发掘中央大街、果戈里大街、索菲亚教堂、犹太会馆、马迭尔宾馆、金上京遗址、萧红纪念馆等历史文化资源，开发文化产品，延伸产业链条，提升品牌效应，扩大文化消费，打造独具特色的历史文化产业。自然文化资源作为文化产业所必需的生产资料，是指自然界中具有观赏价值的地质、地貌、水体、生物、气象、气候和天象等自然现象，自古以来，人类就有从自然界获得审美情趣的心理需求。哈尔滨坐落在西伯利亚冷空气长驱直入的我国东北地区的腹地，位于“夏扬三尺浪，冬封四尺冰”的松花江中游，是我国纬度最高、气温最低、冰雪资源最丰富的城市，发展冰雪文化具有其他城市不可比拟的优势。从 20 世纪 90

① 《马克思恩格斯全集(第 42 卷)》，人民出版社 1979 年版，第 120 页。

② ［美］刘易斯·芒福德著，宋俊岭、倪文彦译，《城市发展史——起源、演变和前景》，中国建筑工业出版社 2005 年版，第 223 页。

③④ 中共哈尔滨市委哈尔滨市人民政府：《哈尔滨市文化发展规划纲要(2011—2015)》，哈尔滨市人民政府门户网站，2011 年 5 月 9 日。

年代开始，哈尔滨市采取市场化运作经营模式，大力发展冰雪文化产业，在文化消费市场的引导下，冰雪产业形态已经形成，产业内涵越来越丰富，产业层次越来越高，①产业集聚和扩散功能也越来越强，冰雪文化产业已成为该市新的经济增长点和重要支柱产业，特别是哈尔滨冰雪节已跃居世界四大冰雪节首位。②实践表明，哈尔滨国际冰雪节是历史和现实的交融，是自然和人文的结合，是文化和经济的统一。作为哈尔滨最亮丽的文化品牌和扩大哈尔滨国际影响的重要平台，目前哈尔滨国际冰雪节已经得到国内外、境内外的高度认可，一些国际要人、跨国公司和国际组织领导和众多海内外游客接踵而至，洽谈商务，举办会议，观光旅游。2013 年第 28 届冰雪节期间，共接待游客 1 389.5 万人次，同比增长 7.1%，总收入 133.7 亿元人民币，同比增长 10.4%。③ 城市文化资源的孕育繁盛不仅与自然地缘、经济基础密不可分，而且与历史底蕴息息相关。十九世纪末和第二次世界大战期间，大批犹太人被迫迁居哈尔滨，他们在此传播西洋音乐，中国第一个交响乐团于 1908 年成立于哈尔滨，创建于 1961 年的“哈尔滨之夏音乐会”是新中国举办时间跨度最长的国家级音乐节之一，哈尔滨音乐文化声名远播，2010 年，哈尔滨被联合国授予“音乐之都”称号。长期以来，哈尔滨发掘音乐文化资源，弘扬音乐文化传统，以两年一度的“哈尔滨之夏音乐会”为契机，通过开展音乐文化活动、建设音乐演出设施、开辟音乐主题街区和建设音乐博物馆，积极发展音乐文化产业，音乐已沁入城市文化骨髓和灵魂，成为哈尔滨勃发振兴的人文基因。城市的区域中心地位，决定了城市集中了各种文化艺术的创作、研究、交流机构和团体，聚集着大量科技文化复合型人才及文化艺术信息资源。进入 21 世纪以来，哈尔滨发挥科技资源雄厚的优势，以文化产业园区（基地）和重点文化项目建设为牵动，以文化创意和文化科技为支撑，拓展传统文化产业领域，发展新兴文化业态，创新文化产品和文化服务，培育了一批具有较强影响力和竞争力的文化市场主体，研发了一批具有鲜明地域特色和影响力的文化品牌，如平房动漫基地研发生产的《酷酷小吉正传之钩钩岛》、《帽儿山的鬼子兵》、《环保剑》、《探索地球村》、《龙娃》和《雪娃》等动漫产品，在中央电视台等大型高端主流媒体播放后，取得良好的经济效益和社会效益。

除上述特色文化产业外，东北四个副省级城市和其他一些重要城市立足

①② 刘金祥：《论冰雪节对提升哈尔滨城市形象之意义》，《中国名城》，2012 年第 5 期。

③ 杨静等：《哈尔滨市旅游业实现逆势上扬》，黑龙江文化产业网，2013 年 3 月 2 日。

本地实际，通过整合盘活演艺、新闻出版、广播电视等传统文化资源和互联网、计算机、电子游戏等现代科技资源，促进了各自演艺业、传媒业、音像业、出版业、广告业等文化产业的稳步发展。

三、东北主要城市特色文化产业化发展中存在的问题

由于受思想观念、体制机制、政策措施和历史基础、地理地缘、自然环境等因素束缚和制约，相对于经济发达城市而言，东北三省的大连、沈阳、长春和哈尔滨四个主要城市文化资源开发比较迟缓，特色文化产业发展比较滞后，存在一些亟待研究和解决的问题，主要表现在：

1. 文化产业规模小总量低，尚未达到支柱产业的水准。20 世纪 90 年代以来，许多发达国家和新兴工业化国家纷纷调整国家战略和文化政策，在“知识经济高地”开展角逐和竞争的同时，又在“文化经济高地”展开了新一轮争夺与博弈，2000 年美国的文化产业在国民经济中所占比例高达 27%，日本超过 22%。① 在这样一个时代背景下，国内经济发达城市纷纷制订和全力实施本地文化发展规划，文化产业呈现前所未有的发展势头。国家统计局的资料表明，2012 年，我国文化产业法人单位实现增加值 18 071 亿元，按同口径和现价计算，比 2011 年增长 16.5%，比同期 GDP 现价增速高 6.8 个百分点。② 而经济发达城市文化产业发展速度迅猛快捷，其中杭州市文化产业增加值达 1 060.70 亿元，同比增长 18.6%，占全市生产总值比重的 13.59%；③青岛市文化产业增加值为 601.7 亿元，同比增长 19.7%，占全市生产总值 8.2%；④深圳市文化产业增加值实现 930 亿元，同比增长约 20%，占全市 GDP 的 7.2%；⑤济南市完成文化产业增加值 341.1 亿元，增幅 13.6%，占 GDP 比重达到 7.1%。⑥ 而东北三省四市除长春文化产业增加值达到 420 亿元、增幅为 13.6%外，沈阳、大连和哈尔滨的增加值分别为 290 亿元、230 亿元和 138 亿元，占全市 GDP 的比重分别为 8%、5.6%和增长 5.1%。由此不难看出东北

---

① 李思屈等：《文化产业概论》，浙江大学出版社 2007 年版，第 39 页。

② 张贺：《文化产业对国民经济贡献逐年加大》，《人民日报》，2013 年 8 月 28 日。

③ 杭州市统计局：《2012 年杭州市文化创意产业增加值超千亿元》，浙江在线新闻网站，2013 年 1 月 31 日。

④ 赵震：《青岛 20 条新政出台》，《青岛日报》，2013 年 5 月 28 日。

⑤ 苏妮：《文化与科技、旅游、金融融合凸显竞争力》，《南方日报》，2013 年 2 月 6 日。

⑥ 本网记者：《2012 年济南文化产业增加值 341.1 亿》，中国文化创意产业网，2013 年 9 月 24 日。

四个副省级城市文化产业规模较小总量较少，在地区生产总值中所占比例偏低，与经济发达城市存在很大差距。

2. 文化资源开发深度不够，潜在优势没有转化为现实优势。东北四个副省级城市的历史文化资源较多，但由于缺乏资金投入没有进行充分挖掘和深度开发，绝大部分仍停留在“隐形”状态，“藏在深闺人未识”，能够直接产生经济效益的较少，资源优势尚未转化成经济优势。例如，哈尔滨中央大街两侧的众多西方古典建筑，具有较高的历史价值，但由于没有从根本上加以修缮保护和开发利用，一些建筑因逐渐破败而消失，一些建筑因被地产商买断而遭毁弃。再比如，沈阳和长春的一些民俗文化资源如皮影戏、东北大鼓、剪纸等仅限于抢救，没有通过产业化将这些资源推向文化市场，也就是说这四个城市文化资源的优势目前还仅仅是潜在优势，还没有聚变为一定的现实优势。尤其是目前利用文化资源多数沿袭传统的以门票收入为主的简单经营模式，而与之相关的装饰、服饰、纪念品、饮食、影音、书画、演出、娱乐等文化产品文化服务的生产经营严重匮乏，文化资源的内涵远未得到发掘彰显，以至于文化资源闲置浪费，资源潜力尚未转化为产业实力。出现这种状况的主要原因是，城市文化资源转化为文化资本的市场机制没有建立，社会资本与文化人才进入文化资源开发领域的行政壁垒没有打破。同时，还应当看到，城市文化资源的产业要素发掘不够，四个城市文化产业关联度低，突出表现在工业遗产旅游上。这里所说的工业遗产旅游，是指在淘汰废弃的工业遗址上，通过重新利用原有的机器设备、厂房设施等，将工业文化遗存改造成一种能够吸引人们了解工业文明历程、体验工业文明魅力、具有观光休闲功能的文化产业形态。从近年国有企业改革、转变经济发展方式和调整经济结构的结果看，哈尔滨工业遗产数量最多、规模最大，且分布比较集中，目前发展工业遗产旅游的条件最为成熟和完备，但哈尔滨工业遗遗产旅游极为脆弱甚至处于空白。以“三大动力”“十人军工”为核心的哈尔滨工业文化，是中国现代工业文明的重要源头，一度葆有“亚洲第一”头衔的哈尔滨亚麻厂、哈尔滨第一工具厂、东北轻合金加工厂、哈尔滨电缆厂、哈尔滨锅炉厂、哈尔滨电机厂、哈尔滨汽轮机厂、哈药集团等企业的工业文化厚重绵长，留给哈尔滨的是灿烂的工业文化历史，问题的症结在于：当局总是在为哈尔滨是“共和国工业长子”而自豪不已，却一直没有把这昔日的灿烂变成今日的辉煌，如同守着一座蕴藏丰厚的宝藏只会赞叹夸耀却不知如何开采发掘，更不知将不同行业不同领域不同层面的工业文化遗产加以统摄擘化以形成工业旅游的产业链和集合体。因而只有对遗产丰富、特色鲜明的哈尔滨工业文化进行深度开发并强化产业关联度，才能最大限度地实现工业文化产业化，才能将潜在优势转化为显性优势。

3. 重复开发建设，同质化现象严重。英国诺丁汉大学教授迈克·费瑟斯通指出"在全球激烈竞争的条件下，在投资与资本之流的自由市场力量的作用下，城市开始具有了企业化的特征，在面对投资以及资源的全球竞争中，城市不得不调动起文化资源，使文化变为引诱资本之物。"①城市文化资源产业化，只有遵循市场经济规律，才能确保城市特色文化产业实现科学发展。如果采取行政手段，对文化产业机械地复制、模仿和移植，必然衍生城市文化产业项目"千景一面"的现象。近几年，冰雪文化产业、民俗文化产业、动漫产业等在东北很多城市落地生根，成为这些城市旅游景区和文化园区的主打项目，这种重复开发建设导致文化产业同构同质的现象，已成为包括四个副省级城市在内的东北许多城市不得不面对的严峻现实。例如，在冰雪文化产业项目方面，哈尔滨有冰雪大世界、沈阳有棋盘山、长春有净月潭，大同小异，千人一面，三个城市一同争抢"冰雪文化"这块本来就不大的蛋糕，形成"同室操戈"的局面。就整个东北地区而言，检索和解读各大城市文化发展规划，不难发现冰雪文化项目已呈遍地开花之势，这已引起有识之士的关注和忧虑。再比如，东北很多城市都在紧锣密鼓地辟建动漫基地，大连在高新区旅顺南路软件产业带建设了国家级动漫游产业走廊，哈尔滨在平房经开区发展起动漫产业园，沈阳在浑南打造了动漫产业集聚区，长春在净月经济开发区建设了知合国际动漫产业园，鞍山、抚顺、本溪、锦州、营口、大庆、齐齐哈尔等城市均建有大小不等的动漫基地或园区，等等。这些动漫产业基地由于缺乏统一规划和统筹布局，发展模式几近相同，必然陷入新一轮低水平重复建设的怪圈，一方面引发各城市争夺有限的政策资源和资金资源，另一方面导致各城市动漫基地及入驻企业良莠不齐，在无端浪费土地、资金、人才等资源的同时，造成动漫产业的低端和弱质，缺乏市场竞争力。文化产业项目建设的同质化实质是一种内部竞争，在有限的区域内，内部竞争不仅抑制了创新，而且压缩了市场空间，在市场饱和、消费有限的情形下，同质化竞争为参与各方带来的往往是以邻为壑、"一损俱损"的后果。

4. 发展不均衡、步伐不协调。集聚性是城市文化资源的基本特点，在某种程度上，文化资源越集聚，城市文化产业越发展；城市文化产业越发展，文化

① ［英］费瑟斯通：《消费文化与后现代主义》，译林出版社 2000 年版，第 97 页。

资源则越向该城市集聚,因此,处于同一区域内的不同城市由于文化资源禀赋的差异,以及思想观念、政策环境、发展思路和运作措施的不同,导致城市特色文化产业发展不均衡。我们知道,城市特色文化产业的发展首先需要政府对文化资源产业化进行科学规划和合理布局,但目前东北四个副省级城市没有建立沟通协调合作机制,各自为政,画地为牢,致使特色文化产业发展畸重畸轻,严重失衡。沈阳作为第一批全国文化体制改革试点城市,是四个城市中最早出台文化产业发展政策和发展规划的城市,2008 年 10 月,该市下发了《中共沈阳市委沈阳市人民政府关于推动文化大发展大繁荣的决定》,2011 年 9 月,沈阳市政府颁布实施了《沈阳十二五市文化产业规划纲要(2008—2012)》;哈尔滨市是最晚颁发实施文化产业发展政策和规划的城市,四个城市关于文化产业的政策和规划出台的不同步,客观上必然导致特色文化产业发展的不协调。还应看到,城市特色文化产业发展需要具备相应的硬件环境,需要一定的前置条件。这就要求不同城市应根据自身特点来培育硬件环境,并在此基础上,做好城市管理服务,提升城市载体功能,为文化企业发展创造良好的外部环境。而目前四个城市硬件建设大不相同,《中国文化产业发展报告》(2011—2012)蓝皮书中发布的关于全国 35 个主要城市文化产业发展能力(主要包括商务设施、研发能力、开放程度、基础设施)的数据表明,东北四个副省级城市硬件环境排序依次为长春、大连、沈阳、哈尔滨。① 文化产业发展条件存在着巨大差异,必然导致城市之间在发展特色文化产业方面有快有慢。另外,还必须认识到,在区域发展差距日益扩大的背景下,受地方利益的驱使,个别城市或以公开的形式或以隐蔽的形式实行地方保护主义,如城际间为争夺稀缺文化资源而展开资源大战,设置名目繁多的流通门槛和市场壁垒,实行资源、技术、人才的垄断和封锁,不仅导致各种文化生产要素无法自由流动和优化配置,而且使城市文化企业间的优势无法互补,最终难以建成竞争、开放、统一、有序的区域文化市场,这与十八届三中全会通过的《决定》的要求是严重背离的。

四、东北主要城市发展特色文化产业的对策

城市经济学的最大特点之一,就是其理论视野越来越开阔、越来越宏大,而其实践落点越来越逼仄、越来越微观。对于城市文化资源产业化而言,在经

① 张晓明等:《中国文化产业发展报告(2011—2012)》,社会科学文献出版社 2012 年版,第 87 页。

济学的意义上同样如此，这是我们必须认同的理论和必须恪守的法则。为了使东北四个副省级城市开发文化资源、发展文化产业取得更大成效，促进城市尽快转型、再塑辉煌，笔者认为应充分利用国家振兴东北老工业基地的方针政策，学习借鉴西方发达国家城市的有益经验，从实际情况出发，在研究制定化解问题的对策上下功夫。

1. 强化顶层设计，加大宏观调控。城市的文化定位究其根本是文化产业发展的定位，而发展文化产业取决于市场对城市文化资源和生产要素的配置。目前我国社会主义市场经济体制已经形成，十八届三中全会通过的《决定》强调发挥市场配置资源的决定性作用。① 但是文化资源和文化要素市场发育还不充分，特别是东北地区文化资源和文化要素的市场化水平与全国相比与其他生产要素市场相比差距很大，区域内统一的文化资源和文化要素市场尚未形成。所以，国家有关部门应加大宏观调控力度，推动和促进东北地区文化资源和文化要素市场的发育，为城市特色文化产业发展创造比较宽松的市场环境，促进文化资源、文化生产要素和文化产品合理有序流动，促进产业合理转移和有效集聚，推动四个副省级城市文化合作一体化进程。针对四个城市特色文化产业发展中出现的重复建设、结构趋同问题，国家振兴东北老工业基地办公室要充分发挥职能作用，加强顶层设计，在四个城市已经制定出台的文化产业发展规划的基础上，进行深度调研和缜密论证，从战略层面和全局高度，对四个城市的文化资源开发和文化产业发展进行统筹考虑，研究出台以四个城市为核心的、涵盖整个东北地区城市的总体性文化产业发展规划，对东北地区城市文化产业发展进行科学安排，合理布局，确保各城市按照自己的资源禀赋、功能定位和产业特征健康有序发展。

2. 树立区域发展观，建立协商合作机制。当今世界正处在广泛深刻的变革调整时期，无论是方兴未艾的后工业化、瞬息万变的信息化、日趋深入的经济全球化，还是波诡云谲的区域经济一体化，正在加快人类文明的历史进程，正在改变人类的思维模式、生产方式、生活方式和组织形式，正在强化国家间、地区间、城市间的相互依存，正在重塑全球经济版图和区域经济格局，这就要求地缘相近的城市应树立区域发展观。区域发展观，就是以科学发展观为统领，妥善处理区域发展中的各方关系，走协调发展、科学发展之路。东北四个

① 编写组：《〈中共中央关于全面深化改革若干重大问题的决定〉辅导读本》，人民出版社 2013 年版，第 3 页、第 41 页。

副省级城市要树立区域发展观，克服本位思想，增强全局观念，在完善文化产业政策和发展规划时，从东北乃至全国的角度加以考量，确保各自关于文化产业的发展举措与全局相统一，与区域相契合，与对方相补充。在此基础上，四个城市要本着“互惠互利、优势互补、结构优化、效益优先”的原则，建立沟通交流的平台和协商合作的机制，定期召开四市市长峰会，设立一年一度的文化产业发展论坛，在文化资源开发、政策法规制定、项目引进上马、重大基础设施建设等方面加强沟通与协商，并通过设立常设机构协调四个城市的地方性法规和有关制度的制定，在全国统一的法律和政策体系的指导下，逐步修正和统一四个城市的地方性法规和政策，调整完善各自既有的文化产业发展战略。要通过运用协商合作机制，逐步打破城市间的界限，建立统一的文化资源评价标准，实行统一的市场准入、商标保护等措施，取消产品准入的附加条件，为文化市场主体创造公平竞争的环境。要以合作共赢、共同发展为取向，建立文化资源保护开发协作机制、信息交流协作机制和战略性合作机制，在文化资源保护、信息交流和旅游文化等方面加强合作，努力实现四个城市特色文化产业的共同发展。

3. 坚持在保护中开发，实施可持续发展战略。城市文化资源是一种凝聚独特精神价值的资源，具有传承性、稳定性、共享性和持久性。只有牢固树立有效保护、适度开发的理念，才能切实处理好文化资源的开发利用、文化产业发展与文化生态保护的关系。东北四个副省级城市在文化资源保护方面应做出相应的制度规定，避免特色文化产业发展的后继乏力。四个城市要吸纳和借鉴西方发达国家先进的文化产业发展理念和政策措施，结合本地实际，集中有限的财力人力智力，倾心打造在国内和国际文化产品市场上具有较高知名度的项目和品牌，推动城市特色文化产业向更高层次发展。十八届三中全会《决定》提出了“坚持政府主动、企业主体、市场运作、社会参与，扩大对外文化交流，加强国际传播能力和对外话语体系建设，推动中华文化走向世界”[①]的要求，四个城市应进一步扩大对外开放和交流的领域，开辟对外交流渠道，丰富文化走出去的形式，提升四个城市特色文化产业的国际影响力。法国学者阿多诺说“文化产业是把人们所熟悉的传统文化融入了新特质。其产品是为大众消费而特别制作的。它在很大程度上决定了消费的性质并且很大程度上是

① 编写组：《〈中共中央关于全面深化改革若干重大问题的决定〉辅导读本》，北京：人民出版社 2013 年版，第 3 页、第 41 页。

按计划而制造的。”[①]要研究东北亚文化消费人群的习惯和特点，研制生产适销对路且有地方特色的文化产品和文化服务。要争取各方支持，强力推进文化产业园区建设，构建带动力强、辐射面广的文化产业带，集中力量发展现代新兴文化产业，不断提升文化产业竞争力。要调整优化特色文化产业布局和结构，建设一批实力雄厚、具有较强竞争力和引领作用的文化企业和企业集团，发展特色文化产业群，发挥高科技对文化产业的引擎作用，加快特色文化产业的优化升级，促进四城市文化产业尽快融入国际文化产业分工体系。

4. 加强政策扶持，完善市场监管体系。文化产业是具有人文属性和经济价值的特殊产业，是以文化产品生产和服务为基础，以满足人们的精神需求为旨归，力求社会效益与经济效益最佳结合的经济形态。基于此，在发展特色文化产业过程中，四个城市应加强扶持和管理，坚持正确文化发展导向，对特色文化产业进行引导和规范。文化产业是弱质产业，需要财政和金融的扶持。应按照国家有关政策规定，借鉴国内发达地区经验，从实际出发，加大对城市特色文化产业的资金投入，增加特色文化产业专项资金总额，对市场潜力大、有发展后劲的文化企业进行重点扶助，专项资金应主要用于重点文化项目的贷款贴息或补助、领军人物的引进和各类文化人才的培养，对重点文化企业和项目应设立绿色通道，利用税收、信贷、保险等经济杠杆，在土地使用、贷款利率、税费减免、融资担保、进出口等方面进行扶持[②]，尤其是应加大金融信贷支持力度，为特色文化产业发展提供有力保障。同时，建立面向社会的更加开放的文化市场准入机制，确定合理的市场准入条件，支持和鼓励社会资本和民间资金进入城市特色文化产业领域，辅之以严格的文化市场监管，为文化企业公平竞争创造良好的秩序和环境。

（刘金祥，哲学博士，编审，哈尔滨工业大学客座教授，哈尔滨市人大常委会）

① ［德］阿多诺：《多棱镜：文化批判与社会》，人民出版社 2004 年版，第 120 页。
② 沙吉会：《辽宁沿海六城市文化产业发展问题及对策研究》，《大连干部学刊》，2011 年第 6 期。

南阳文化产业的发展理念与战略目标

内容摘要： 发展文化产业，增强城市创新能力和核心竞争力，实现与周边城市的联动发展，是南阳今后发展的方向和重点。作为一个中国中部地区城市，如何顺应时代发展大潮，融入主流阵营，是南阳在新形势下建构发展理念首要关注的大问题。文化城市可以使南阳市扬长(即文化资源丰富、文化生态多元、文化辐射区域大等)避短(即经济发展落后、工业化程度不足、产业升级压力巨大等)，实现又好又快的跨越式发展。南阳地区文化产业发展起步较低，但在文化发展中不能“穷过渡”，摈弃缓慢过渡的发展思路，坚持跨越式发展的原则。尤其是借助各方资源优势，集思广益，参照世界区域文化发展的先进经验，超前规划，实现文化发展快速、高效、前沿性的发展。

关键词： 文化产业　发展理念　战略目标

南阳市位于河南省西南部豫陕鄂交界处。东界河南省驻马店、信阳市，南接湖北省襄樊市、十堰市、随州市，西连陕西省商州市，北邻河南省三门峡、洛阳、平顶山市。地理坐标为北纬32°17′—33°48′，东经110°58′—113°49′。东西长263公里，南北宽168公里。总面积2.66万平方公里，平原、丘陵、山区各占21%、30.6%和48.4%。南阳市区面积1 981平方公里，建成区面积42平方公里。全市总人口1 055万人，其中城镇155.1万人。是河南省土地面积最大、人口最多的地级市。也是国家园林城市、优秀旅游城市、国家历史文化名城，《河南省城镇化“十一五”规划》中提出到2010年南阳力争成为市区人口超过100万的特大城市，并且是豫南的中心城市。随着交通基础设施的发展，南阳与其他城市的联系越来越紧密，在一小时交通圈、三小时交通圈和五小时交通圈的区域范围内不仅囊括了河南的大部分地区，还辐射到山西、湖北、安徽等省的一些城市。近年来南阳的经济社会发展都取得了极大进步，2008年GDP达到1 636.4亿元，三次产业结构由“二一三”升级为“二三一”。南阳市政府在《2009年政府工作报告》中提出要建设文化旅游强市和宜居城市，第三产业也就是现代服务业的比重会不断加大,“退二进三”是南阳中心城区迟早要面临的问题,文化产业对于经济增长的贡献会越来越突出。发展文化产业,增强城市创新能力和核心竞争力,实现与周边城市的联动发展,是南阳今后发展的方向和重点。

一、都市化进程与南阳城市发展理念建构

城市化进程已成为当今世界和中国发展的主旋律。按照一般的分类原则,城市化(Urbanization)可以划分为城镇化、中小城市化与都市化三类,但与两个世纪前英美等国家的城市化发展道路不同,以“国际化大都市”与“世界级城市群”为标志的“都市化”(Metropolitanization)模式在当代占据了举足轻重的地位。如纽约、伦敦这样的国际化大都市或“波士沃施”(BosWash)、北美五大湖都市群这样的世界级城市群,它们集聚着数千万城市人口和数以万计的高级人才,有着优越的地理位置、良好的自然环境、合理的城市布局、高效的基础设施和先进的产业结构,并以雄厚的经济实力、发达的生产能力、完善的服务能力和连通全球的交通、信息、经济网络为基础,使自身发展成为可以控制与影响全球政治、经济、社会、科技与文化的中心。[①] 在经济全球化的背景下,都市化进程迅速波及中国。在《中央关于制定十一五规划的建议》中,首次提出作为城市在都市化进程最高发展形态的“城市群”概念,强调指出:“以特大城市和大城市为龙头,通过统筹规划,形成若干用地少、就业多、要素集聚能力强、人口合理分布的新城市群。”预测显示,到 2010 年,中国百万人口以上的城市将达到 125 个左右,其中 200 万人口以上的特大城市将达到 50 个左右。目前纳入中国城市群竞争力排名榜已达到 15 个,按排名顺序依次是:长三角城市群、珠三角城市群、京津冀城市群、半岛城市群、辽中南城市群、海峡西岸城市群、中原城市群、徐州城市群、武汉城市群、成渝城市群、长株潭城市群、哈尔滨城市群、关中城市群、长春城市群、合肥城市群。这表明,在都市化进程中,一般的城镇化与城市化发展模式开始淡出,而各种区域性中心城市、国际化大都市甚至是世界级城市群,开始成为中国实现现代化与推动经济社会发展的核心战略目标。

中国的区域发展战略和方针经历了几次重大变化。从重点建设内地

① 刘士林:《都市化进程论》,《学术月刊》,2006 年第 12 期。

(1953—1963)、重点建设"三线"地区(1964—1972;1973—1978)、沿海地区发展战略(1981—1985)、三个地带发展战略(1986—1990)到地区协调发展战略(20世纪90年代初期以来)。[①] 与此同时,自2000年以来中国逐渐步入都市化进程,以"大都市"与"城市群"为重心的区域发展战略蓬勃展开,成为中国区域发展的又一重大变化和新特色。这其中的必然性在于,"当今的世界是一个开放的世界,特别是经济全球化的趋势把各国经济都紧密的联系了起来。资源在世界范围内自由流动,流向最容易发挥自身价值的地方。因此,世界各国的竞争也是史无前例的。任何一个国家如果不能及时融入世界经济发展的潮流,都可能在各国之间的竞争中失败。"[②]对于中国而言,如果继续像过去一样发展小城镇、抑制大城市,必然造成人力、资金、资源在世界范围内的进一步流失。对中国的一般城市也是如此,如果不能在城市发展理念上与时俱进,不仅已有的发展优势很难保持,其长期积累的城市资金、资源与资本,也会在都市化进程中迅速流失到其他城市中去。其直接结果是严重削弱了城市自身的升级换代与可持续发展,其间接后果则是落后的城市化进程与不发达的经济社会状况的恶性循环。

作为一个中国中部地区城市,如何顺应时代发展大潮,融入主流阵营,是南阳在新形势下建构发展理念首要关注的大问题。从区域现状看,南阳市的地理坐标为32°17′—33°48′,东经110°58′—113°49′。以南阳为圆心,以郑州、武汉、西安等大城市为圆周,数百里内一直缺乏一个辐射性很强的大城市,南阳正好可以在这个区域内发展为省际区域性中心城市。同时,在这个以南阳为中心的数百里范围内,由于一直缺乏一个具有龙头作用、带动性很强的大城市,所以在很大意义上也直接影响了该区域在改革开放以来经济社会的发展。从城市地理学的角度看,由于区域竞争的不可避免,因而必然会在持续不断的自然竞争与优胜劣汰中产生出一个中心城市,关键在于谁能把握住战略机遇,"先下手为强",以积极融入当今中国和世界的主流发展框架获得重大战略发展机遇。从历史上看,早在汉代,南阳郡的人口就达到240万,为当时全国各郡之冠。郡城周长36公里,比1990年南阳市区面积还要大。在唐代,南阳设邓、唐二州,农业兴旺,工商业繁荣。李白《南阳行》写到:"清歌遏流云,艳舞有

---

① 陆大道:《中国区域协调发展战略及其实施要求》,载于《第三届世界中国学论坛〈和衷共济—中国与世界的共存之道〉会议手册》,上海,2008年9月8—9日。

② 郭培章主编,《中国城市可持续发展研究》,经济科学出版社2004年版,第78页。

余闲,邀游盛宛洛,冠盖随风还。”明朝永乐年间,南阳城内建造了规模宏大的唐王府,成化年间又建造九座郡王府,城内皇亲贵胄,车水马龙,山、陕、江、浙、川、鄂客商纷至沓来,各种商务会馆、公馆兴起,南阳(市、区)、新野、唐河、社旗、内乡、淅川成为水陆交通重镇。粮食、棉花、生丝、烟草、绸缎、油料、皮毛、木材、药材、铜器、铁器等行销全国各地。清朝康熙年间,尤以建筑业发达,武侯祠、山陕会馆等巍巍壮观,富丽堂皇。当时南阳是北京通往湖广和云贵川的交通要道,陆路驿道与水路码头相接,山、陕、江、浙商贾云集,成为有全国影响的豫西南经济中心。光绪十年以后,镇平开始生产丝绸,远销欧洲及东南亚各国。因而,把当代南阳建设成一个省际区域性中心城市,既符合以南阳为圆心三小时交通圈内经济地理的空间竞争需要,同时也可恢复南阳在中国历史上曾有过的“既丽且康”的“南都气象”。

二、文化城市与南阳城市战略转型

近几年来,文化城市开始成为众多城市的战略发展目标,其中既有北京、上海、天津、广州、西安等大城市,也有大连、苏州、深圳、洛阳等中等城市,还有如潮州、淄博、扬州、吐鲁番、运城、泗阳县等小城市。其深层原因可归结为三:一是以“旧型工业化”为主导的传统城市化模式,由于地理空间、自然资源的空前紧张正在陷入巨大的发展困境之中,逼迫发展中城市必须通过寻找新的资源、探索新的发展模式以实现自身的可持续发展;二是在知识经济时代中,除了依靠高新科技研发的新能源、新材料之外,一直被看作“只消费不生产”的精神文化摇身一变为财富神话的创造者,并为城市经济社会发展提供了可观的“软资源”与文化生产力要素;三是由于“城市问题”、“文明病”在迅速的城市化进程中不断升级,使都市社会的生活环境与精神生态日趋恶化,尽管问题主要是经济社会发展失衡的后果,但在逻辑上却只能通过建设城市精神文明来解决,这是城市文化越来越受到重视,直至出现“文化城市”理念与发展战略的一个重要原因。对于中国而言,不仅有限的环境与资源无法支撑我们正在走的“旧型工业化”道路,使改变经济增长方式成为悬在当代中华民族头上的摩科利斯之剑,同时,作为一个拥有悠久历史传统的文明古国,丰厚的文化资源为发展文化生产力提供了“地大物博”的生产对象,这两方面的现实因素与景况结合起来,文化城市必然要成为中国当代城市发展的重要思路与历史抉择。

文化产业是文化城市的支柱型产业体系。南阳的基本市情是农业大市,存在的问题“主要是人口多、基础差、底子薄的基本市情还没有从根本上改变；产业结构不优，工业整体素质不高，三产发展滞后；中心城市带动能力较弱，管理粗放，基础设施欠账较多；社会事业发展相对滞后，社会保障体系不够完善，部分群众生活还比较困难；经济发展环境需要进一步改善，一些深层次的体制机制性矛盾亟待突破”。其对文化产业的影响是文化需求相对弱小，文化消费能力有限，以及城市环境、文化基础设施等存在着这样那样的缺陷。但另一方面还要看到，在都市化背景下，这种劣势中还潜伏着积极的一面。这是因为，与以农民入城、高楼大厦、工业化为主要象征的“城市化”模式不同，出于对城市化进程对资源、环境、社会结构与文化传统恶性损耗与破坏的深刻反省，都市化进程在理念与实践上的主要标志是循环经济、环境友好、社会和谐与文化创新的可持续发展之路。南阳山川秀美，生态优良，历史文化资源丰富，尤其重要的是，由于工业化、城市化水平低，因而使这些自然环境与历史文化资源得到较好的保存，可以相信，它们在都市化进程中必然表现为一种巨大的后发优势。在高度开放的当代世界中，南阳市已充分意识到这一点，并在深入挖掘开发楚汉文化、衙署文化、佛教文化、商业诚信文化、医药文化、玉文化等特色文化，保护开发文化名胜和文化遗产，打造玉雕、张仲景医药和工艺美术三大文化产业集群等方面，取得了一定的成绩，为南阳建设文化产业城市、实现由文化资源大市向文化强市的转变打下较好的基础。同时，文化城市可以使南阳市扬长(即文化资源丰富、文化生态多元、文化辐射区域大等)避短(即经济发展落后、工业化程度不足、产业升级压力巨大等)，实现又好又快的跨越式发展。

在即将到来的“十二五”期间，将是南阳市“立足新起点、实现新跨越、建设新南阳”的关键期，其中包括两个主要矛盾：一是南阳的工业化与城镇化进程正在进入加速期，特别是中央推进社会主义新农村建设，促进中部崛起，支持中部地区建设粮食生产基地、能源原材料基地、现代装备制造及高新技术产业基地和综合交通运输枢纽，以及东南沿海地区在产业结构调整中的产业转移、投资转移等，为加快南阳的工业化与城镇化提供了诸多的战略机遇。二是都市化进程给南阳文化产业发展带来的机遇。特别是由于都市化进程与城市化进程的矛盾，即“工业化”与“后工业化”、“工业制造业”与“文化产业”、“环境污染”与“生态友好”等矛盾，使南阳城市发展同样面临着艰难的选择和压力。一方面，选择以“工业化”为主体的经济型城市发展模式，可以使经济较快地发展起来，这对于南阳是必要的。另一方面，选择以“文化产业”为中心的文化城市发展模式,尽管可能发展比较慢,但却是符合南阳市的长远利益的。这是南阳在进入“十二五”规划中必须完成的战略定位：是选择“工业南阳”,还是选择“文化南阳”。从城市可持续发展的角度,南阳应将重点放在文化产业建设上。以发展文化软实力增强经济硬实力,以区域内优势文化版块为增长极点提升城市文化竞争力与合作吸引力,以文化发展创造区域开放格局,最终打造以文化产业带动城市发展、以文化发展反哺经济发展的“南阳城市发展模式”。

在都市化进程中,南阳面临的是一个巨大的跨越式发展机遇,一是从农业城市跃过工业城市直接向文化产业城市发展。二是从中原粮仓到文化南都的战略转型,在保持物质文明的同时,重点发展精神文明这一更高的境界。根据《南阳市建设文化名市规划纲要(2005—2020 年,讨论稿)》,已经意识到这一点,即到 2010 年,全市文化产业增加值年均增长 20%左右,占 GDP 的比重 4%左右;到 2020 年,全市文化产业增加值年均增长 18%左右,占 GDP 的比重达到 7%左右,文化产业成为我市国民经济的重要支柱产业,文化产品的数量和质量基本满足人民群众的精神文化需求,文化结构的战略性调整基本完成,形成比较完备的文化创新体系、公共文化服务体系、现代文化市场体系,把南阳建设成为文化发展主要指标、文化事业整体水平和文化产业发展实力居于全省前列、具有重要影响的文化名城。

综合上述分析看,南阳作为中心城市的重点不在工业上,其发展目标应是以文化产业为核心竞争力的区域中心文化大市。这是符合南阳的城市资源基础与发展现状,也直接关系到南阳能否实现科学的发展。应把握时机,以城市理念梳理、城市目标定位为基础,综合、优化资源配置,推动文化产业城市的新南阳的诞生。

三、以中心城区为重点、以城市群为基本框架的战略目标体系

南阳地区文化产业发展起步较低,但在文化发展中不能“穷过渡”,摈弃缓慢过渡的发展思路,坚持跨越式发展的原则。尤其是借助各方资源优势,集思广益,参照世界区域文化发展的先进经验,超前规划,实现文化发展快速、高效、前沿性的发展。这是完全可能的,原因在于都市化进程。在都市化进程中,由于城市化进程本身的不断加速,特别是在现代国家强大的政治经济结构的决定下,一个原本荒凉、默默无闻的农业地区,往往可以像影视明星一样被迅速地包装与制造出来,而根本不需要一个漫长的等待、磨砺与奋斗过程。也

就是说，由于在都市与乡村之间的“天堑”已经打通，农村的发展已不需要再重复从农村到乡镇、从乡镇到小城市、从小城市到中等城市、从中等城市到大城市的发展模式。这其中最突出的例子是农村直接地、迅速地演化为大城市的“中心地”或国际化大都市。如上海浦东新区、天津滨海新区、深圳等，①本来与中国的农业地区并无大的差别，但在都市化进程中，借助于特殊的地理优势与更强大的政治经济需要，在“一夜之间”就迅速完成了从大自然或农业地区向国际化大都市的飞跃，不仅其往日的萋萋芳草或农业植物迅速被巨大的金融资本、发达的高新技术产业及现代化高楼大厦覆盖，同时它们的人口规模与结构、经济生产的性质、社会结构与生活方式等，也都发生了沧海桑田式的巨变。对于农业大市南阳而言，也应该走出一条这样的道路。

由于总体区域发展状况是缺乏中心城市，特别是南阳的强项在于文化，因而，文化产业先行一步，有助于一个新的区域中心城市的形成。特别是南阳作为中心城区的带动力比较弱，在很大程度上影响了整个地区的发展。因而首先应该做强主城区，一方面，发挥自身的聚合、引导、极化、辐射等功能，使各个方面获得发展的强大引擎，引导本区域文化建设事业做大做强。另一方面，文化发展又可以发挥自身优化、提升的功能，使城市发展摆脱一般工业化城镇的发展模式，引导建设一批以文化各个层面功能实现为中心的新型城市形态，如文化城市、生态城市、服务城市、旅游城市、演艺城市等。

在南阳所辖县市的战略定位上，可以南阳中心城区为核心，发展为一个相关度高、内在联系紧密、具有较强辐射力的微型城市群。其目标可分为三级：

一是在全国格局中的中心城市战略，以南阳为主体、充分利用其丰富的文化资源，打造一个以文化产业为支柱企业的省级区域中心城市，在成为中原崛起的重要支撑的同时，力争在全国一线城市中建设成以城市文化品牌和软实力为特色的重要城市。

二是在辖区内作为战略重点的中心城区战略，以卧龙区和宛城区为主体、以城市文化产业战略布局为中心，推动城市空间与形象的全面更新，在对相关市县的引领与带动中强化南阳市的内在凝聚力，促进整个区域的和谐发展。

三是以东西两翼发展为基本格局的文化集聚与推广战略。从地理上看，

① 不仅是发达地区，如最近被国务院批准成立沈阳沈北新区，“新区由原新城子区、辉山农高区、虎石台开发区和道义星火技术密集区为主体共同组成，享有市级经济管理权和部分城市规划建设管理权；人口将超百万，四年后通地铁”，目标是十年再造一座“沈阳城”。（王晓婷：《我国第四个新区沈阳沈北新区获批成立》，《沈阳晚报》，2006 年 11 月 22 日。）

南阳市位于河南省西南部豫陕鄂交界处，这些相关地带是文化产业发展的重要方向，特别是从中长期发展上看，可以考虑以西部的西峡、西南部的淅川、东南部桐柏县为三个副中心，充分利用这三县丰富的文化资源和业已形成的文化旅游优势，吸引周边陕西、湖北两省的资源，使南阳文化产业获得更大的腹地与发展空间。

实现战略目标的两大战略步骤：在"十二五"期间，主要是南北战略，以南阳主城区文化产业布局为中心，在各自做强的基础上，形成一个以文化产业为主导的区域中心城市。在"十三五"期间，重点是东西战略，在自身做强之后，以三个副中心为抓手，向陕西、湖北发展，同时利用和中原城市群的关系，拓展北方的业务，形成立体发展模式。

最后，文化产业发展对于加快推进南阳文化开放发展，具有重大而紧迫的现实意义。在政治文明与社会建设的意义上，文化建设与发展可以从整体上带动和提升南阳的全面发展水平，对于南阳的政治文明与社会建设，深入实施中部开发战略和落实《南阳十一五发展规划》具有重要的战略意义。在经济社会发展的意义上，有助于提升南阳的文化软实力与城市综合竞争力，这既关系到自身的经济社会发展，也关系到整个中原崛起战略的实施与，对于增强南阳居民的自信心和凝聚力，进一步加快建设南阳经济社会发展十分重要。在精神文明建设与文化繁荣发展的意义上，不仅对于弘扬南阳优秀文化，树立文化南阳的新形象，提升南阳的文化产业与现代服务业水平具有直接的作用，同时对于完善我国中部地区的文化布局，促使中国内部的东中西协调发展，以及为整个中原大地发展均可注入新的发展理念与文化动力。

（刘士林，博士，上海交通大学城市科学研究院院长、首席专家，教授，博士生导师，国家"十三五"规划专家委员会委员，教育部哲学社会科学发展报告首批建设项目《中国都市化进程年度报告》负责人，《中国城市科学》主编，《中国城市群发展年度报告》主编）

案例研究

顶级世界城市与
世界一流大学案例研究

内容摘要：本研究通过对比世界城市核心层、第一层、第二层的城市与相应的前50名一流大学，对顶级世界城市与世界一流大学进行研究，范围涉及伦敦的伦敦大学学院、伦敦帝国学院，纽约的哥伦比亚大学、纽约大学、洛克菲勒大学，东京的东京大学，巴黎的巴黎第六大学，苏黎世的苏黎世联邦理工学院，芝加哥的芝加哥大学，洛杉矶的加州理工学院、加州大学洛杉矶分校、南加州大学，三藩市的加州大学三藩市分校，多伦多的多伦多大学，波士顿的哈佛大学、麻省理工大学，慕尼黑的慕尼黑工业大学共17所。本案例研究对世界城市和一流大学的共生互动关系进行尝试性的研究，探索建立案例采集标准，并在基本概念、框架体系上形成共识。

关键词：世界城市　一流大学　互动共生

一、顶级世界城市与世界一流大学案例研究背景

首先，在经济全球化和世界城市化的背景下，跻身作为当代城市发展最高形态的世界城市之林，是全球每个国家和主要城市最重要的发展议题和奋斗目标。在中国也是如此。除了《北京城市总体规划(2004年至2020年)》明确提出2050年将北京建成世界城市，由于世界城市在内涵上与我国“十七大”报告提出的“国际化”战略，以及作为其主要实践形态的“国际化大都市”建设目标相一致，以上海为代表的多个大城市都在朝着建成国际大都市的方向不断探索前进。深入和全面研究世界城市建设的规律和特点，具有重大的理论指导与战略参考价值。

其次，在后工业文明和文化城市发展的大趋势下，世界城市在发展理念和模式上也在发生重大变化，即由世界城市理论始作俑者弗里德曼与沃尔夫专注的“世界生产和市场体系进行空间表述”“资本运作”“城市竞争”等，逐渐向

重生态、文化和生活质量的“文化城市”“文化大都市”演化,其中,知识与教育创新、文化资源与创意、文化与经济协调发展成为世界城市的重要内涵。而无论是建设创新型城市,还是要提升城市居民素质,世界城市建设都需要有高等教育的支撑。

再次,开展世界城市与一流大学研究,符合上海和交通大学战略需要。第一,一流大学对城市集聚人口和人才、提升软实力和文化影响力、推动区域内产业与社会创新等具有重大作用。第二,在教育部近期将启动的“两校一区”计划中,上海成为国内唯一的“国家高等教育综合改革试验区”,在未来一段时间内,发展教育空间大、前景好。第三,上海交通大学以世界城市与一流大学共生互动为主题,明确提出“抓住上海建设世界城市的战略机遇,坚持与国家发展同步,以服务求支持,以贡献谋发展,主动适应城市进步发展需要,与进步中的城市产生共生效应”的建设世界一流大学新思路。

本研究拟对顶级世界城市与其世界一流大学的发展案例做一系统梳理与研究,并根据世界城市发展的规律和世界一流大学的特点,就两者的共生互动关系进行了初步的归纳和总结,为深入研究和实践提供初步的参考。

二、顶级世界城市与世界一流大学的范围界定

“世界城市”是一个大的议题和开放的框架,以世界城市为主题的研究众多,对世界城市的界定不一,同时对世界一流大学的排名和评价,也有很多不同的标准,研究的首要问题是确定研究对象。

首先,世界城市研究对象的选取。

世界城市研究源于英国学者弗里德曼的“世界城市假说”和“世界城市体系”研究,发展至当代,有学者提出了“世界城市网络”学说,奠定了世界城市理论当代研究的实证性和网络行为模式基础。这一实证性研究中提出世界城市分类的六个层次及其代表性城市,这作为本研究选取世界城市研究对象的基础。

其次,世界一流大学的选取。

上海交通大学世界一流大学研究中心和高等教育研究所的研究人员共同研究完成的“世界大学学术排名”(Academic Ranking of World Universities,简称 ARWU),是我们选取世界一流大学的主要依据。

最后,确定研究对象的范围。

在以上基础上,对比世界城市核心层、第一层、第二层的城市与相应的前

50名一流大学并进行配对。研究范围初步确定为：伦敦的伦敦大学学院(University College London)、伦敦帝国学院(The Imperial College of Science, Technology and Medicine),纽约的哥伦比亚大学、纽约大学、洛克菲勒大学(Rockefeller University),东京的东京大学,巴黎的巴黎第六大学(Pierre and Marie Curie University - Paris 6),苏黎世的苏黎世联邦理工学院(Swiss Federal Institute of Technology Zurich),芝加哥的芝加哥大学,洛杉矶的加州理工学院、加州大学洛杉矶分校、南加州大学,三藩市的加州大学三藩市分校(University of California, San Francisco),多伦多的多伦多大学(University of Toronto),波士顿的哈佛大学、麻省理工大学,慕尼黑的慕尼黑工业大学,共17所(见表9),我们的案例研究将首先在这一范围内进行,对世界城市和一流大学的共生互动关系进行尝试性的研究,探索建立案例采集标准,并在基本概念、框架体系上形成共识。在后续的案例搜集和研究中,会将案例采集和研究的范围不断扩大,并最终形成一种覆盖全球的案例库和理论架构。

表9　世界城市分类层次、代表性城市及大学

世界城市层次	代表性城市	大　学　名　称
核心层	伦　敦 纽　约	伦敦大学学院、伦敦帝国学院 哥伦比亚大学,纽约大学、洛克菲勒大学
第一层	东　京 巴　黎 苏黎世 芝加哥 洛杉矶 三藩市 多伦多	东京大学 巴黎第六大学 苏黎世联邦理工学院 芝加哥大学 加州理工学院、加州大学洛杉矶分校、南加州大学 加州大学三藩市分校 多伦多大学
第二层	波士顿 慕尼黑	哈佛大学、麻省理工大学 慕尼黑工业大学

三、顶级世界城市与世界一流大学案例分析

1. 芝加哥市与芝加哥大学

芝加哥大学位于芝加哥市,由美国石油大亨洛克菲勒投资创办,他曾表示

他最好的投资就是芝加哥大学，目前已发展为著名的综合型研究大学，诺贝尔获奖人数超过 80 人。芝加哥大学的创建与芝加哥这座城市的崛起密不可分，随着美国人口向中西部大规模迁移，芝加哥大学成立并在短时间内组建了一批一流的师资队伍，很快发展成世界一流大学。而芝加哥大学也通过与城市的各种合作推动城市的经济发展并提升了市民的生活质量。

芝加哥大学的城市教育学院，通过创新型的教育制度来应对城市教育中的问题和挑战。目前美国公立学校的学生尤其是来自低收入家庭的孩子很难进入或者完成大学教育，25 岁的年轻人中只有 8%公立高中的学生完成大学教育，而其中只有 3%是非洲裔或者拉丁裔男性。①

城市教育学院的工作主要包括四部分：一是通过相关研究指标和模型追踪城市教育制度的发展和变化，分析并评估城市教育的质量；二是实施芝加哥公立学校示范性教师项目，为芝加哥和全国培养优秀教师做出示范并且测试，这是一个为期两年的研究生项目，毕业生经过三年的课堂培训进入芝加哥的各所学校，在芝加哥市各学校的任教率超过国家水平；三是特许学校项目，帮助低收入或者弱势学生完成中小学教育，共有四个校区，分别提供不同年龄段学生的教育课程，特许学校的录取没有任何选择条件，并招收约 1 700 名低收入家庭的非洲裔儿童；四是一些相关模型和教育工具的创新。②

城市教育学院希望通过创新教育制度来帮助这些贫困或者弱势学生，将这些做法和模式模型化，推广到全国，提升美国国家的教育质量和生活质量。

2. 波士顿与麻省理工学院

麻省理工学院是美国一所著名的私立研究型大学，位于大波士顿地区的剑桥区，是世界高新科技和研究的孵化地。在 20 世纪与政府就军事技术和仪器有很多的合作，麻省理工学院重点研究基础性科学，致力于将研究成果与政府和业界合作转化，共同探索并解决现实世界的问题。同时也通过这些合作让政府、公民和业界了解其研究成果，吸引业界的投资。

学校鼓励科研人员以现实问题为导向，跨部门和机构进行协同研究。目前有 700 多家公司与麻省理工学院的师生就共同兴趣进行项目合作，这其中包括很多的世界领先企业，如波音公司、杜邦公司、福特汽车、谷歌、英特尔、雷神、三星、赛诺菲、西门子等，该校的专利申请和授权活动很多，2012 年有 706 项新发明，授权活动收益达 1.48 亿美元，另外根据 2009 年考夫曼创业基金会

①② 芝加哥大学官方网站，http://www.uchicago.edu/，2014 年 3 月 5 日。

的研究，由麻省理工学院校友创立的公司有25 000多个，由此创造了330万个就业机会和2万亿美元的全球销售额。① 2012年，产业界提供的研究支持与赞助达1.33亿美元，占其总体研究经费的五分之一。②麻省理工学院希望为所有的合作伙伴提供务实的解决方案，已经与同业以及其他领域的研究机构形成了数以千计的合作关系。

3. 洛杉矶与加州大学洛杉矶分校

加州大学洛杉矶分校位于洛杉矶市，是美国最顶尖的综合性研究大学之一。

该校与洛杉矶市的合作主要通过学生志愿活动的形式进行。学校向学生提供参与社区服务的机会并授予学分，这样学生和社区双方都可从中受益，这一做法连续被华盛顿月刊评为"公共服务"顶级大学之一，每年都有志愿者日，这一公共服务举措是全国的最大的学生服务项目，每年约有8 000个志愿者参与各种公共服务活动。③ 学生可以加入流动诊所队伍，学习怎样救治病患；可以帮助洛杉矶市低收入家庭的孩子学习；还可以加入医疗队伍，为市民提供免费的健康检查等。④校方希望当学生被录取为加州大学洛杉矶分校的学生时，他们融入的不只是一所大学，更是一个社区甚至城市。

4. 伦敦市与伦敦大学学院

伦敦大学学院由众多分散遍布全伦敦的建筑组成，有着悠久的历史和文化底蕴，其主校区位于伦敦中心的布鲁姆斯伯里高尔街。正是因为处于伦敦的核心地带，且学校周围有着诸如大英博物馆、大英图书馆，皇家戏剧艺术学院，英国医学会等著名教育、艺术与研究机构，伦敦大学学院与伦敦的互动结合十分紧密，主要可以分为五个方面，分别是学术、企业、健康、社区与奥林匹克。

在学术方面，伦敦大学学院与伦敦的合作甚至到了"互相编织"的程度，许多研究都能够在取得一定成果之后被迅速地用于伦敦的各个角落，而其合作则主要分为政策研究、增长经济、定位挑战、加深理解以及降低环境冲击五个步骤，分别对应了学校了解城市政策问题以便对症下药、通过研究与产业创新的结合刺激城市经济增长、以整体城市定位研究领域的未来挑战以便恰当应

①② 麻省理工学院官方网站，http://www.mit.edu/，2014年3月7日。

③④ 加州大学洛杉矶分校官方网站，http://www.ucla.edu/，2014年3月8日。

对、加深学术研究与城市互动的理解以及降低研究应用对城市环境的损害五个研究实践阶段。① 正如伦敦大学学院校长马尔科姆·格兰特所说的,科研发展应与城市连通,要让城市成为大学科研发展的舞台。②

在与企业合作方面,自 1826 年与阿特金斯集团建立专业硕士合作项目以来,伦敦大学学院与伦敦企业间的合作就从未间断过。53%的毕业生会在伦敦工作,他们中的 33%会为中小企业工作,伦敦大学学院同时也有着英国排名前十大学中最多的毕业生自主创业百分比。伦敦大学学院为企业输送人才并提供科研技术与教育服务,企业为伦敦大学学院提供资金支持与实践平台,这样的良好合作关系会在未来一直持续下去甚至更为深入。③

在健康方面,伦敦大学学院在病患照顾领域已经形成了发现问题、创新解决与实际改善的良性循环机制,除了为伦敦的公众医疗系统输送了超过 2 100 名专业医生之外,伦敦大学学院下属的儿童健康研究所、眼科研究所、神经研究所等多家医学专业研究机构已与包括大奥蒙德街儿童医院、国立皇家耳鼻喉医院等在内的多家医院建立了长期合作关系。④

在社区合作方面,伦敦大学学院充分利用了它优越的智力与文化资源。伦敦大学学院为伦敦的多个社区与家庭提供了教育机会与大学文化启蒙帮助,学校内有大量的学生与教工志愿者可以为社区提供服务与帮助,常年开放的大学图书馆与大学博物馆都能给公众带来良好的教育与学术体验,而如公开讲座等的公共活动更是能够给人们以近距离接触知识的机会。⑤

伦敦大学学院在 2012 年伦敦奥运会中起到的作用更加能够说明其与伦敦城的互动关系。伦敦大学学院建设了专门的伦敦奥运会庆典场馆,也提供了一些奥运会相关使用场馆;许多学校学生与老师参与了奥运会志愿者工作,还成立了专门的奥运会合唱队;大量的奥运相关文章与视频都可以在学校主页直接浏览,甚至有部分关于奥运会的研究性文章已经写成。

5. 纽约市与哥伦比亚大学

由于纽约的地利之便,哥伦比亚大学可与联合国、跨国大公司合作,从事各项研究计划,许多国家领袖皆到此访问,常有学术、企业界的翘楚举办演讲、研讨会,这些都让学校方面受益匪浅。同时纽约市诸如帝国大厦、世贸大厦等

---

①③④⑤ 伦敦大学学院官方网站,伦敦版块,http://www.ucl.ac.uk/london,2014 年 3 月 8 日。

② 《伦敦大学学院校长:让城市成大学科研发展舞台》,《中国教育报》,中国教育新闻网,2014 年 3 月 8 日。

著名景点都能给学生们留下深刻印象，纽约的电影院、表演中心和剧院很有名，世界第二大天主教堂—圣约翰教堂就在哥伦比亚大学东边，林肯中心高水准的芭蕾舞团演出常吸引不少人前往，纽约共有 164 间博物馆供人们参观欣赏学习，名胜古迹、公园，如自由女神像与哥伦比亚大学东南方的中央公园等。数不尽的艺文表演活动及各项国际会议、金融活动、研究事项，则更是将哥伦比亚大学融入为此大都会的一部分。①

除课堂教学之外，学校非常注重教员与学生的科研工作，积极引导教员与学生开展各类跨学科性、具有理论前瞻性与创新性，或具有重大实践应用价值的研究，并提供充分的财政与学术资源支持，引导学院教科研服务创新集群的发展，各类科研成果及其丰硕与卓著。一方面，学院成立了近百个实验室、研究所或研究中心支持教员开展各类研究，并为全美尤其是纽约周边地区提供各类科研服务，其中包括多个全国性重点研究中心，如全美卓越教学研究院，全美中等后教育研究中心，全美教育、学校与教学重构中心，全美教育私有化研究中心，全美儿童与家庭研究中心等，形成了学院特有的教科研服务集群。另一方面，学院积极提倡教员开展各类跨校跨国性合作研究，同时欢迎世界其他地区与全美其他高校的教员到学院作访问研究，而举办各类国际性学术会议与院内研讨会，则为本院师生的全球性学术对话与跨专业学术对话提供了舞台，仅 2008 年 3 月份，学院就主办了两次国际性的学术会议，即比较与国际教育学会第 52 届年会与全美高级课程研究协会第 7 届学术研讨会，与会人员达 2 000 余人，而院内研讨会则是常有之事。②

以上提及的多项研究与合作，以及学校为实现国际化战略与多元文化融合的可持续发展战略而开展的倡导教师队伍的国际化、传承学生队伍国际化与营造多元文化社区等活动，再加上学校引以为傲的图书馆藏书，都为学校乃至学校周边社区的良好教育环境营造与高就业率提供了保障。据统计，哥伦比亚大学的毕业生，几乎每四个人就有一个留在纽约地区工作，法学院的校友是纽约法律界的天之骄子，新闻系的毕业生也大多是三大电视网的中坚分子。③

值得一提的是，哥伦比亚大学并不满足于与纽约合作已取得的成果，而是

---

① 《哥伦比亚大学(美国)》，人民网，2014 年 3 月 8 日。

②③ 维基百科，哥伦比亚大学词条，http://en.wikipedia.org/wiki/Columbia_university，2014 年 3 月 7 日。

雄心勃勃地想要更好地与城市进行互动，其拟投资 70 亿美元在纽约市西哈林区曼哈顿维尔新建的 17 英亩新校园就是一个很好的例子。① 位于制造园区旧址的曼哈顿维尔新校区将会被建设成为一个兼具教育、研究、娱乐等功能的综合性多功能研究中心，并以此来促进纽约市民、纽约城市与哥伦比亚大学更多的交流与合作共进。

6. 纽约市与纽约大学

与哥伦比亚大学类似，纽约大学也位于纽约市之中，甚至是唯一一所位于城市心脏区域的大学，也有着得天独厚的地理区位优势。而相比较而言，纽约大学更加偏重于人文艺术与社会科学方面，但其与纽约市的合作互动却不仅限于此。

纽约大学属下的帝势艺术学院是全美最佳的美术艺术学院之一，该学院在全美各大高校和电影机构中，培养了最多的奥斯卡奖得主，也培养出其许多著名的电影人。② 可以看出学校与包括好莱坞在内的多家著名电影机构的良好合作关系，而学校提供的人文艺术学习与研究平台更是带动起了整座城市的艺术风潮。

纽约大学的斯特恩商学院也聚集着纽约市乃至全世界最顶尖的人才，金融等多个专业在各项排名中均位列前十。商学院毗邻金融中心华尔街，同数百家世界级的金融研究机构及金融企业有包括项目研究、实习计划以及就业合作等方面较为广泛的联系，这使得纽约大学商学院不仅在学术理论领域，而且在金融实践方面都拥有杰出的优势。于 20 世纪 60 年代成立的沙克房地产研究所是美国房地产业界著名的高水平研究机构，和美国金融和地产界联系紧密。于 1934 年成立的纽约大学柯朗数学科学研究所则是美国排名第一的应用数学研究机构。

此外，纽约大学的全球合作计划是其城市合作的亮点之一。纽约大学除却在纽约曼哈顿区与布鲁克林区的主校区外，已经以研究机构、合作单位、毕业学生等多种形式开始慢慢形成了散布于纽约的网络状纽约大学影响力，而现在纽约大学更是通过与阿布扎比与上海两座城市的分校合作以及在南美、

---

① 哥伦比亚大学官方网站，曼哈顿维尔板块，http://neighbors. columbia. edu/ pages/ manplanning/ index. html，2014 年 3 月 9 日。

② 维基百科，纽约大学词条，http://en. wikipedia. org/ wiki/ New_York_University，2014 年 3 月 5 日。

亚洲、非洲等地的11个研究中心的建设开始了其全球性大学的建设过程，①这些项目代表着纽约大学与多个城市合作的精髓，同时也是与纽约这一国际化大都市结合更加紧密而显现出来的特点之一。

7. 纽约市与洛克菲勒大学

洛克菲勒大学是一家私人投资开办的大学，最有名的专业以及主要研究攻克的问题都与生物医学领域相关，而其与纽约城市的合作也主要集中于在医疗健康方面。

洛克菲勒大学是一所世界著名的生物医学教育研究中心，在其75个独立的实验室中，大学为科学家们提供一个独特的协作环境。洛克菲勒医学院引导患者导向学习，是全国唯一的完全用于临床研究的私人医疗设施机构。洛克菲勒大学的研究项目为美国最优秀研究生提供创新的教育体验，这些优秀的研究生来自分子和细胞生物学、遗传学、免疫学、神经系统科学、结构生物学、生物物理学和生物化学。洛克菲勒大学也是开展诸如计算生物学和基因组学科培训项目的领头人。早期，洛克菲勒大学因其科学成就而被人们所知，20世纪许多重要的科学发明诞生于它的实验室，截至2011年10月4日，洛克菲勒大学的实验室中有24位科学家获得诺贝尔奖。当前，洛克菲勒大学及其研究人员致力于研究困扰社会的所有主要疾病与健康问题。②

从上述资料中可以看出，洛克菲勒大学有着自身独特的研究实践体系，其与城市协作的模式也值得其他学校学习。首先，洛克菲勒大学集中主攻医学领域，将全学校的资源都用在了一个特殊的方面，避免了资源浪费；其次，问题导向的研究，从医学实践中的问题引出研究问题，以高技术含量的学术研究指导反馈于临床试验之中，最后应用于城市医疗保障系统，可以说是目标明确、思路清晰；再者，洛克菲勒大学开设有多家面向城市的附属医院与研究机构，在完善其研究——实践产业链的同时也将学校的影响在科研领域之外扩大到了城市生活之中；最后，洛克菲勒大学的档案保存工作、学术讲演、实践指导、会议等业界交流工作都做到全面而稳定，确保了学校与城市之间交流的通畅性、资料的完整性。

总体而言，洛克菲勒大学在与纽约城市的互动中，以其术业有专攻、实践产业结合、不畏惧失败而努力迈向成功等科研态度给世界城市与一流大学的

---

① 纽约大学官方网站，全球化板块，http://www.nyu.edu/global.html，2014年3月5日。

② 洛克菲勒大学官方网站，http://www.rockefeller.edu/，2014年3月7日。

互动交流上了极有推广意义的一课，也应该引起中国城市与中国大学对于合作实践不够深入、过分注重利益而畏惧失败等问题的反思。

四、顶级世界城市与世界一流大学互动发展分析

基于以上的案例分析，可将世界城市与一流大学的内在关系与相互影响阐释如下。

首先，世界城市发展的特点之一是人口的异质性和社会的包容性。城市与生俱来的容器功能聚集了大量的迁移人口，随着人口的多样化，社会的包容性也逐渐增加。这种人口的异质性和社会的包容性特点在世界城市的层面上更加明显，为大学发展提供充足的人才资源。从目前世界一流大学的发展情况看，几乎所有的世界顶级城市均有一流大学，如伦敦市区的伦敦大学学院、伦敦帝国学院，甚至大伦敦地区的其他名校无一不受益于世界城市。处在这样的城市环境中，大学可以吸引全球的优势人才，在交流和碰撞中得到新知识和新成果，同时便于学习和科研成果的实践应用。

其次，世界城市发展的特点之二是文化的多样性。由于大量异质人口的存在，他们带来了各地的文化和生活方式，为大学中的思想交流和创新奠定了基础。通常世界一流大学在各个学科都有较强的创新能力，尤其是软件、电影等创意类学科，如纽约市的纽约大学和洛杉矶的加州大学洛杉矶分校。文化的交流和碰撞为创作带来了大量的灵感。

再次，世界城市发展的特点之三是世界城市的示范性。世界城市作为城市系统中最为重要的部分，对其他城市和乡村地区不断输出新的思想和模式，对这些地区有巨大的影响力和控制力，而大学是思想和创意的孵化地，这些创意活动借由世界城市的传播和交流渠道，也会传递到全国甚至全世界，如案例分析中芝加哥大学的城市教育示范模式，如果在其他城市就很难有这样的影响力。

最后，世界城市发展的特点之四是具备良好的城市基础设施条件和实践环境，与大学发展所需要的优雅环境和生活方式相符合，同时也可与城市周边的企业和机构进行合作，将科研创新成果转化为应用成果，为城市和业界解决现实问题，如案例中的麻省理工大学不仅与多家企业建立合作关系，以现实问题为导向，引入社会和企业的力量共同制定解决方案。

世界一流大学作为全世界范围内所有大学的佼佼者，代表着一个国家或某个地区科技水平和综合实力的顶尖水平。同样的，由于自身的文化教育特

征，它们也应该是一个国家或地区引以为豪的文化形象代表，一个国家拥有的世界一流大学数量可以在很大程度上代表了这个国家在世界范围内的国际影响力、控制力和话语权。

根据上述对于数据案例研究成果的分析总结，顶级世界城市与世界一流大学的互动发展主要体现在以下四个方面：

表 10　顶级世界城市与世界一流大学主要互动发展领域

主要合作领域	合　作　概　述	代　表　案　例
科　技	科研成果与实践创新	波士顿：麻省理工学院
人　才	教育、就业	伦敦：伦敦大学学院
文　化	城市文化氛围营造	纽约：纽约大学
服　务	公共服务、社区互动、活动开展	洛杉矶：加州大学洛杉矶分校 纽约：洛克菲勒大学

就中国自身而言，近年来由于城市化进程的不断深入，中国各大城市的发展水平都在稳步上升，同时对文化、教育的日益重视也使得中国的大学教育事业呈现出一派繁荣的景象，国内一些顶尖大学甚至已经具备了成为世界一流大学的基本条件。据中国校友会网最新发布的《2014 中国大学评价研究报告》统计结果显示，中国一流大学数目正在稳步提升。① 如表 11 所示，中国一流大学主要集中在华北与华东地区，学校所在城市中最具有发展成顶级世界城市潜力的城市主要是北京与上海，南京与武汉次之。向着这一目标努力的城市，必须要充分利用好一流大学的优越资源，在科技创新、人才教育、文化服务等各个方面进行深入合作，并以此来带动城市的全面发展。

表 11　2014 中国一流大学名单

一流大学类别	中国各地区入选各类一流大学名单					
	华北地区	东北地区	华东地区	中南地区	西南地区	西北地区
中国一流大学	北京大学 清华大学 中国科学院大学	吉林大学 哈尔滨工业大学	上海交通大学 复旦大学 浙江大学	武汉大学 中山大学 华中科技大学	四川大学	西安交通大学

① 中国校友会网，http://www.cuaa.net/，2013 年 12 月 30 日。

续 表

<table>
<tr><th rowspan="2">一流大学类别</th><th colspan="6">中国各地区入选各类一流大学名单</th></tr>
<tr><th>华北地区</th><th>东北地区</th><th>华东地区</th><th>中南地区</th><th>西南地区</th><th>西北地区</th></tr>
<tr><td>中国一流大学</td><td>中国人民大学
北京师范大学
南开大学
北京航空航天大学
天津大学</td><td>吉林大学
哈尔滨工业大学</td><td>南京大学
中国科学技术大学
山东大学
厦门大学
同济大学
华东师范大学
东南大学</td><td>中南大学
国防科学技术大学</td><td>四川大学</td><td>西安交通大学</td></tr>
</table>

（盛蓉，上海交通大学媒体与设计学院博士研究生，上海交通大学城市科学研究院兼职研究员，世界城市群数据库、文献库和案例库课题组负责人，《中国城市群发展年度报告》主编助理；周之澄，上海交通大学媒体与设计学院博士研究生，上海交通大学城市科学研究院兼职研究员）

布鲁塞尔大都市区的制度问题和空间结构形式

内容摘要：布鲁塞尔复杂的地理环境决定了相关城市规划必须综合考虑多方因素，其政治结构和空间结构也随着时间推移不断发生变化。20世纪60年代的经济繁荣为公众大规模介入城市架构创造了机会。20世纪70年代到80年代的经济危机，再次调整了公共财政、对社会福利的政治参与以及城市保护相关的发展规划。在20世纪90年代经济的再次繁荣对于社会新发展提出的许多需求通过公众—私人合作(PPP)的形式得到了满足。自1989年宪法修正以来，政治权力在联邦政府、其他三个区域(布鲁塞尔区、弗兰德区和瓦隆尼亚区)和三个社群(荷兰语系、法语系和德语系社群)之间被划分。在经济利益的驱动下，各个区域之间在区域分权与规划问题上存在诸多矛盾。

关键词：布鲁塞尔　城市规划　政治结构

布鲁塞尔是比利时首都，地处佛罗明区、法兰西共同市场、布鲁塞尔首都圈地区和欧盟，复杂的地理环境意味着它必须有处理复杂事务的能力系统，相应的城市规划也打上了多种图层混合的烙印。

布鲁塞尔首都圈地区空间结构呈现出来的一般趋势和欧洲其他规模相当的首都相类似：不断增长的社会福利导致了对空间需求的扩大。布鲁塞尔首都圈地区社会功能混合度比大部分欧洲城市更高(活动的年龄、收入阶层和空间分布)。原因在于社会住房单元占总住房存量的比重相对较低，这一比重比利时(布鲁塞尔)是8%，而其他相邻国家(他们的首都)至少是35%。大规模的低收入阶层住宅聚集区在布鲁塞尔几乎不存在，较低的公共住房拥有率间接强化了郊区化趋势，比利时70%的人拥有他们居住的房子的所有权。

表 12　比利时联邦国家布鲁塞尔首都圈地区

地　　区①	社　　群②	面积(平方千米)	常住人口(2000)
布鲁塞尔首都圈地区	荷兰以及法国社群	162	960 000
弗兰德斯区	荷兰社群	13 522	5 860 000
瓦隆大区	法国以及德国社群	16 844	3 305 000
比利时王国		30 528	10 125 000

表 13　1991—2000 年布鲁塞尔首都圈地区的一些关键指标

区间密度 (常住人口数量/平方千米)	5 962	日常进城的通勤人数	350 000
五角大楼的密度	8 988	开车通勤人数(进城和出城)	160 000
每年常住人口流失率 (百分比,1991—2000)	−0.1	民居数量	454 000
办公空间(平方米)	9 600 000	空房数量	25 000
工　　作	670 000	房屋自主拥有数量	125 000

为弥补公共住房出租的短缺,国家给低收入阶层拥有住宅所有权提供了便利途径,其中的一项措施就是政府出台灵活的建筑许可政策。在官方土地使用规划中,住宅用地大大超过了需求,低地价为住宅所有权提供了便利。但这样做带来的负面影响是城市过度扩张,建设有效公共交通系统的难度增加,城市功能的普遍郊区化趋势加强。这股趋势和回归城市居住的潮流背道而驰,布鲁塞尔首都圈地区东部和西部不同的环境质量导致了社会差异的产生。包括布鲁塞尔首都圈、弗兰德区、瓦隆区外围在内的地区吸引着一些高收入的住户、有孩子的家庭以及具有较强经济功能的机构,如跨国公司的总部等。布鲁塞尔的西部,历史上就和闹市区联系在一起,吸引着一些低收入阶层、难民、单身汉以及近来越来越多的较为富裕的年轻夫妇。

① 地区作为城市规划、环境、住房、水资源、经济发展、能源、对弱势政治个体的监管、雇佣率、公共工程、对区域水平的科学调研。

② 社群包括文化、教育、社会福利以及跟人有直接关系的影响因素。

一、布鲁塞尔城市规划理念的变革

布鲁塞尔城市规划理念随着时代的发展而不断变化,主要分为三个阶段。

1. 布鲁塞尔的现代主义(直到1968年)

根据CIAM(国际现代建筑协会)提出的概念,1965年政府提出布鲁塞尔地区区域土地使用规划,带来了高速公路以及老城区城市更新项目。在布鲁塞尔北站的曼哈顿工程是最具代表性的工程,一些低水准的住宅被拆除,取而代之的是高水准的现代化办公楼。这项工程始于经济繁荣的20世纪60年代,在当地人的积极参与下,70年代开始的经济危机在大规模的城市保护和重建以及加强现有城市构造的转变过程中起了至关重要的作用。写字楼、高速公路和新建筑成为资本主义的象征,并引发了政治运动。高失业率、土地价值的低压力以及影响深远的关于1965年区域土地使用规划的提议,都对150个当地行动委员会的成立起了很大的刺激作用。但是,在1970年政府驳回了区域土地使用规划。

2. 经济衰退以及城市规划的渐进过程(1970—1985)

1979年政府正式通过区域土地使用规划,以现存的土地使用现状作为新规划的绝对基准。建筑活动主要指办公空间的建筑,这被认为是标志经济恢复的罕见迹象,他们的开发者公众参与程序后很容易获得建筑许可。城市规划成为一个渐进的政策过程。在这个阶段,对历史建筑遗迹进行严格保护被提上议事日程。当现代主义在布鲁塞尔蓬勃发展的时候,许多重要历史遗迹被拆除(主要是19世纪"青年风格"建筑)阐释了政府和私人机构在城市规划中遗产保护的重要影响。学术界借此机会详尽阐述了由利昂·科瑞尔和莫里斯·库洛特支持的"反资本主义"城市规划理论。在社会学领域,贫穷和反CIAM理念成为了最受欢迎的论点和博士选题(主要在社会学和社会地理学领域)。建筑师和城市规划师的研究项目和城市更新和插入以及有选择的建筑物相关。布鲁塞尔在国际化平台上最终打上了消极的、简单的和持久的城市烙印。

3. 经济恢复期(1985—2001)

20世纪80年代经济恢复后,背离官方土地使用规划成为行业中的潜规则。那些颁发给在住宅区建设办公楼的建筑许可证导致地价上涨和住户被驱逐。这一现象使得对住宅区的严格保护的需求日益迫切。1995年区域发展规划中“提升对住宅区保护力度”很好地满足了这一需求,布鲁塞尔首都圈三分之一的领土——主要是 CBD 周围的区域(布鲁塞尔中央商务区,欧洲区)承受了高地价的压力。当代城市规划试图用 ABC 定位法将办公大楼集中起来,而 2001 年通过的区域土地使用规划基于综合流动性概念。只有 A 等地区(也就是那些公共交通最为便利的地区)允许建立数量可观的额外办公空间。当下城市规划主要面临四个问题:

第一,实现贯通比利时和布鲁塞尔的高铁作为一项法律义务,使得高铁北站和新的地铁连接的公共工程成为必要。这项纯技术介入应该被纳入新城市发展规划吗?从长远来看,这项工程将会影响到欧盟并扩展至 27 个国家。

第二,政府试图影响通勤者的交通方式选择。70%的通勤者住在离市中心半径 25 千米内选择开私家车上下班。为了提升公共交通工具是使用率,布鲁塞尔政府建议使用比利时国家铁路公司作为交通枢纽。政府将会通过财政进行支持这一举措,包括拥有铁路公司所有权的联邦政府、布鲁塞尔区政府、弗兰德区政府以及瓦隆区政府。

第三,目前欧盟政府机构占有约 1 800 000 平方米的办公用地。新加入欧盟的 8 个国家将会使办公用地再增加 1 000 000 平方米,这就产生了最适合的城市模型的问题:在高铁终点站布鲁塞尔北站建立一个拥有众多的公众参与的全新的混合的校区,还是通过自由市场机制在现有存量上进行分散性的增加。

第四,关于理论上的经济可行性的讨论认为:混合功能作为一项计划中的标准具有良好的发展前景。左翼党和绿党认为居住功能优先。雇主组织更能适应当下发展趋势,城市的居住和工作功能的混合模式实现起来比预计的更难。

二、布鲁塞尔政治结构的变革

自 1830 年比利时成立以来,比利时在公共管理方面形成了三个行政等级体系:王国、省级和市级。1962 年当比利时还是一个高度集权的国家时,城市规划法并没有提供全国性的计划,就像法国和荷兰一样。省政府并没有规划能力,市政府在中央政府的严格控制下必须详尽阐述规划。在建筑许可程序方面的集权主义更为明显,市政府只能在中央政府允许下才能批准建筑许可。只有在建筑物坐落在中央政府土地使用规划或者具体城市规划条例涵盖了的区域里,市政府才能单独做决定是否批准建筑许可。在所有情况下,最终决定权都在中央政府手里。

自1989年宪法修正以来,政治权力在联邦政府、其他三个区域(布鲁塞尔区、弗兰德区和瓦隆尼亚区)和三个社群(荷兰语系、法语系和德语系社群)之间被划分。联邦政府对财政、司法正义和内部安全、对外事务、国防、社会稳定和退休基金、国家经济和国际贸易以及一些国家和区域性事务负责。区域政府负责城市规划、环境、自然保护、住房、水资源政策、区域经济、市政监管、公共工程和交通政策以及一些联邦事务中的区域方面的事务。社群负责人际相关的事务,譬如语言、文化、培训等,在城市规划这一块涉及的比较少。

表14　在1989年宪法区域化后比利时三大区域

比利时王国(联邦政府)		
弗兰德区(荷兰)	布鲁塞尔首都圈区(荷兰和法国)	瓦隆区(法国和德国)
6个省,308个市	19个市	5个省,262个市

虽然比利时1989年成为一个分权化的政府,但市政府城市规划的自主权仍很受限制。区域和市政发展规划对城市规划并没有实际上的影响:他们在表述上太过保守,避免在城市规划的关键问题上有明晰的倾向。即使是在区域土地使用规划中,也没有提出应对当今城市空间挑战的建议。

表15　1962年城市规划法

规划类型	法律规定的内容	政府机构	实际应用情况
区域规划	城市规划的一般措施	王　国	没有实施
地区规划	城市规划措施	王　国	制定出来了但是和一般土地使用规划无二
主区域规划	一般土地使用规划	市政府	没有更深层次实施
特殊区域规划	具体土地使用规划	市政府	只实施了框架

在比利时三大区域城市规划政策倾向于给市政府更多的城市规划自主权。分权的前提是他们阐述了各自领域内主区域规划和市政城市规划条例。所有文件都必须通过区域政府的批准。大多数布鲁塞尔区的市政府缺乏一个全局规划,这导致布鲁塞尔区许多重大决定的滞后。区域和市政发展规划对城市规划并没有实际上的影响:他们在表述上太过保守,避免在城市规划的关键问题上有明晰的倾向。即使是在区域土地使用规划中,也没有提出应对当今城市空间挑战的建议。

表 16　布鲁塞尔首都圈区城市规划的法律层级

规 划 类 型	有效期	规划政府和法律影响	数量和时间
区域发展规划 1∶25 000	5 年	区域政府,规划主体不适市民	2(1995 和 2002 年)
区域土地使用规划 1∶10 000	无期限	区域政府,土地使用规划主体当局和市民	2(1998 和 2001 年)
市政发展规划 1∶5 000	6 年	市政委员会,规划主体不是市民,区域政府和市政府之间的合同	19(1998—2001 年)
特殊区域规划 1∶500—1∶2 500	无期限	市政府,宗地详细的土地使用规划	+/—350 (1962 年到现在)

三、布鲁塞尔大都市区的战略措施

作为一个政治实体,布鲁塞尔拥有 950 000 人口,162 平方千米的面积;作为一个地貌区,它有 1 400 000 常住人口和 413 平方千米的面积。布鲁塞尔首都圈的分界基于语言上的差异,是比利时历史和社会发展的结果。比利时于 1830 年独立于荷兰,建立自己的国家。与此同时,官方语言禁止使用荷兰语。在 1920 年,红衣主教梅西埃发表言论说“比利时将不会成为拉丁国家”。1932 年荷兰语作为大学教育的语言被承认。虽然在 1950 年荷兰语被列为官方语言,语言上的差异仍成为社会障碍:法语是上层阶级的代表,而荷兰语则是下层阶级的语言。只有在弗兰德区可以通用两种语言。

城市规划策略和一个国家的经济发展活力有着紧密的联系。20 世纪 60 年代的经济繁荣为公众大规模介入城市架构创造了机会。20 世纪 70 年代到 80 年代的经济危机,再次调整了公共财政、对社会福利的政治参与以及城市保护相关的发展规划。在 20 世纪 90 年代经济的再次繁荣对于社会新发展提出的许多需求通过公众—私人合作(PPP)的形式得到了满足。布鲁塞尔大都市区出台了一系列连续性的政治措施。

1. 民粹主义(1968—1985)

在 1960 年到 1970 年之间,规划者对很多城市转型具有决定性作用。学术界和专业组织行动小组的实践调查得到了媒体的大力支持,对当权者造成了政治威胁,他们详尽阐述了和民粹主义相吻合的城市规划管理条例。组织

公众参与和保持政府权威之间的平衡成了一个重要的政治议题。为解决人民权力的问题,提出了以下几项战略措施:

第一,1979 年新版的土地使用规划提出了严格保护现有土地使用的政策。如果一项建筑工程和当下情况不符,则必须采取当地公众参与委员会的建议。对经济危机影响越小的建筑活动,批准起来也就越方便。

第二,政治家们试图建立协调当地行动机构和专业行动小组的制度,来对公众观念进行影响。

第三,在欧洲地区扩大影响,激起和当地社群的冲突。为绿党、左翼党所支持的当地行动委员会坚持对现有社会的空间城市结构提供更强有力的保护。另一方面,联邦政府必须确保布鲁塞尔的国际角色以及此后在批准建筑许可的灵活性。布鲁塞尔政府的策略是组织行动小组成立指导委员会,对欧洲区所有的工程都可以给出建议和意见。

表 17　城市规划策略以及(1970—2001)典型布鲁塞尔范例下主要参与政党的影响(粗体表示最强势的政党)

<table>
<tr><td rowspan="3"></td><td colspan="3">公众利益(综合规划)</td><td colspan="2">私人利益(分类规划)</td></tr>
<tr><td>权力</td><td colspan="2">技　术</td><td>当　地</td><td>局　部</td></tr>
<tr><td>选举权</td><td>设计;城市规划中</td><td>管理;公共服务</td><td>当地行动小组</td><td>土地开发者,铁路公司,纪念馆,保护协会等</td></tr>
<tr><td>到 1968 年,现代主义“主人的声音”</td><td colspan="2">曼哈顿北站区域,办公楼,城市高速公路,今后的建筑物</td><td colspan="2"></td><td>背后的合作伙伴</td></tr>
<tr><td>1968—1985 民粹主义,“人民的心声”</td><td colspan="2"></td><td colspan="2">1979 年土地使用规划,严格控制现有土地使用,当地行动委员会的强烈影响,小规模,旧城市建筑是美丽的</td><td>低经济活跃度</td></tr>
<tr><td>1985—1999,公众—私人合作参与,区域邀请</td><td colspan="2">1995 年区域发展规划,区域经济发展的可行性;房地产政策,办公楼的集中</td><td></td><td></td><td>欧洲区,曼哈顿工程,高铁南站</td></tr>
<tr><td>1999 年至今,公众—私人合作参与,开发者邀请</td><td></td><td></td><td></td><td></td><td>经济全球化,高铁北站,音乐中心 T&T</td></tr>
</table>

2. 公众—私人合作的旧版本(1985—1998)

经济危机之后住宅和商业功能区又开始大规模的从弗兰德区和瓦隆区外围撤离,这威胁到了布鲁塞尔区财政、社会和空间生存能力。布鲁塞尔区政府最担心的是经济上最活跃的组织大批撤离,为阻止这一现象的发生,布鲁塞尔有以下两个主要的发展战略。

第一,1995 年区域发展规划是为了阻止居民大批离开好严格保护现有居住区域。20 世纪 70 年代对住房的关注,通过允许对购买和修复现有住房进行特殊津贴补助,从最低收入阶层扩展到了中产阶级。区域强加对开发者的城市规划收费:每建 5 平方米的办公空间就必须建立 1 平方米的住宅空间,布鲁塞尔社会发展协会通过提高这一政策建立了许多新住宅。

第二,布鲁塞尔去在公众—私人参与合作的形式下规划建设了几个重要的办公楼:欧洲议会在市郊约 250 000 平方米的办公空间、功能齐全的高铁南站工程(包括办公、商业、会议中心、停车场)以及在高铁北站建立的许多新的办公楼。

3. 改进后的公众—私人参与合作版本:私人部门邀请政府(1998 年到现在)

1998 年大选中自由党获胜,通过刺激经济发展和加强布鲁塞尔在国际论坛上作为欧洲首都的地位,调整了规划主体。减少了在住宅区建设办公楼的限制。对于新办公空间的补偿通过一个新的公共空间布局得以实现。私人部门对于公众—政府参与合作的影响力有所增加。在 1995 年以后的经济繁荣期建立了许多新的办公大楼,ICT 企业和售货单元区在靠近布鲁塞尔区的弗兰德区外围建立。当自由党人加强他们对弗兰德区政府的影响的时候,并没有预料到这一举措会强化公众干预的程度。

四、布鲁塞尔的制度问题和空间协调

1962 年,布鲁塞尔首都圈地区最终确定下来包括 19 个市。从此,布鲁塞尔大都市区的分界成了一个复杂的政治议题。制定一份关于布鲁塞尔大都市区域的总体性规划从制度上看似乎不可行。1989 年通过区域化条例后,荷兰语系社群和法语系社群以及三大区域的联系恢复正常状态。但是,这并不能成为解决与大都市区域规划联系在一起的冲突的合适的方法。

1989 年弗兰德区空间结构模糊,包括总面积 2 250 平方千米的 43 个市,还包括整个布鲁塞尔区,并获得了“经济枢纽”的身份,吸引了大批跨国的高附加值的工业和商业大楼进驻。这一举措使得布鲁塞尔和弗兰德区之间产生了激烈的竞争。1998 年瓦隆区城市空间结构规划更倾向于里尔—列日—克隆作为东西部轴线。布鲁塞尔的定位是通勤、更高层次的教育等,它没有作为区域发展规划的重要主体,但是为郊区化提供了足够的空间。与此同时,五个弗兰德区省份开始制定省级空间结构规划。弗兰德区布拉班特省空间结构规划草案于 2001 年出台,这一规划草案中布拉班特省完全包围了布鲁塞尔首都圈,并没有将布鲁塞尔规划相关的大批住宅撤离的复原考虑在内。这一系列矛盾产生的根本原因在于经济利益而非文化传统。

表 18　布鲁塞尔大都市区的几个边界

名　　称	住处人口(1999)	面积(平方千米)	常住人口/平方千米
布鲁塞尔政治：19 个市	960 000	162	5 944
形态聚集：33 个市	1 293 000	529	2 443
聚集和外围：59 个市	1 863 000	1 401	1 330

(本文编译自威莱姆·撒莱特等主编的《大都市治理和空间规划》一书第十八章“布鲁塞尔：社会、文化和空间”)

(周继洋,上海交通大学媒体与设计学院硕士研究生,城市科学研究院兼职研究员)

代夫特：一种以知识为基础的城市矛盾

内容摘要：一个好的商业环境和人文环境之间的平衡是长久的以知识为基础的城市发展模式的关键所在。还有一些其他可能会影响到城市可持续发展的因素，比如环境质量。以对代夫特的分析作为基础，建立一个模型来指出这个城市现今存在的问题。从中将引出对于这个城市如何发展策略该做哪些调整。

关键词：代夫特　知识经济　城市发展

代夫特是一座拥有95 000人口，并且被认为是荷兰第二大工业技术中心的历史城市。代夫特这座城市的工业技术实力非常强大，荷兰最大的技术大学就坐落在这一座城市里，并且，其拥有一个极佳的经济地理位置和充满希望的前景。但是，代夫特当地的情况显示：以知识为基础的经济发展模式和长久的城市发展道路之间的关系并非和人们以前想象的那么简单直接。代夫特曾经在20世纪90年代经历了制造业的消沉之后，为了改善它的经济发展模式，其就想以一座知识型城市的形象展示在世人面前。但是过了15年的知识发展政策的实施，这个政策的最终目标：改善城市的就业情况还是没有得到完成。代夫特强大的知识基础并没有有效地促进城市的发展来惠及所有的民众。在2007年，代夫特所有人口中仅依靠社会福利过活的人的比例高居不下，达到8%，高于全国平均的水准，这也从一个方面反映出这座城市较为糟糕的就业情况。

一、代夫特实施以知识经济为基础的发展策略

代夫特拥有着天然的地理优势，其处在Randstad地区的南部，在海牙和洛特丹两座城市之间，而Randstad则其是荷兰主要的一个多中心的城市地区，在这个区域内有这个国家最大的四座城市：阿姆斯特丹，洛特丹，海牙，乌

特勒支。在这个区域内，许多城市和市镇都有完善的人才市场，大型居住区，以及各种文化娱乐设施。图 22 显示的是在 Randstad，来往于家和工作之间的人流情况。在最低峰的时候，这四座城市每一座都是自己区域的中心。在中段的时候，Randstad 可以被分为北侧和南侧，北侧主要由阿姆斯特丹和乌特勒支组成，而南侧主要有洛特丹和海牙组成。

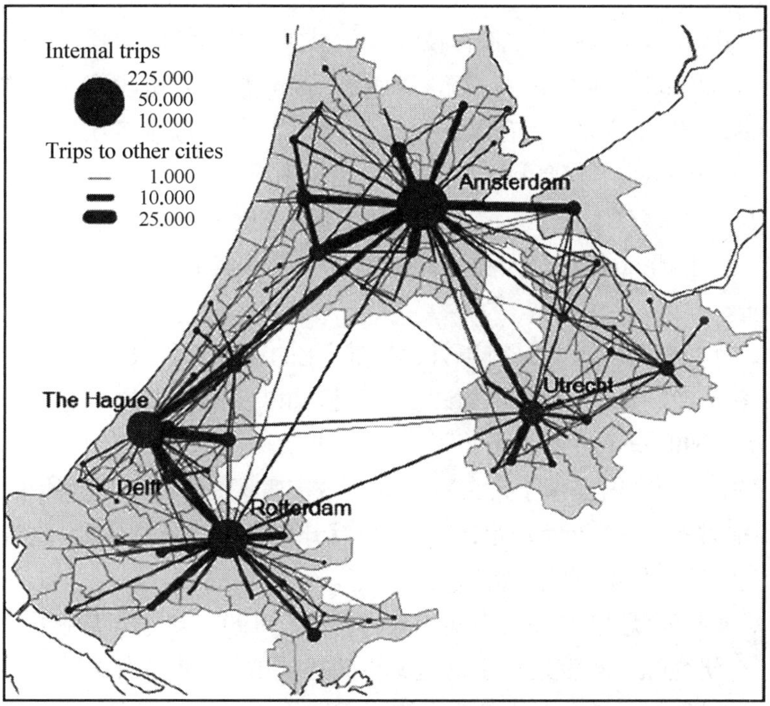

图 22　Randstad 的人们每日工作和居住处间的来往人流示意图

荷兰拥有着向知识型经济转变的巨大优势。它拥有着一个开放的经济和高品质的出口，优良的公路基础设施，良好的电子通讯，以及享誉世界的大学和研究所。然而，这个国家却在技术生产的创新方面一直落后于其他的一些欧洲国家。这个令人担心的趋势主要因为这个国家工程技术人才的缺乏，企业内部创新力的不足，私人企业或者学术机构之间学术互动交流的不够。

荷兰政府从 2003 年就已经在鼓励创新的大政策下，出来了一系列的小政策来改善国家目前遭遇的问题。这些新的发展计划对于基础科学，基础创新以及工业领域的研发都有着很强的偏向。在这些政策的鼓励之下，大学以及一些其他研究机构在改善知识机构和私营企业之间的相互交流的工作中起到了领导带头的作用。这种政策的实施是鼓励在工业和学术机构两者相互合作下从而促成两者共同进行研发活动。紧随这项政策的是,荷兰的三所技术大学都对于给予知识的定价高度的关注,对于知识的定价主要包括对于现有的科学技术成果和商业应用的联系,这种联系的主要目的就是为了让企业能够有效地利用这些成果。

Ponds 和 Van Oordt 在 2006 年指出了荷兰不同的知识网络的核心。其认为: Eindhoven 和 Delft 的工程技术大学城被认为是荷兰物理科学的中心,而 Leiden, Utrecht, 阿姆斯特丹和 Wageningen 被认为是生命科学的中心, Eindhoven 和代夫特被认为在以新科技为导向的政策的制定方面起到了重要的作用。Eindhoven, 在高科技工业就业方面和研发活动方面一直是荷兰所有城市中做得最好的,被认为是全国的“大脑”。代夫特相对于 Eindhoven 的优势在于它在 Randstad 得天独厚的地理优势以及其在国内和国外各方面渠道的畅通。

代夫特拥有荷兰国内最有声誉,最国际化的三所工程技术大学,并且同时拥有 13 家研专门化的研究所,和许多研究机构以及知识型的企业。其中最突出的就是 TNO,一个将致力于将科学研究成果转化为实际应用的机构,它的五个总部中的两个就坐落于代夫特。这座城市曾经是一个十分繁华的制造业中心,到那时从 1970 年代开始,它的经济就开始衰落。从那以后,改善这座城市的就业问题便是它政策制定的关注点了。

面对如此的就业问题的,当地的政府曾经在 1990 年委托实施了一个探索性的研究,研究的主题就是对于这座城市的可能的,尤其是有关以知识为基础的经济发展模式。这一项研究额实施者 Richard Knight,指出代夫特得天独厚的发展知识型经济的地理优势,并且推荐对当地进行经济开发。但是他也同时指出,代夫特的社会环境不利于其向知识经济城市的发展,因为当地的知识有关的部门之间以及知识部门和当地的知识团体间额交流合作缺乏。这个城市的知识部门就好比一座孤岛一样和外界失去联系,因为一些最有技术天赋的工人们都不在代夫特工作生活,很少与这座城市发生交流,而且这座城市的居民却大多从事着底层技术含量缺乏的工作。这样的两个不良的趋势导致了当地人口和技术工人之间在社会上,经济上,以及空间上的分离。为了解决这一个问题,Knight 推荐将以知识为基础的活动逐渐地整合进城市的生活之中。

Knight 的研究作为 1991 年市政议会制定新政策的依据和基础。然而新政策的重点却是非常的传统，并且，其主要关注对于办公室空间和商业园区对于城市商业的提供。

在 1994 年，一个新选举的当地政府打算给予当地就业问题更多的重视，其主要关注在创新型企业的产生。让代夫特成为知识型城市在那时成为主要的经济策略。先前的观点已经被扩充至当地关系网发展的促进和当地市政府和以增加就业率为目标商业部门的协调合作。这一举措的成果之一就是靠近 TU 代夫特大学园区的代夫特科学技术公园。随后 1996 年到 1999 年的一些新的行动计划也试图为这个城市的高科技部门增加新的就业机会，但是取得的成绩并不如人意。

迄今为止，代夫特的知识型城市计划并没有为代夫特经济的提高做出过什么贡献。在 1997 年到 2002 年之间，这六年被认为是荷兰经济快速增长的几年，代夫特的就业数一共增长了 20%，但是在 2002 年以后，就业数又发生了下降(见图表 23)。更重要的是，知识倾向型部门的工作数比例从 38%略微下降到 36.4%。

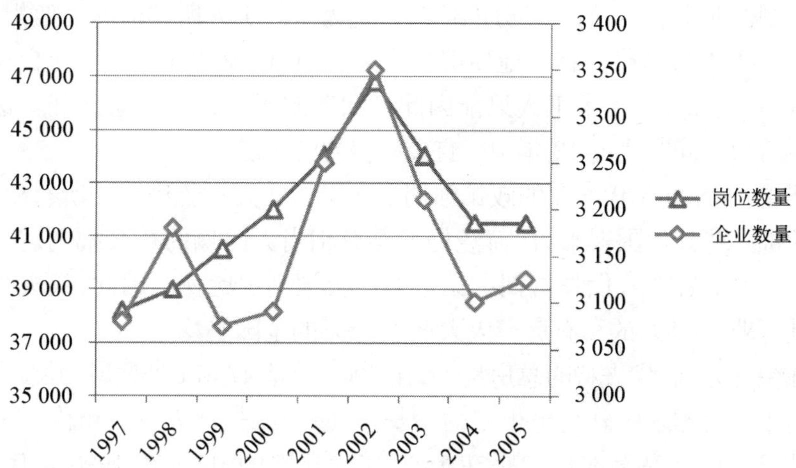

图 23　1997—2005 年代夫特的公司数和就业数

另外，这个城市的在 1996 年和 2002 年间的就业增长率比起其他的荷兰城市来讲还是非常低的。确实，代夫特是一个和有关地区经济，人类活动中心的传统一般假设相违背的例子，福罗里达的理论也不可应用于对于代夫特的情况的不适用。在研究了荷兰 50 个最大的市中创新阶层的规模以及就业增长的相关性之后，Marlet 和 Van Woerkens 得出结论：创新阶层的规模大小对于荷兰来说是一个对于就业增长的良好预测性指标。然而，对于代夫特来讲，它是这个相关性中最例外的情况,因为其相比于它的创新阶层的大小来讲,其就业的增长相对较低。虽然在就业增长方面代夫特取得的一些结果并不令人满意,但是把代夫特建设成知识型城市这个政策的评估者们对于还是认为这个城市未来的就业情况还是抱有乐观的态度。

二、代夫特营造吸引人才的人文环境

住房条件以及当地的便利设施被认为是吸引人才到当地工作的重要的两个因素,因此,而吸引人才到当地工作对于促进当地可持续性发展又有很大的作用。市政议会也充分地意识到了人文环境和知识经济的关系。然而,人文环境的建立却比商业环境的建立更加困难。

Knight 早在 1995 年就已经指出代夫特的住房条件是一个很大的问题,这个问题制约着这座城市成为一个具有足够吸引力的城市。他提到:一个居住着 80 000 居民的城市是一个小而拥挤的城市,而且直到 10 年前,其还是一个繁荣的制造业中心,它的大部分的住房还是为工厂工人所建造的。他指出,在大于 10 000 个等待代夫特当地住房的人中,只有极少部分得到了社会住房的福利,还有大部分的技术工人只能因此来回奔波于工作地和家之间。这个严重的住房短缺问题在近 12 年中一直没有得到解决。

尽管在 1990 年代国家的政策强调了房屋居住人对于房屋的所有权,但是比起欧洲一些其他国家来讲,荷兰仍旧具有相当大比例的社会福利房。在荷兰前 50 大的城市中,代夫特拥有第三的社会福利房比例。因此,代夫特占整个房地产业 33.5%的私有房产大大低于 43%的全国平均水平。

在另一方面,代夫特的总房地产,在 2004 年是 47 671 处住所,并没有随着当地对于住房需求的升高也相应的增长,其原因就是代夫特城市内部房屋用地的缺乏。现今 19%的住房是在 1980 年代建造的,13%在 1990 年代建造,2000 年到 2004 年建造的房屋只占所有比例不到 2%。在 Tanthof West 建立之后,在 1980 年代,代夫特策划城市内部已经没有能够用于房屋建造的土地了,那时候,该城市 44.6%的土地总面积已经被用于房屋建造了。就从那个时候,政府的政策已经转移到了促进小规模在市中心的房屋建造。

对于住房的压力逐渐的转化为社会房屋和私人房屋的双重短缺,因为那些能够买的起房屋的租房者们找不到合适的房屋,他们只能呆在自己租的社会房屋里,因此造成了社会租房的严重短缺。2004 年,仅有的只有 2 000 套社会房屋要面对 27 000 份申请，尽管申请者不尽来自代夫特当地，但是还是能看出社会房屋短缺程度的严重。社会房屋严重的短缺可以从一个方面解释大量研究生、潜在技术制定者在他们毕业后从代夫特向其他地方外流。

外国留学生也同样抱怨他们被 TU 代夫特安排的住宿太昂贵了。这些约 1 100 套出租的单人公寓中 85%是被留学生们租下的，这些留学生被要求每月支付 350 欧元的租金并且在一段时间内他们无权中止租赁合约。比起南荷兰省一套完整的公寓的租金每月才 357 欧元，这仅仅单间的学生公寓算是相当昂贵的。

更严重的是，在上 10 年里，房屋的价格也是大幅度的上涨。这虽然是一个全国的趋势，但是代夫特的上涨幅度却显著地高于全国水平。表 19 显示了 2003 年和 2005 年代夫特私有房屋的价格，其显示了在短短的两年中房价上涨的迅猛地趋势。

表 19　2003 年和 2005 年代夫特不同价格商品房的比例分布情况

	＜€ 100 000	€ 100 000—199 999	＞€ 200 000	业主自用住房总份额
2003 年 1 月	11%	19%	3%	33%
2005 年 1 月	2%	13%	21%	36%

表 20　代夫特，Eindhoven，Enschede 三座城市的便利设施情况

	代夫特	Eindhoven	Enschede
居民数量	94 770	209 310	154 257
高等教育机构数量	2	4	3
学生数量	16 100	25 300	20 800
酒店数量	40	129	58
博物馆数量	13	9	5
电影院数量	4	3	3
学生对餐饮的评价打分	7.5	7.8	7.9
学生对文化氛围的评价打分	7.2	7.4	7.6

由于缺乏可用的房屋用地，代夫特能够针对房屋问题所做的事情就非常有限了。部分的住房需求只得通过在代夫特西部边境处建造的两处住房社区来得到缓解。较大的那一个社区在海牙市内，拥有 8 500 套住房。较小的那个

社区在 Emerald，在 Pijnacker 市，有大约 2 500 套住房。当地政府已经付出巨大的努力为的是将这两处的居住区和代夫特市中心联系起来。但是最近的调查显示，由于这两处社区的居民大多来自非代夫特地区，其对这座城市的归属感并不强烈。

由于性价比高的房屋的严重缺乏，许多低收入的群体和一些在艺术，建筑等技术领域的工作者都受到了很大的影响。这些群体和那些从事科学技术的工作者们不同，其往往偏爱靠近市中心的环境，而不是科技工作者们偏爱的市郊环境。

代夫特因为它的标志性的蓝陶工业而闻名，而且它有一个小型的但是得到良好保护的中心，每天能吸引大量的游客。对游客们来讲，代夫特有足够数量的博物馆，纪念品商店以及历史纪念碑，一座非常漂亮的历史建筑和一些季节性的活动和节日。代夫特拥有两家蓝陶作坊，13 家博物馆以及 23 家艺术画廊。在 2000 年 5 月，维美尔中心向公众开放，这个艺术中心是为纪念这位在荷兰黄金时代生活工作在代夫特的著名画家。

代夫特历史中心的吸引力是被世界广泛认可的。然而，代夫特的社会便利设施对于年轻的代夫特居住者来讲不容乐观。这种不乐观在旅游景区显得更加严重。因为代夫特灿烂的历史，这座城市拥有博物馆的数量高于荷兰最大 50 个城市的平均水平，但是它只有大约平均数量一半的戏剧表演。

所以不难想象，年轻一代的居住者认为代夫特是一个无聊乏味的居住地。它恰好缺失的就是一些具有良好气氛的人们工作之余见面约会的地点。另外，咖啡馆，餐馆，俱乐部，还有人们能外出的地方在代夫特都是环境服务气氛相当糟糕。外国留学生都抱怨这里没有好的住宿环境，没有好的夜总会，没有潮流的俱乐部和好的商店，这整座城市在周末就是极其的枯燥乏味。

这个城市有一座图书馆，两座体育场，三个游泳池还有四个电影院，65 个咖啡馆以及小酒店，121 家餐馆和酒吧。代夫特平均每万人才有 6.9 家咖啡馆，然而荷兰的平均水平是 8.1。与其他两个 TU 城市相比，Eindhoven 和 Enschede，代夫特拥有更少的小酒馆。同时，代夫特学生给予自己城市公共服务设施的评价打分低于在 Eindhoven 和 Enschede 的学生(见表 20)。

另外，一些卖非日常消费品的店铺，包括一些时装和奢侈品的销售是一个城市中心 buzz 的组成部分，而代夫特在这个方面从 2001 年到 2005 年已经下降了 7%。然而，这种趋势近来略有好转，这还多亏了起到商业和文化中心作用的 Zuidpoort 的翻修。

如果说这座城市的市中心对于年轻人，艺术家以及知识分子来说不具有足够的活力的话，那么这座城市大学校园的状况则更加令人担忧。Richard Knight 的评论仍旧有能够用来看待今天代夫特的问题。许多组织像 TU，曾经是这个城市文化生活的创新力量，而现在却像一个人一样已经开始在身体上和心理上都发生了衰退。这座城市的大学因为从其校园面积的巨大，而不得不从市中心搬到偏远的郊外，由此变得在文化上，社会上，都非常的孤立。这样的一种分歧大大削弱了这座城市的文化生活。人们因此除了工作的原因之外不再会因为别的原因去逛一下大学校园，并且在市中心的许多文化设施都不得不因为闲置而关闭。

从 1995 年起，大学校园里市中心甚至更加远了。市中心仅存的中心图书馆以及为数不多的大学教学楼连同管理行政中心都被出售并搬至远在郊外的大学校区。大学的体育和文化中心都已经都只处在大学校区的偏远角落，处在城市市中心的另外一头。另外，校园内很少有城市的设施，没有人们大规模的集会的地方，在大学教学楼之外没有一个令人满意的开会场所。仅存的商业性质的服务就是一所邮局，杂志店，还有一家自动的加油站。大学校区前不着村后不着店，周围几小时车程都是荒凉的地方。普通的民众没有特殊的理由没有人会来这里参观。

三、代夫特能否能被看作是一个可持续的城市

要将代夫特评估成为一个可持续发展的城市，我们将受调查者分为 7 个不同的人群，调查的对象都是在代夫特居住，工作，或者和这座城市打过交道的人。我们将评估从住房，普通便利设施，娱乐便利设施以及工作这些方面对这些人的生活在代夫特的生活状况进行评估。不同的受调查人群主要有(a) 游客(b) 享有教育公共设施的学生以及非技术工人(c) 中等收入人群 (d) 低收入人群，技术工人(e) 从事创造性工作的人(比如作家，艺术家，音乐家，画家以及舞蹈家)(f) 工程技术人员，主要是研究院以及 PHD 在读人员。

测试的结果可以如表 21 所示：其中亮灰色的表格代表的是这不是该受调查需要考虑的问题，中等程度的灰色表示这个问题可能会带来一定的麻烦，但是可以通过自己的方式比如来回上下班或者是利用地区性的设施来解决。深灰色的表格表示的是制约知识部门和城市的融合的难题，因此代表了对于威胁代夫特可持续发展的不利因素。

表 21　代夫特不同人群对于城市现存问题的看法

代夫特的不同人群		人文环境			商业环境
		住房/住宿	便利设施	社交谈话场所	就业的难度
游客		满意	众多的历史中心以及旅游景点	无所谓	与受调查群体无关
学生		住宿成本达到国家平均水平，对于国际学生来讲成本偏高，对于即将走入社会的新本科毕业生(研究生)来讲住房资源紧缺	基本满意	可聚会场所以及文化活动很少，咖啡馆的数量也不多。大学是文化人文沙漠	目前对于学生而言没有问题。此外未来建成的科技园区还能提供一些额外的工作机遇，总体来讲形势良好
非技术工人	中等收入	物价上涨，很多人喜欢有邻近绿地VINEX的居民区	基本满意	基本满意	需要大量横跨不同区域的上下班交通(海牙，鹿特丹)
非技术工人	低收入	很难获得社会出租房	基本满意	基本满意	岗位大多被技术工人占有，能提供给自己的岗位数量比预期要少
技术工人	“波希米亚式的艺术家”	更喜欢市中心，代夫特市中心短缺，不喜欢 VINEX 城区内部绿地	海牙和鹿特丹的文化设施	可聚会场所以及文化活动很少，咖啡馆的数量也不多	尽管艺术从业者的比例较大，但缺乏足够的艺术活动场地
技术工人	“书呆子”	更喜欢郊区，很多居住在代夫特城外(包括 VINEX 城区内部绿地)	邻近海牙和鹿特丹，或使用居住地的便利设施	不是特别感兴趣	就业没有大问题，未来建成的科技园区还能提供一些额外的工作机遇
技术工人	外国人	更喜欢市中心，代夫特市中心短缺，不喜欢 VINEX 城区内部绿地	缺乏儿童教育机构和设施	可聚会场所以及文化活动很少，咖啡馆的数量也不多	满意

从上表的调查结果我们可以看到，因为历史和艺术的设施较为齐全，所以代夫特吸引了大量的以文化作为旅游重点的游客，这些游客对于代夫特的不

满意见是最少的。学生,大约占了所有居民比例的 8.4%,对于工作问题以及主要基本的城市设施这两个方面并没有明显的意见。但是住宿对他们来讲一直是一个问题,但是宿舍的价格比全国的平均水平要低,而且住宿条件还要比全国平均的水平好一些。外国学生,比例超过了当地所有学生的 10%,抱怨他们找到宿舍的难度较高,并且相对价格较贵。学生主要的抱怨反而是城市缺乏娱乐性的设施。这些年来,他们已经将代夫特是一座无聊的城市这个印象带给了所有的荷兰民众。不过,代夫特也的确缺乏年轻人需要的娱乐性的设施,开会场所,咖啡馆以及晚上和周末的好去处,如同前文已经提到过了一样。

获得当地的住房以及工作对于非技术工人来讲是一个难题。如果他们有一份稍微体面点的收入,他们就可以在代夫特周围的社区买一间或者租一间房子,因为这样的一个群体显然不会介意住在郊区。他们对于上下班来回奔波也有一定的容忍度,因为这个群体中有很大一部分人都是每天要不辞辛苦地到这个地区的其他地方上班。然而,对于那些很难获得社会住房以及那些低要求的工作机会的低收入人群来讲,情况和非技术工人又有很大的不同。

技术工人们认为,他们有着足够的收入,所以他们有着和别人不同的关注点。那些以艺术和知识作为导向的群体,就是 e 组人,他们虽然十分渴望住在靠近市中心的位置,但是对于他们来讲做到这点相当困难。市中心的房屋稀少并且昂贵,然而,代夫特却很少有第三个既非工作也非居住的,但是却能够为这些艺术家们提供一个交流自己的想法的地方。尽管代夫特相比于其他荷兰的大型城市拥有较高比例的从事创造性工作的人,其从事创造性工作人的比例在荷兰 50 个最大的城市中排到第 6 位,但是这些人群的绝对数量却并不是很高,只占了所有人口的 3.6%,这从一个侧面反映了代夫特有限的艺术前景。这些 e 组的人群主要从事陶瓷加工以及建筑领域。由于这个人群很难在代夫特找到他们需要的文化设施,他们很可能就把自己居住或者工作的地方搬到海牙,洛特丹,甚至是阿姆斯特丹。

这些工程技术人员相比于前面的人群来讲,并没有什么多的不满,因为他们偏爱郊区。他们同时也对城市娱乐设施不是很感兴趣。如果他们能够住在代夫特,他们就使用城市的便利设施,如果不能他们也能够适应当地的便利设施。在不久的将来,他们在新的科学园区可以找到更好的工作机会,不过那会使他们离市中心更远。

外国的技术工人,和这座城市的关联于土生土长的荷兰人还是有不少的区别。因为他们刚到这里,没有自己的社交圈,他们更偏爱市中心,因为那能够使他们认识很多人。在这个方面,他们会和 e 组的人群遇到相同的困扰。由于他们本身来到代夫特就是已经找到了工作的,所以求职对他们来讲并不是一个问题。然而,一些外国工作者需要的公共设施在代夫特很缺乏,比如国际学校。他们的这些问题应该在局域的层面上得到解决,就比如他们的孩子可以到海牙的国际学校去念书。

上述的结果主要可以归结为三个问题:第一,就是娱乐性公共设施的缺乏,需要这些设施的主要有学生,从事创造性工作的人还有外国工作者这几个群体。第二个阻碍代夫特成为可持续发展城市的就是住房问题。第三个就是对于低技术工人的就业问题。因为考虑到在代夫特工作的人群大都接受过中等或者中等以上的教育,所以这个人群的比例还是很低的。如果代夫特能够营造一个好些的生活工作环境来吸引更多的技术工人来这里工作的话,他们的消费就能带动那些低技术工人的就业,这样的话,这个问题能够得到一定程度的缓解。

当地的城市的政策应该考虑两个方面来提高一个城市的潜力以及它的可持续的发展。首要做的事就是对于当地房地产的调整。房地产的调整包括对于社会房屋资源和商品房资源的调整。对于当地房地产供不应求的局面应该根据两个目标群体:刚毕业的大学生以及国外技术工人的需要做出更大的努力来为他们提供更多的房产资源。第二个方向就是要提供同时提高市中心以及 TU 大学校园的相关娱乐性设施。为了让代夫特成为一个更有生气和活力的城市,当地政府应该建造更多的文化设施并且刺激鼓励私营的机构多建设一些有足够吸引力的非工作场所但是能够让人在那交流观点和看法的地方。

四、结论

在过去的 15 年里,代夫特对于其城市的发展主要重视了一个好的商业环境的建设,而一定程度地忽略了其人文环境的建设。从 2003 年起,这种对于高科技的生产获得了一个更大的动力,其根本原因就是因为国家制订了纲领性的政策,这种政策对于科技的发展十分重视。代夫特作为荷兰这个国家第二大的技术中心,其在全国的范围内都起到了非常重要的作用。

代夫特的知识型城市建设政策就是想利用这种它得天独厚的优势,并且在认为一个更大的以知识为基础的工业生产会促进整个城市的发展,从而惠及所有的居民。这样的一个措施的意图很简单,就是为了创造更多的就业机会。然而，尽管这项政策使得代夫特在经济上取得了一定的进步，但是代夫特在将城市知识生产的部分融入整体的城市生活方面做的并不充分，导致了两者的脱节。这个问题早在1990年就已经被提出过。直到如今，这座城市对于在那工作生活的创造性工作者，外国的技术工人以及当地的学生在住房以及文化设施方面仍旧提供很少。它对于那些技术工人来此工作的吸引力不够直接导致了当地这类群体的消费不足，从而又导致了那些非技术工作者的失业。这种情形验证了Knight过去对于应该加强代夫特人文环境的重视呼吁的正确性。

（本文编译自安娜·玛利亚、艾瑞·罗曼著《知识为基础的城市矛盾：代夫特的案例》，载于《信息时代基于知识经济的城市发展规划和实施》）

（周诗思，上海交通大学媒体与设计学院硕士研究生，城市科学研究院兼职研究员）

国外智慧城市案例研究

内容摘要：国外智慧城市的发展由于起步早、技术领先等优势，有许多值得我国智慧城市建设所学习的优秀经验，基于学习先进相关知识、借鉴国外智慧城市发展经验的目的，本文列举了德国柏林、美国西雅图、荷兰阿姆斯特丹、奥地利维也纳、澳大利亚昆士兰五个国外较为领先的智慧城市案例，通过对其智慧城市建设工作的分析总结，罗列出了协同建设、理念技术社会化、规范体系与决策机制建设等值得借鉴的城市发展先进理念。

关键词：智慧城市　国外案例　研究

无论是国内还是国外，纵观城市发展历史，随着城市化进程的不断发展与深入，城市建设过程逐渐从粗放型、模式单一的早期发展形式向综合性、功能化、理性考虑等全方位发展之路转变，其中暴露出来的问题与城市需求多集中在城市居民需求与城市整体发展两个方面，以对城市功能、城市服务的迫切需求以及对城市合理建设与妥善管理的要求为主，同时高新科技的发展伴随着社会进步不断得以在代表着人类最高生产力水平的城市之中显现，如何在城市建设过程之中运用新知识新技术从而更好更快更便捷地建设、管理与“使用”城市就成为了问题解决的关键所在，“智慧城市”的理念也应运而生。

智慧城市是一种把新一代信息技术充分运用在城市的各行各业之中的城市信息化高级形态，其核心在于对新信息技术这一工具的运用，目的是为了使城市在功能更加健全、更加便于管理的前提下保持可持续的创新进步能力。

正是由于其突出的城市发展推动力及先进的城市建设思想，近年来“智慧城市”理念在城市中的应用越发普遍。在中国，住房和城乡建设部 2013 年 8 月 5 日对外公布了 2013 年度国家智慧城市试点名单，确定 103 个城市(区、县、镇)为 2013 年度国家智慧城市试点，共包括 83 个市、区，20 个县、镇以及在 2012 年首批试点基础上扩大范围的 9 个市、区，加上住房城乡建设部此前公布的首批 90 个国家智慧城市试点，目前国家智慧城市试点已达 193 个。但值得一提的是,毕竟我国对于智慧城市的建设过程还处于摸索阶段,虽然智慧城市试点的数目已经达到了相当的规模,在如何建设真正对城市发展有助益、对居民生活有改善能力的智慧城市方面依旧需要借鉴国外的优秀经验。基于学习先进相关知识、借鉴国外智慧城市发展经验的目的,现列举相关案例如下:

一、柏林:硬件设施为基础推动智慧城市建设

柏林以硬件设施与网络建设为基础来推动智慧城市的发展,目前主要用于智慧城市建设和试验活动的称为“智慧柏林测试平台”。

该平台基于各类信息资源为使用者提供近乎实时的周边环境信息,其中无线网络设施在这一平台中作用重大,作为连接媒介将使用者的智能手机或者笔记本电脑与实体设施连接起来,此外各种有线和无线的传感器网络实时监测城市环境,测试平台将这些传感器网络整合起来,为使用者提供可靠可控的应用通道,这一测试平台由柏林的两大无线和传感器网络组成,一是 DES 测试平台,放置在柏林自由大学,另一个是 HWL 测试平台,放置在柏林洪堡大学,两个测试平台网络共包括 250 个无线路由器和很多不同的传感器节点,两个平台之间通过网络可以互相关联并查找。①

信息通讯的基础设施是智慧城市赖以存在的基础,任何其他的方案实施都需要硬件设施平台提供的各种信息,这是技术型智慧城市的重要策略之一。

二、西雅图:重视管理的同时兼顾人性化

西雅图在智慧城市的建设中十分注重智慧管理方法,这点在该城市的智慧城市项目之中体现得淋漓尽致。

大部分与智慧城市建设相关的实践项目都可以帮助城市管理者(政府)和城市居民对日常生活的某个方面进行很好的监管与控制,并且这些智能项目还将智慧城市的高科技含量与高效率进程进行了很好的融合。例如,其中的智慧网络项目是为了使城市管理中的各个部分都能进行更高效的信息传递与

① Juraschek, F., Zubow, A., Hahm, O., Scheidgen, M., Blywis, B., Sombrutzki, R., Gunes, M., Fischer, J., Towards Smart Berlin - An experimental facility for heterogeneous Smart City infrastructures, Proceedings - Conference on Local Computer Networks, LCN, 2012, Article number 6424078, Pages 886 - 892.

反馈,目的是提升管理效率;社区技术培训项目是为了培养出一批能够熟练操作高科技设施的人才;公共图片项目则是为了实现信息共享并准确提示。① 然而,强调管理并不等同于强权主义,在法律以及管理规定允许的一定范围内,西雅图的城市居民在智慧城市计划中也被赋予了相当的自由活动权力,西雅图是最先推进"附属居住区域"(ADU,即 accessory dwelling unit)理念的城市,住户们可以在住宅附近合理地规划并建成一个相对独立的居住空间,在不干扰他人的原则下合理使用该区域,这条政策是西雅图为了解决城市老龄化问题专门设立的,不仅可以运用智能技术构建居住空间,同时也解决了老年人被孤立以及缺乏照顾的社会问题,还赋予了城市居民相当的自由度,使每位居民都能以自己的方式建设智慧城市中属于他们自己的一部分。②

在智慧城市的建设过程之中,所谓的实际操作者(地方实施者)对于智慧城市与智慧项目的理解往往与该理念的提出者有一定差距,这也是西雅图在智慧城市建设中重视管理的原因。

三、阿姆斯特丹:总体规划下的小范围项目试验

阿姆斯特丹智慧城市建设的重要特点是小范围地开发试验一些智能项目,演示并且分享如何能够在城市环境中最有效地利用资源,该市计划于 2016 年完成智能电网的配置,并且投资 10 亿美元建设欧洲领先的智慧城市。阿姆斯特丹的智慧城市计划是在企业(商务人士)、政府(公务员)、研究机构(学者与研究人员)、当地居民(市民)四种城市主体之间建立起独特的合作关系,并通过良好的合作与交流共同构建智慧城市。目前正在实施的核心部分主要包括五个主题、三个区域以及四十三个具体项目。

阿姆斯特丹建设智慧城市的五个主题分别是居住、工作、移动、公共设施以及开放数据,不仅涵盖了现代城市功能与居民需求中占主导地位的居住、工作功能,强调了作为城市建设基础部分的公共设施,还将智慧城市建设与现今信息技术发展的主要热门方向结合起来,使得阿姆斯特丹的每个人都能感受到开放式数据与移动信息技术带来的便捷和魅力。③ 智慧城市计划实施的主

①② AlAwadhi, S. Scholl, H. J., Aspirations and realizations: The Smart City of Seattle, Proceedings of the Annual Hawaii International Conference on System Sciences, 2013, Article number 6480046, Pages 1695 - 1703.

③ 阿姆斯特丹智慧城市规划网站,http://amsterdamsmartcity.com/,2013 年 11 月 17 日。

要区域是阿姆斯特丹都市区域内的三个片区，分别是 Nieuw West、Zuidoost 与 Ljburg，实施理念是将这三个城市区块作为现代城市生活实验区，允许并鼓励企业在此进行新技术产品开发与展示，并结合居民生活、城市居住、城市建设等全方位开展智慧城市运动，主要的技术项目有四十三个，其中最具有代表性的是区域免费无线网络覆盖、连接城市智能电网的家庭能源补充站、智能住宅、自行车覆盖网络等，阿姆斯特丹希望通过这些项目全方位推动智慧城市的发展。①

在智慧城市发展模式上，阿姆斯特丹是典型的现有城市智慧化发展案例，通过局部区域和部分领域的试验性智慧建设项目来逐步推动智慧城市的发展，这也是大多数大城市和都会城市会选择的路径。

四、维也纳：全面发展的智慧城市

维也纳在最近一次“世界十大智慧城市”排名中排在首位，研究者博伊德·科恩博士根据创新型城市、区域绿色城市、生活质量和数字化管理等指标对推行智慧城市建设方案的城市进行了研究和排序，与城市的国际知名度不相符的智慧城市排名使得维也纳备受关注，但不同于一些反面案例的“盛名之下其实难副”，维也纳在智慧城市的各个方面都做出了相当大的努力。早在“智慧城市”理念深入人心之前，该市的商业与媒介、文化与历史、环境与休闲、居住与工作等涵盖城市各大功能的领域都已实现了数据信息联网与部分公开，目前这些数据信息的共享已经渐趋日常化，并可以在信息网络中得以实时更新、及时处理与快速反馈。②

为保证智慧城市建设的不断推进，确定城市发展方向并根据实际情况不断完善，并最终实现智慧城市整体计划，维也纳制定了大胆的智慧城市建设方案，如《智能能源展望 2050》、《路线图 2020》和行动计划《2012—2015》等，交通和用地规划的变更使维也纳成为欧洲智慧城市技术组织中的主要成员之一。③这种大胆预测未来以及积极贯彻实施的城市建设态度值得所有城市学习。

五、昆士兰：以城市知识经济为内涵推动智慧城市发展

澳大利亚的昆士兰市围绕知识经济政策框架来开展智慧城市的建设。知

① 阿姆斯特丹智慧城市规划网站，http://amsterdamsmartcity.com/，2013 年 11 月 17 日。

②③ 维也纳城市官方网站，http://www.wien.gv.at/english/，2013 年 11 月 24 日。

识经济是经济合作组织(OECD)于 1996 年提出的一个概念,通过创造、传播和应用知识来创造价值并且营造一个网络化的社会,在知识经济社会中,获取和使用知识的渠道及能力决定着个人和企业的社会经济地位。

1998 年昆士兰开始在九个大学和研究机构投资建设知识性的基础设施,2003 年昆士兰公布智慧城市建设纲要,提出九个战略投资和建设方向,分别是运用知识来推动经济增长、提升居民知识技能、提供科学教育、建设科学和研究设施、加快研发和创新的商业转化、促进环境科学的发展、管理知识和信息经济活动、通过政府机构的活动来推动研究和创新发展、广泛建立战略性合作关系,此外,在九个框架的背景下通过加快创意和研究活动的成果转化来激活创意领域,自纲要发布的四年中拟增加的相关项目投资达到 2.2 亿美元。①

昆士兰智慧城市的发展途径不同于其他的设施供给和政策导引,旨在发掘社会中知识和研究领域的力量,加快研发成果的商业和社会转化,以知识经济为内涵建设智慧城市。

由上述国外案例可见,不同的城市应视自身的发展程度与个性特点而合理选择“智慧城市”建设的特有发展方向或发展侧重点,而不是犯盲目崇拜高科技、过分依赖经济、建设思想水平与实际发展情况不符等偏颇错误。从智慧城市建设初具成效的案例中,我国的智慧城市应该吸取一些先进理念:首先,智慧城市需要考虑协同建设的问题,智慧城市方案可能会涉及社会各个领域,如交通、通讯、教育和政策的制定等,协同发展可以避免由于重复建设引起的资源浪费问题,也可以提高建设的效率;其次,如何实现理念和技术的社会化、如何使智慧城市方案融入现有规划体系也是需要考虑的重点问题,对智能设施使用者能力和素质的培养是决定城市智慧化建设质量的关键因素之一,而从宏观角度令智慧城市实施方案与原有城市发展规划接轨、从微观角度具体深化到令每一位市民都感受到智慧城市所带来的便利需要不断地探索与实践;再者,智慧城市规范体系的建立以及决策机制的建设都应是智慧城市建设者们需要优先考虑的问题,不单单是技术或者环境适应力的标准,应统筹考虑城市的环境、资源、技术、经济、社会和文化各个因素,在科学合理发展的基础上完成整合性标准体系建设,并在此基础之上加强掌握实时信息的渠道建设

① Yigitcanlar, Tan, Koray Velibeyoglu and Scott Baum. “Knowledge-Based Urban Development: Planning and Applications in the Information Era.” IGI Global, 2008. 1 - 372. Web. 14 Dec. 2013. doi: 10.4018/978-1-59904-720-1.

以及快速合理反应机制的确立，保证信息的畅通以及处理实际问题时信息搜集——对策商定——决策建议——信息反馈的快速决策反馈机制，使智慧城市真正做到“运筹帷幄之中，决胜千里之外”。

（周之澄，上海交通大学媒体与设计学院博士研究生，上海交通大学城市科学研究院兼职研究员；盛蓉，上海交通大学媒体与设计学院博士研究生，上海交通大学城市科学研究院兼职研究员，世界城市群数据库、文献库和案例库课题组负责人，《中国城市群发展年度报告》主编助理）

上海交通大学城市科学研究院简介

上海交通大学城市科学研究院始建于2010年,原名都市文化与传播研究院,是一个通过整合国家城市政策研究、规划编制部门及高校专家学者,以服务国家城镇化战略重大问题为宗旨的实体性研究咨询机构,也是一个普及和传播城市科学理论及价值观念的公共文化平台。

研究院系上海交通大学与国家发展改革委地区经济司、上海交通大学与国务院发展研究中心社会发展部签约共建机构,是教育部哲学社会科学发展报告首批建设项目《中国都市化进程年度报告》、社会科学文献出版社《中国工业设计发展报告》课题组的牵头负责单位。研究院的中国城市发展数据库系上海交通大学与国务院发展研究中心信息中心签约共建的数据服务平台。研究院院长、首席专家刘士林教授系国家"十三五"规划专家委员会委员。

研究院以城市理论与战略、城市政策与机制、城市规划与设计、城市标准与评估、城市文化与传播、智慧城市为学术研究和政策咨询的重点领域,决策咨询成果多次得到国家领导人重要批示,为落实《国家"十二五"规划纲要》"规范新城新区建设"、推进国家出台《新区设立审核办法》、"国家文化产业标准修订"、"全国摩崖石刻保护"、国家发展改革委编制《"十三五"文化强国战略规划》、《苏南现代化建设示范区规划》、实施"区域规划实施中期评估"、住房城乡建设部开展"中国传统村落评估保护"、上海市编制"智慧城市发展战略规划"等,提供了重要的依据和参考。

研究院主持有《中国都市化进程年度报告》、《中国城市群发展年度报告》(原社会科学文献出版社《城市群蓝皮书》)、《中国城市科学》集刊(原《中国都市文化研究》集刊)、《交大城市科学内部文稿》等出版物,建有中国城市发展数据库、交大城市网等信息服务平台,主办有"上海交通大学城市科学论坛(春季、秋季)"、"上海交通大学文科创新论坛(城市科学)"及"上海交通大学城市科学闭门工作会议"等学术会议,在城市科学基础理论、中国式城市化道路、新型城镇化战略与政策、城市病预防与治理、新城新区规划与体制机制创新、资源型城市转型发展、大都市与城市群研究、城市群(区域)规划与评估、区域行政与城市治理、文化城市规划与建设标准、城市景观设计与创意、文化产业与管理、城市文化品牌与传播等方面具有突出优势,致力于创建“城市科学”新兴交叉学科,培养符合国家城镇化战略需要的城市研究和管理人才,建设教育部系统内国家新型城镇化战略智库,为中国城市发展提供具有自主知识产权的理论、方法、应用对策,目标是建成在国内具有核心地位、在国际上具有重要话语权的中国城市发展协同创新中心。

本报告联系人:
盛蓉博士,E-mail:shengrong@sjtu. edu. cn
通联:上海市东川路800号上海交通大学媒体与设计大楼,200240

Briefing on Institute of Urban Science, Shanghai Jiao Tong University

Established in 2010 Institute of Urban Science in Shanghai Jiao Tong University, formerly called Institute of metropolitan culture and communication, is a research and consulting institutional entity dedicating to serve major national urban development by integrating the researchers and experts from national urban policy agencies, planning and tertiary education institutions. It is also a public cultural platform to communicate the urban scientific theory and values.

The Institute is a strategic partner with Regional Economy Department of National Development and Reform Committee and Social Development Department of State Council Development and Research Center. It is also the responsible institute for "Annual Report on China Metropolitan Development", one of the first Philosophy and society report projects sponsored by Education Ministry in China, and "China Industrial Design Development Report" issued by Social Science Literation Press. China Urban Development Database of the Institute is a joint data service with Information Center of State Council Development and Research Center. Prof. LIU Shilin, the head and chief expert of the institute, is a member of national 13th five-year plan committee.

The leading academic and policy consulting fields include urban theory and strategy, urban policy and mechanism, urban planning and design, urban metrics and evaluation, urban culture and communication and smart cities. The academic and consulting results have gained lots of appraisal and application from national leaders, which provide experience and reference for several projects of "Regulating new towns and districts in China in national 12th five-year plan", "Rules to set up new districts" in China, "Modification of national cultural industrial metrics", "national stone carving protection", "cultural power strategic planning in 13th five-year plan" by National Development and Reform Committee, "Modern planning and construction in South Jiangsu area", "Middle-term evaluation of regional planning", Protection and evaluation of traditional villages in China sponsored by Ministry of Housing and Urban-Rural Construction and "Shanghai Smart City Strategic Planning".

The institute has "Annual Report on China Metropolitan Development", "Annual Report on China Mega-city region development" (formerly "Blue book of Mega-city Region" by Social Science Literation Press), "China Urban Science" (formerly "China Metropolitan Culture Research"), "Internal Literature of Urban Science in Shanghai Jiao Tong University". The data service includes China Urban Development Database and Information website of Institute of Urban Science in Shanghai Jiao Tong University. The meetings and conferences include Urban Science Forum in Shanghai Jiao Tong University (Spring and Autumn), Humanities and Social Science Innovation Forum in Shanghai Jiao Tong University (Urban Science) and Private work meetings of Urban Science in Shanghai Jiao Tong University. The Institute has obvious advantages in basic urban science theory, China-style urbanization approach, newly urbanization strategy and policy, governance of urban problems, planning of new towns and institutional innovation, transforming development of resource-abundant cities, metropolitan and mega-city region research, mega-city region planning and evaluation, regional administration and urban governance, cultural urban planning and metrics, urban landscape design and innovation, cultural industrial management, urban cultural brand and communication. It is dedicating to cultivate a newly interdisciplinary field of "Urban Science", provide urban research and management talents suitable to national urbanization strategy, establish strategic think tank for national newly urbanization in Education Ministry and propose theory, methods and advice with own knowledge property for urban development in China. Its goal is to establish a joint urban innovation center in China with leading domestic position and international influential power.

图书在版编目(CIP)数据

中国城市群发展报告.2014/刘士林,刘新静主编.
—上海:东方出版中心,2014.12
ISBN 978-7-5473-0748-9

Ⅰ.①中… Ⅱ.①刘… ②刘… Ⅲ.①城市群-发展-研究报告-中国-2014 Ⅳ.①F299.21

中国版本图书馆CIP数据核字(2014)第287627号

中国城市群发展报告2014

出版发行:东方出版中心
地　　址:上海市仙霞路345号
电　　话:62417400
邮政编码:200336
经　　销:全国新华书店
印　　刷:昆山市亭林印刷有限责任公司
开　　本:710×1020毫米 1/16
字　　数:285千字
印　　张:18.25　　插页2
版　　次:2014年12月第1版第1次印刷
ISBN 978-7-5473-0748-9
定　　价:36.00元
